智慧图书馆视角下的阅读推广研究

黄葵　著

天津出版传媒集团
天津科学技术出版社

图书在版编目（CIP）数据

智慧图书馆视角下的阅读推广研究 / 黄葵著. -- 天津 : 天津科学技术出版社, 2019.5
ISBN 978-7-5576-6676-7

Ⅰ. ①智… Ⅱ. ①黄… Ⅲ. ①院校图书馆—读书活动—研究 Ⅳ. ①G252.17

中国版本图书馆 CIP 数据核字(2019)第 131330 号

智慧图书馆视角下的阅读推广研究
ZHIHUI TUSHUGUAN SHIJIAOXIA DE YUEDU TUIGUANG YANJIU
责任编辑：王　冬
责任印制：兰　毅
出　　版：天津出版传媒集团
　　　　　天津科学技术出版社
地　　址：天津市西康路 35 号
邮　　编：300051
电　　话：（022）23332397
网　　址：www.tjkjcbs.com.cn
发　　行：新华书店经销
印　　刷：济南大地图文快印有限公司

开本 787×1092 1/16　印张 11.75　字数 220 000
2019 年 5 月第 1 版　2022年8月第 3 次印刷
定价：48.00

前　言

近年来，阅读推广越来越受到全社会的重视，其中包括政府、图书馆以及全体公民，同时也成为图书馆最引人注目的服务之一。我国大学图书馆在阅读推广事业中起到了重要的作用，在其逐步发展中也呈现出良好的发展态势。早期的阅读推广活动主要依赖于节庆等特殊的日期，同时阅读推广的形式单一并且局限，以至于阅读推广的影响力和成果并不显著。而近年来阅读推广活动逐步呈现出日常化的趋势。各式各样的“读书月”“读书周”“活动日”等阅读推广活动活跃起来，同时阅读推广的形式多样，各类展览、讲座、培训、读书会、主题论坛、专题讨论等深入到读者的阅读过程中。阅读推广活动的日常化使得阅读行为成为公众日常生活的一部分，同时使得阅读推广这一服务成为图书馆的主流服务。

现如今，图书馆的一大亮点就是利用新的信息技术以及智慧技术等手段来提升馆藏能力以及服务能力。在图书馆的阅读推广活动中，信息技术的应用也起到了积极的促进作用。智慧图书馆是未来图书馆发展的新趋势和新方向，同时阅读推广服务也是未来图书馆服务发展的新内容和新动力，智慧图书馆视角下的阅读推广研究将智慧图书馆的智慧技术以及未来阅读推广的推广模式和发展方向联系起来，对于我国图书馆阅读推广事业的发展兼具理论意义和实践意义。

本书共计八章，合计 22 万字。由黄葵执笔撰写，由于时间仓促，加之水平有限，难免存在纰漏之处，恳请读者提出宝贵意见。

目　录

第一章　智慧图书馆概述

第一节　智慧图书馆的界定

一、智慧图书馆的概念

关于智慧图书馆的概念，国内学者目前还没有统一的定义，他们从各自的研究出发，分别给出了不同的定义。如，从智能建筑的角度：智慧图书馆是把智能技术运用在图书馆建设之中形成的一种现代化建筑，是智能建筑与高度自动化管理的数字图书馆的有机结合和创新。从感知计算的角度：智慧图书馆=图书馆+物联网+云计算+智慧化设备，通过物联网来实现智慧化的服务和管理。从数字图书馆服务的角度：充分利用ICT技术，不仅可能实现各种信息的电算化，还可远程进行阅览图书等资料、预约座位等操作的数字图书馆。

这些定义在一定程度上丰富和完善了智慧图书馆的理论基础，但它们大部分集中在智能技术、智慧服务以及智能建筑领域，具有一定的局限性。笔者认为，智慧图书馆是以高质量的信息资源为核心，通过高素质馆员的支撑与用户的协同感知，借助高科技手段和智慧化建筑，实现对数字图书馆和个性化的信息、知识服务的提升和推动，它是数字图书馆发展的更高阶段，是集资源、技术、人才、服务、建筑为一体的智慧化集合体。

二、智慧图书馆的特点

（一）智慧图书馆具有便利性

智慧图书馆通过互联互通的网络，为馆员管理图书馆，用户使用图书馆，以及馆员和用户的学习和生活带来了巨大的变化。

1.便利性体现在智慧图书馆的无线泛在

泛在城市和无线城市给无线泛在的图书馆创造了良好的信息环境。而中国的电信事业发展在为智慧图书馆的发展提供保障的同时，也对我国城乡居民的工作和生活产生了深远影响，移动支付、新一代电子商务、新媒体、生活娱乐、泛在式的信息服务等被越来越多的人使用，给人们带来的变化几乎深入各个领域。而通过利用有线和无线网络，可以使图书馆真正实现泛在化，用户可以在手机和PAD等移动终端上进行借阅图书、阅读文献、点座位、与同学交流经验和使用视听资源等活动。

2.便利性体现在对智慧网书馆的一体化使用

智慧图书馆的精髓就是以人为本，以用户为中心，一切从用户的角度出发来提供服务。智慧图书馆的一体化使用既体现在用户可以到图书馆来，利用物理的图书馆，包括各种设备工具来满足其需求，如借阅、参考咨询、知识共享、小组讨论、丰富课余文化生活的视听活动等。同时，智慧图书馆的一体化还体现在它的另一个形态——移动图书馆，用户可以在手机或PAD等终端设备上无障碍、便捷地使用智慧图书馆。例如，重庆图书馆的手机图书馆功能包括了丰富的内容，如书目查询、我的图书馆、重图新闻、重图电子书、入馆指南、读者互动、阅读通、讲座预告、使用说明等。中国国家图书馆的“掌上国图”则以其独特丰富的内容形成了服务的特色。移动通信在图书馆中的广泛应用，使21世纪初提出的“我的图书馆”的创新理念真正落到了实处。

3.便利性还体现在智慧图书馆的个性化程度更高

进入21世纪以来，世界各地的图书馆的服务理念都发生了深刻变革，尤其是在我国，从以管理为中心到以服务为中心，从以前的被动服务到现在提倡主动服务，从重视资源建设和馆藏建设到服务与建设并重，从提供固化的、程式化的服务到提供专业的、个性化的服务。可以明显看到的是，智慧图书馆比以往的图书馆理念的个性化服务意识有了质的飞跃，同时，智慧图书馆也强调与用户互动，它提供的服务是智慧化的、交互性强的个性化服务。

（二）智慧图书馆具有互联性

智慧图书馆的技术具有数字化、网络化和智慧化的特点，智慧图书馆的互联体现在三个方面：全面感知、立体互联和深度协同。

1.智慧图书馆的互联性体现在智慧图书馆是全面感知的图书馆

智慧图书馆通过各种传感器，使图书馆有了“皮肤”，可以感觉到外部的变化。将传感器部署在设备终端或馆内一些需要感知的环境中，可以获取想要得到的数据。例如，温湿度传感器可以用于对机房的监控和预警、射频识别（Radio Frequency Identification，RFID）感应系统可用于图书和文献的感知等。目前通过物联网连接的传感器涉及范围非常广泛，包括：手机、电脑、射频识别装置、红外感应器、全球定位系统、激光扫描器等。再例如，美国华盛顿州西雅图市图书馆在多媒体文献全面感知的基础上实现了读者服务的实时数据显示管理，图书、DVD、CD等各类文献的读者实时服务数据通过大屏幕的分类显示一目了然。挪威国家图书馆的汽车图书馆也是在信息全面互联感知的基础上实现了汽车图书馆内外人的互动以及文献借阅和音乐欣赏等多样化服务。

2.智慧图书馆的互联性体现在智慧图书馆是立体互联的图书馆

立体互联即全面的互联，包括图书馆物理空间的互联，楼与楼之间、层与层之间、区域与区域之间、房间与房间之间、桌与桌之间、计算机与计算机之间、屏幕与屏幕之间、馆藏与借阅之间等的相连，以及网络与网络之间、馆与馆之间、书库与书库之间、图书与图书之间、人与物之间等的相连；图书馆服务主体馆员之间、服务客体读者之间的互联，主体馆员与客体读者间的人与人、人与机器的互联、三网融合（电信网、广播电视网、互联网）的互联；图书馆跨行业、跨部门、跨城区或跨国界的互联。这些主体的立体式互联使得图书馆成为一个有机融合的整体，从而保证了图书馆服务的深度和质量。

3.智慧图书馆的互联性体现在智慧图书馆是深度协同的图书馆

智慧图书馆的深度协同体现在馆员与设备工具的协同、馆员与用户的协同、用户与设备工具的协同、信息技术与所有智慧图书馆的主体的协同，以及图书馆与其他馆或信息机构的协同。现代社会，图书馆的信息共享尤为重要，它不但能使各馆之间互通有无，而且能够提高资源使用效率，使图书馆的作用最大化。而这些协同的实现必须要有一定的机制，用以规范协同系统内各组成单元的关系，同时维持协同系统的正常运转。例如，在各图书馆之间可以创建个人诚信信息系统，各个图书馆的读者诚信记录可以实现同城联网、全省联网乃至全国联网，这就需要运用智慧图书馆建设的协同理念，在信息技术的支持下创建图书馆诚信协同机制，并逐步建立起图书馆读者诚信网。

（三）智慧图书馆具有高效性

智慧图书馆的高效性不但体现在管理的高效，还体现在服务的高效和资源配置的高效上。

1.智慧图书馆是高效管理的图书馆

“图书馆管理”，是指图书馆的主管者，通过计划、决策、组织、领导、控制和创新等职能来协调工作人员的行为，以达到图书馆预期目标的活动过程。智慧图书馆就是要使管理科学化，使馆内各组成部分高效运转，如促进设备工具的高效使用，提高馆员的工作效率，提高管理者决策效率，提高图书馆整体的创新能力。高效的管理就是要提高图书馆反应的即时性和适时性，使图书馆复杂的神经系统在面临千变万化的动态发展情况下能够做到“耳聪目明”并快速反应，借以提高图书馆管理的灵敏度。例如，通过智能技术的物联网，可以实时监控电梯运行，让每台电梯自己成为“安全员”，使电梯运行故障及时得到发现并处置。

2.智慧图书馆是高效服务的图书馆

在现代社会，用户的服务需求越来越向着高、精、深方向发展，对图书馆的要求也越来越高。智慧图书馆的高效服务，一方面体现在馆员根据用户的服务需求，通过现代化的技术手段，提供最符合要求的信息资源，必要时，还要根据用户深层次的需求提供更专业的服务，如情报服务、知识服务等。另一方面体现在图书馆要形成一个集群，利用整体的力量来满足用户个性化的服务需求。例如，“同城一卡通”是21世纪以来图书馆整合集群的典型案例，这种突破行政区划和城市中的分级财政而实现的跨区域的全城（乡）一卡通，使图书馆公共文化服务体系实现了质的飞跃，使原本一个个独立的图书馆资源整合为集群共享的图书馆，使图书馆的设施资源、文献资源以及人力资源的效能走向了最优化。

3.智慧图书馆是资源优化配置的图书馆

绿色发展是当今时代的主题，也是智慧图书馆的灵魂。图书馆的资源优化配置的核心就是提倡图书馆的绿色发展，而低碳环保又是图书馆绿色发展的核心。这就需要馆员转变工作方式，提高绿色发展理念，从点滴做起。例如，现今大学图书馆的占座系统大部分已实现无纸化运行，即取消小票机占座，通过电子选座系统来实现占座，节约了纸张的同时也提高了占座的效率。

三、智慧图书馆的功能

智慧图书馆的功能，是与智慧图书馆的定义和特点密不可分的。智慧图书馆的功能，主要分为以下几个方面：一是图书馆管理的功能，智慧图书馆能提供一种全新的智慧化的管理模式；二是图书馆的服务功能，智慧图书馆的服务模式是智能化、泛在化和个性化的；三是图书馆的空间的智慧化，智慧化的馆舍空间为智慧图书馆提供必要的物理承载。

（一）智慧图书馆的“智慧管理”功能

“物联网（Interenet of Things）是指通过射频识别（RFID）技术、传感器技术、智能嵌入技术、全球定位系统、激光扫描器等信息设备，按约定协议将任何物品与互联网连接以进行物品标识、感知信息处理、交换和通信，实现对物品及物物之间智能化识别、定位、跟踪、监控和管理的一种网络”。简单地说，物联网就是“物与物相连的网络”或叫“物体的互联网”。智慧图书馆的智慧管理功能主要是通过物联网实现的，智慧管理又分为对人的管理、对图书的管理、对资产的管理等方面。

1.对人的智慧管理

包括对图书馆馆员的管理和对用户的管理，对人员的管理主要是通过身份识别技术来管理。例如，图书馆馆员和用户均需要办理一张存有个人信息的一卡通卡片（卡片也可以内置到手机中）。此卡集多种功能为一体，如图书馆借阅及占座、校园消费、教学楼和宿舍门禁系统等。图书馆在门禁处安装感应器或接收器，此装置与校园卡管理系统和图书馆管理系统相连接，馆员或用户需携带一卡通卡片（或有内置一卡通信息的手机）靠近门禁处，接收器就会自动识别并开启门禁，同时系统会记录人员信息情况，并将数据传送到图书馆管理系统中。图书馆管理系统可以自动生成进出馆人员信息报表，并统计出各类人员每天进出馆的次数和具体时间。由于在馆中装有足够数量的接收器，各类人员进出馆和在馆中的流动情况可以很方便地从系统中查出。此系统非常便于对图书馆人员管理，并积累详细数据以供图书馆管理层和馆员利用。

2.对图书的智慧管理

对图书的智慧管理主要依靠植入芯片技术和无线射频识别技术（RFID）来实现。例如，以往图书都是依据图书馆分类法，依靠人工来进行分类排架、查找等管理工作，由于高校师生人数较多，用户借阅图书量大，所以图书馆员每天或很低的频次就需要对书架进行整理，这对图书借阅部门的馆员来说是一项比较重的负担，同时也使得图书流通效率降低。而依靠芯片技术和 RFID 技术，图书馆馆员可以将来自不同出版社的图书的基本信息植入芯片中，通过此芯片可以进行智能化管理。同时此项技术可以带来很大便利，一是植入芯片可以省去繁杂的图书信息编辑工作；二是清点图书也变得非常简单，只需要用扫描设备在书架上依次扫过，所有书目信息一目了然，通过此项技术，以往需要相当长时间的清点工作现在只需很短时间就能完成；三是方便用户查找所需书籍，以往用户借阅图书需要先查该书的索书号，再去相应的书架找书，利用 RFID 技术，用户可以手持扫描设备很快找到所需的图书；四是图书馆馆员和用户可以便捷地查询相关书籍的基础信息、馆藏书目数据、借阅数据及图书当前所在书架的具体位置；五是方便馆员顺架和将图书归位，开放式借阅使得图书的顺序比较混乱，馆员需定期对书架进行整理，在智慧图书馆中只需在阅读器中输入要检查的号码段或要找的书名等，然后沿着书架依次扫描，一旦发现排架错误或找到所要的书刊时，立刻声光报警，这使得查找工作变得非常方便，而且能显著降低错架乱架率。在不影响正常工作下，完成顺架工作，减少失误，大大提高书刊整架归位的速度。

3.对图书馆资产的智能管理

图书馆资产多、门类杂，管理难度大，图书馆资产流失情况在以前偶有发生。如果将图书馆资产都植入芯片，并在门禁处设置电子识别器，依靠管理系统，可以防止图书馆资产的流失；若再加上网络视频监控系统，图书馆就可以有效管控国有资产，防止图书馆的固定资产和图书的流失。

（二）智慧图书馆的智慧服务功能

智慧图书馆的智慧服务又分为一般性服务和深度服务，一般性服务是指图书馆的基础服务，如借还书服务，空间服务（教师和学生利用图书馆空间来学习和研讨等）等；深度服务是指图书馆馆员利用所学的专业知识，结合用户的需求提供的更深层次服务，一般包括知识服务、高级参考咨询服务和情报服务等。智慧图书馆的深度服务功能将在下面的章节详细描述，在此仅探讨智慧图书馆的一般性服务功能。

智慧服务的一般性服务一般包括借还书服务和空间服务。

1.智慧性的借还书服务

传统的图书借还服务主要依靠人工来完成，即读者到借阅部门借书或还书。通过智慧图书馆，可以实现自助借还图书。例如，通过自助借还系统，读者将自己的借书证和需借阅的图书放在自助借还机相应的感应区上，系统就会进行自动识别和扫描处理，通过与图书馆自动化借阅系统连接，确认后即完成借书。与借书系统一样，读者也可自主还书，操作完成后打印还书凭条，系统自动获取馆藏信息，通知中心系统更新图书信息及读者信息。采用自助借还机可以实现多本图书同时进行借还操作的功能，而且 24 小时不间断服务，从而增强流通速率，简化借阅流程，方便了读者，减少了工作人员的工作量，进而提升图书馆的工作效率和服务品质。

2.智慧性的空间服务

空间服务主要集中于图书馆的阅览室和部分图书馆设有的自习室，对于图书馆空间的管理主要依靠引入智能占座系统。例如，某智能占座系统的操作过程：读者只要将智能卡放在刷卡区，屏幕上便会跳出“常坐座位”和“本次选位”两个选项。选好座位后，如果需要打印，机器便打印出一张标明座位代码、所在位置、学生卡卡号等信息的座位票。学生离馆时，再重新刷卡，如果选择“暂离”，系统会保留座位 45 分钟（可设定）。如果选择“本次离开”，系统将自动释放该座位。近两年来，随着 4G 网络的发展，图书馆占座系统也可以实现手机操作功能，用户利用手机可以实现在终端机上的所有操作，足不出户便可以实现选座功能，同时，此系统还可以自行设置规则，防止出现漏洞或其他不符合规范的行为。在方便了图书馆管理的同时又最大限度地便利了用户使用图书馆空间。

（三）智慧图书馆的空间智慧化

智慧化空间就是图书馆利用技术手段和设备来管理空间，以达到空间最优效果。智慧图书馆的空间智慧化核心是智能楼宇系统在智慧图书馆中的应用。何谓智能楼宇？日本电机工业协会楼宇智能化分会把智能化楼宇定义为：综合计算机、信息通信等方面的最先进技术，使建筑物内的电力、空调、照明、防灾、防盗、运输设备等协调工作，实现建筑物自动化（BA）、通信自动化（CA）、办公自动化（OA）、安全保卫自动化系统（SAS）和消防自动化系统（FAS），将这 5 种功能结合起来的建筑也称为 SA 建筑，外加结构化综合布线系统（SCS），结构化综合网络系统（SNS），智能楼宇综合信息管理自动化系统（MAS）组成，就是智能化楼宇。楼宇智能化系统一般包括以下系统：综合布线系统、计算机网络系统、电话系统、有线电视及卫星电视系统、安防监控系统、一卡通系统、广播告示系统、楼宇自控系统、酒店管理系统、物业管理系统、智能楼宇管理系统（集控平台）及数据中心机房建设等。由于一般图书馆没有酒店管理、物业管理等功能，智慧图书馆的楼宇控制系统也会有选择地建设一些子系统以支撑楼宇管理功能的实现。

、　智能图书馆的智慧化空间主要体现在几个方面：一是通过网络视频监控，实现对图书馆空间的智慧管理；二是通过声光电和温度湿度控制系统，设置相应的传感器、行程开关、光电控制等，对设备的工作状态进行检测，并通过线路返回控制机房的中心计算机，由计算机得出分析结果，实现对图书馆的声光电和温度湿度进行监测和调控；三是图书馆大门也可以实现自动定时开关；四是利用综合布线系统可以提供整个馆舍内无死角的网络覆盖；五是智能广播系统可用于播放背景音乐、通知和应急广播，告示系统用于视频信息发布，在门厅、大堂、电梯间等地配置告示屏，播放宣传材料、广告和公告信息等；六是智慧化消防，它具备火灾初期自动报警功能，并在消防中心的报警器上附有直接通往消防部门的电话、自动灭火控制柜、热烟感应系统、火警广播系统等，可有效防止火灾发生；七是智能身份识别系统，该系统主要依靠一卡通系统来实现。

第二节　智慧图书馆的架构与运行

一、智慧图书馆的基本架构

大学图书馆的用户主体是全校师生，此外，还有可能为校外用户提供信息服务。高校智慧图书馆的框架根据其定位，可分为技术层、系统层、数据层、资源层、感知层、应用层和服务层。具体分析如下。

（一）系统层

1.技术层

为智慧图书馆提供技术支持，是组成系统层的技术来源。主要包括互联网技术、物联网技术、云计算技术、大数据技术、资源整合技术、社交网络技术和移动通信技术。

2.系统层

为智慧图书馆各类应用提供基础支撑的保障系统，所有的应用服务均需通过系统层来实现。主要包括数据管理层、数据分析层、统一认证系统、移动图书馆、信息共享系统和数据库系统。

3.感知层

为智慧图书馆运行提供基础数据采集和环境感知，主要包括RFID感知、二维码认证、声音感知、光度感知、温度感知、湿度感知、烟雾感知和智能定位。感知层是智慧图书馆的“神经系统”，能够及时地反馈外界数据，以帮助智慧图书馆及时地根据外界变化而做出反应。

（二）资源层

为智慧图书馆提供内容资源，是组成智慧图书馆的“血液和肌肉”。

1.数据层

数据层提供智慧图书馆所需的各种数据，包括原生数据（图书馆原有的或购买的数据）和再生数据（图书馆各个主体在使用图书馆过程中产生的数据），主要有馆藏结构化数据、馆藏非结构数据、馆外资源数据、用户行为数据、管理行为数据和感知系统数据。

2.资源层

资源层提供用户所需的各种资源，这是智慧图书馆信息资源的主体。包括馆藏印本资源、馆藏数字资源、数据库资源、馆外信息资源、多媒体资源和数据资源（学术数据资源）。

（三）应用服务层

应用服务层主要面向图书馆的管理和应用主体，它是实现智慧图书馆价值的最主要的平台。

（1）应用层是智慧图书馆各项应用的承载系统，智慧图书馆的价值主要靠应用层来实现。包括智慧感知系统、智慧资源系统、智慧管理系统、智慧学习系统、智慧馆员系统、智慧社交系统和智慧服务系统。

（2）服务层是智慧图书馆的终端，即智慧图书馆的核心价值所在。主要包括两方面：一是参与主体，主要有图书馆馆员、图书馆管理者、校内用户、校外用户和合作客户；

二是服务平台和终端，主要包括内网平台、互联网平台、移动应用平台和智能显示平台。图书馆虽然是公益机构，但现代图书馆特别是大学图书馆也有一些面向用户深度需求的服务，特别是面向系统外用户的深度知识服务，因此，智慧图书馆也会有合作客户。

二、构成智慧图书馆的核心要素

所谓核心要素，是指构成某一事物必不可少的部分、方面或单位。根据智慧图书馆的概念、性质和功能，构成智慧图书馆的核心要素有馆员、资源、服务、技术和建筑。

（一）馆员

智慧图书馆的馆员是智慧图书馆服务的主体，是图书馆活动的主要执行者，图书馆的资源建设、参考咨询、流通阅览、学科服务、技术保障等工作环节都需要由馆员来完成，馆员在智慧图书馆中处于中心环节。

（二）资源

资源是图书馆的最主要的内容，是图书馆服务开展的基础。智慧图书馆的资源应包含传统图书馆的资源如印本资源，还应包括数字化资源、多媒体资源、数据资源等。

（三）服务

服务是图书馆工作的主要部分，是图书馆存在的根本价值，为用户提供服务是智慧图书馆最重要的工作。智慧图书馆的服务主要包括：借阅服务、参考咨询服务、用户驱动的获取与服务、学科化服务和情报研究服务等。

（四）技术

技术是智慧图书馆的基础，是支撑智慧图书馆各个系统的“灵魂”。智慧图书馆的技术主要包括：物联网技术、互联网技术、云计算技术、大数据技术、社交网络技术、移动通信技术等。

（五）建筑

建筑是智慧图书馆的物理载体，它为智慧图书馆馆员提供工作场所，为智慧图书馆资源提供馆藏空间，为智慧图书馆服务提供服务场地，为智慧图书馆系统和技术提供物理设备存放地。没有建筑，智慧图书馆就如同“无源之水，无本之木”。

三、智慧图书馆应用系统建设

应用系统是图书馆的窗口，是直接面向一线服务的平台，是满足智慧图书馆参与主体的应用需求和支撑智慧图书馆各项业务开展的重要保障。智慧图书馆的应用系统应当传承数字图书馆、虚拟图书馆等原有的系统，又应当在技术创新和服务创新的基础上发展新系统、新模式。

（一）智慧感知系统

智慧感知系统是智慧图书馆的基础应用系统，通过各种感知手段获得各种感知数据，并应用于实际业务的运作。它又包括图书馆运行状态感知系统和智慧环境感知系统。

1.图书馆运行状态感知系统

利用电子显示屏、感应器、电子摄像头和互联网、移动通信网络等软硬件设备，来实时监控图书馆运行情况，并及时传递和接收信息，主要包括图书馆人流量信息、读者到馆信息、图书期刊借还信息等，系统能够根据一定时间内用户使用图书馆资源和服务的信息，及时计算并做出反应，方便图书馆进行资源建设和读者服务工作的调整。

2.智慧环境感知系统

主要是利用物联网技术对图书馆各个功能空间以及图书馆分馆馆舍空间进行实时的环境监控和感知。包括对光照、温度、湿度、烟雾、声音等进行监测，及时返回数据，以供图书馆管理中控系统及时对环境变化做出应对。

光度感知要及时掌握馆内各个空间日光照射情况，并根据需要调整光线进入的多少。温度感知要动态掌握各阅览室、各馆藏室的温度状况，根据需要调整温度值。湿度感知主要对一些特殊的馆藏物进行湿度监控，以便对湿度进行必要的控制。烟雾感知要对敏感区域以及重要馆藏场所进行实时感知，以便及时发现火灾隐患，将火灾事故消灭在萌芽状态。声音感知是为了及时获得环境噪声参数，对出现异常情况进行必要干预。

通过智慧图书馆的智慧环境感知系统，可以实现对图书馆的电、水等资源进行智能控制，能够根据光照、室内外温度、人员密集程度等情况自动进行调节和控制，达到节能降耗的目标。同时，通过图书馆运行状态感知系统，可以有效控制威胁图书馆安全的事件的发生，同时达到了智能安防的效果。

（二）智慧资源系统

智慧资源系统是智慧图书馆存在的根本，是智慧图书馆的最重要的内容。它包括 4 个子系统。

1.知识发现系统

知识发现（Knowledge Discovery in Database，KDD）是从各种媒体表示的信息中，根据不同的需求获得知识，目的是向使用者屏蔽原始数据的烦琐细节，从原始数据中提炼出有意义的、简洁的知识，直接向使用者报告。知识发现系统主要是利用数据仓储、资源整合、知识挖掘、数据分析、文献计量学模型等相关技术，用以解决复杂异构数据库群的集成整合，实现高效、精准、统一的学术资源搜索，进而通过分面聚类、引文分析、知识关联分析等实现高价值学术文献发现、纵横结合的深度知识挖掘、可视化的全方位知识关联弱一。

2.数字资源定位系统

利用数字资源借阅终端，用户可以方便地查询各类数字资源的分布状况，并可按需要使用各类数字资源。

3.统一检索系统

统一检索系统的建设目的是打造新的检索平台，从而为读者提供强大、便捷和个性化的服务平台，构筑具有高用户黏性的个性化图书馆。这一系统应具有以下五个方面的功能特点：与互联网账户的无缝对接，支持微博、QQ、微信等账号登录；与书评网／网上书店的互联互通；个性化的借阅排行和新书推荐；提供读者推荐的绿色通道；简单实用的期刊目次推送。

4.特色资源管理系统

结合图书馆所拥有的各类特色资源进行分类管理，并进行数字化加工处理，形成管理规范、分类科学、查询方便的特色资源服务体系，并通过云服务平台提供资源对接服务。特色资源以反映当地历史、文化、教育、科技等特色的各类资源为主，通过搭建资源共享平台，促进特色资源得到更好的传播和共享。

（三）智慧管理系统

智慧管理系统的应用主体主要是图书馆管理者和图书馆馆员，智慧管理系统通过各种高新技术，并结合图书馆发展和自身业务需求，推动图书馆管理的智慧化。主要包括以下几种子系统。

1.RFID 系统

无线射频识别（Radio Frequency Identification，RFID）是一种通信技术，可通过无线电信号识别特定目标并读写相关数据，而无须识别系统与特定目标之间建立机械或光学接触。它是构建“物联网”的关键技术，近年来受到人们的关注。RFID 技术是当前图书馆智慧化建设过程中使用最广泛的技术，已成为智慧图书馆的主要技术标志之一。当前应用于图书馆的 RFID 主要有高频（HF）和超高频（UHF）两种，两者各有其优缺点：高频标签由于受读取距离限制，容易出现数据漏读以及相互干扰问题；超高频标签读取距离较远，但具有跳频特性，会出现超范围误读的情形。总体而言，目前图书馆所用的 RFID 正逐步向超高频标签过渡，跳频、存储容量小、设备成本高等障碍正在逐步被解决。与此同时，RFID 技术还可以实现图书的自助借还，简化借书流程；实现自动分拣、盘点以及安全防盗；根据自身状况和需求开发富有特色和个性化色彩的应用功能，最大限度激发应用潜能。RFID 系统建设是智慧图书馆建设的基本任务，要从自身的实际需求出发，选用相对成熟的产品，确保与不同系统之间的互联互通，所采集的数据能为各应用系统所使用。

2.二维码

二维码（Quick Response Code）能表示高容量的文字、图形甚至声音等信息，是当今应用十分广泛的技术。二维码在智慧图书馆中有多方面的应用：用二维码扫描代替身份识别可实现无证借还；在特定需要的地点提供使用指引；在书库中的二维码能提供书库馆藏类别及架位信息；将图书简介以及书评信息等置于二维码中供读者分享；将图书馆发布的信息以及相关的位置信息等通过二维码传递给读者；将电子资源链接置于查询结果页面，让读者通过二维码下载至手机等终端。智慧图书馆建设过程中需对部分图书和其他馆藏以及读者证、员工证采用二维码技术，进一步丰富数据采集的方式，弥补 RFID 等存在的不足。

3.智能定位系统

智慧图书馆需要实现对人员、馆藏和图书馆本身的位置感知，必须通过智能定位系统来实现。智能定位系统涉及馆内和馆外定位两个层面，馆外的定位系统主要通过 GPS 系统进行定位，该系统可以感知读者实时的外部位置，结合大数据和云计算技术既可为读者推送周边的图书馆地点以及相关目的地等，又可为读者提供全程的位置导航服务；馆内的定位系统，涉及人员以及馆藏资源的位置定位，人员的定位主要使用 WiFi 和 ZigBee 相结合的定位技术，且以 WiFi 定位技术为主，ZigBee 则作为 WiFi 的补充来提高定位的精度。对馆藏资源的定位主要利用 RFID 的智能感知技术，由智能书架上的感知系统感知馆藏品上附载的 RFID 信息，并将感知到的结果反馈到图书馆管理系统以及读者的移动设备上实现对馆藏资源的实时定位，实现人性化的服务。智慧图书馆建设需要综合采用各类定位技术，使基于位置的服务能为读者、为馆员和图书馆的管理创造更大价值。

（四）智慧学习系统

智慧学习系统主要是网络学习平台，是一个包括网上教学和教学辅导、网上自学、网上图书馆技能学习、网上学生培训学习、网上师生交流、网上作业、网上测试以及质量评估等多种服务在内的综合教学服务支持系统，它能为学生、教师提供实时和非实时的教学辅导服务，旨在帮助系统管理者掌控各种学习内容活动与记录学习者的学习情况及进度。凭借该系统，管理者可以安排各类学习活动与学习者的学习过程。

慕课（MOOC），即“大规模开放的在线课程（Massive Open Online Course）”，

是新近涌现出来的一种在线课程开发模式。智慧图书馆用户可以通过网络学习平台在线接受慕课教育，这种模式有利用把其他学校优质的教学资源与图书馆优秀的在线平台结合起来，从而更好地为用户提供服务。

（五）智慧馆员系统

智慧图书馆的建设对图书馆的馆员提出了更高的要求，既要让他们成为各类智慧应用系统的行家里手，又要成为解决读者问题的专家。智慧馆员系统是智慧图书馆的核心支撑系统，对提升图书馆的整体管理和服务能力有着重要作用。智慧馆员系统主要建设内容如下。

1.馆员工作站业务系统

馆员工作站业务系统是馆员开展图书管理业务的基础系统，用于图书信息核查、图书盘点、图书出借情况登记等，需要根据大学图书馆实际业务需要进行针对性开发。

2.智慧馆员培训系统

学习培训是传统馆员向智慧馆员转型升级的必备条件，建设智慧馆员培训系统，为馆员提供了良好的培训学习平台，学习平台既能保证集体培训的需要，也能满足个人单独学习培训的需要。

3.馆员任务管理系统

结合馆员具体的工作任务，开发个性化的馆员任务管理系统，根据内部工作要求进行任务分解，对各项工作任务进行动态管理，提高作业管理水平和执行效率。

4.馆员综合管理系统

馆员综合管理系统包括馆员考勤、绩效、职务等级、财务收支等在内的相关业务，是馆员个人进行自我管理、自助办理各项业务的信息系统。

（六）智慧社交系统

信息技术飞速发展，在改变人们的生产方式的同时，也在不断变革人们的生活方式。尤其是在大学生人群中，移动社交功能应用越来越普遍，学生之间联系的桥梁由以前的打电话、发短信逐渐变为利用微信等手机应用来实现。具备强大的智慧社交功能既是智慧图书馆建设的重要目标，也是迎合新一代读者发展需要的必然选择。智慧社群系统的建设要以“为读者提供融学习、社交和娱乐于一体的城市空间”为基本理念，结合O2O（线上线下）融合发展的思路，为读者提供全方位支持。智慧社群系统的建设内容如下。

1.微信服务平台

全面丰富和完善大学图书馆微信服务平台的功能，使其成为连接图书馆与读者的纽带。主要功能包括：微信号与借书证号绑定，直接凭微信号进行图书借阅和场馆预约等；

微信号管理个人图书馆账户，实时获得各种个人数据；利用微信直接获取电子文献、影视频等馆内外资源；利用微信缴纳各类逾期罚款、打印复印以及其他有偿使用的费用；利用微信预订各类讲座、影视频节目演播的座次；利用微信建立学科微信群，服务学科发展需要。

2.读者评价系统

建设读者评价系统，为读者提供评价和相互分享读书心得的渠道，并通过评价得积分的方法鼓励读者多做评价、认真做评价、负责任地做评价。

3.读者荐购系统

对读者亟须又符合采购规定、读者反映较好尚未采购的图书，可以通过读者荐购，由图书馆根据实际情况进行采购安排。

4.合作客户渠道

为各类合作客户提交业务交流和业务联络的窗口，如出版商、书店、地方文化资源提供者、其他图书馆以及其他与图书馆有业务往来的机构等，通过建立网上的业务渠道，为进一步加强合作、简化流程提供技术支撑。

（七）智慧服务系统

智慧服务是智慧图书馆的核心功能，既包括图书馆传统服务的智慧化，也包括利用各种新技术提供的创新服务。主要包括以下子系统。

1.自助服务系统

自助服务是智慧图书馆的重要特色，既能满足读者自主选择服务的需要，又能提升图书馆的服务效率和服务水准。自助服务具体项目：自助办证；自助借还；自助打印复印扫描；自助管内开放空间预约；自助电子资源检索；自助缴费等。自助服务的形式多样，可根据实际需要不断开发新的自助服务项目，尽可能为读者带来更多便利，同时也让馆员有更多的精力去提供更加专业的服务。

2.移动图书馆

移动图书馆依托成熟的移动通信网络、互联网以及多媒体技术，使读者不受时间、地点和空间的限制，通过各种便携移动设备（手机、PDA、手持阅读器和平板电脑等）方便灵活地进行图书馆的信息查询、浏览，可一站式查找并获取图书馆纸本图书及电子资源，帮助读者通过移动端的 App 享受图书馆提供的一系列服务。移动图书馆要重点解决手机客户端访问的 OPAC（Online Public Access Catalogue，联机公共检索目录）系统，通过 App 访问，读者可以实现基本字段检索、书目查询、阅读全文、新书预约、图书续借、新书通报和关注等主要功能。此外，还应具有提示书籍阅读期限、到期提醒等功能。

3.个性化定制服务

根据读者兴趣爱好、职业特征以及地理位置等提供有针对性的个性化定制服务。具体的服务内容：个性化图书推荐；个性化电子期刊订阅；个性化讲座推荐；个性化科技查新服务；个性化影视媒体欣赏安排。个性化定制服务将结合读者的需求不断优化完善，探索新的服务项目和服务模式，为读者提供更加切合实际需求的个性化服务。

4.特色服务

从大学图书馆智慧新馆的实际需求出发，推出各类特色服务。

第三节　智慧图书馆的资源建设

一、智慧图书馆中的信息资源的类型

当前智慧图书馆建设中，除了要满足用户通过智慧图书馆获取泛在服务，还应存储一定量的纸质馆藏。这是因为，智慧图书馆虽然依托智慧化的技术，构建了智慧化的管理和服务系统，从而提供智慧化的服务，但大部分智慧图书馆同时承载着传统图书馆的功能，图书馆具有搜集和保存人类文化遗产的职能，所以智慧图书馆也必须保存一定量的纸质文献。除此以外，智慧图书馆应不遗余力地开发数字资源、多媒体资源等，这也是由智慧图书馆的性质和特点决定的。智慧图书馆中存储的资源主要有印本资源、数字资源、多媒体资源、数据资源和开放信息资源等。本节将对这几种类型的资源进行详细论述。

（一）印本资源

智慧图书馆中的印本资源主要包括图书、期刊、报纸、工具书、学位论文、会议资料等。其中图书是印本资源的主要组成部分，在馆藏资源中占据了绝大部分体量，也是除数字资源外获得资源建设经费最多的资源类型。期刊的时效性较高，一般期刊出版社会定期出版，学术期刊的学术价值比较高，在学术研究中有极高的地位。报纸比期刊的出版频率高，大部分报纸为一天一期，其信息新颖性高，但大多以新闻性信息为主，也有部分报纸为休闲娱乐类，丰富读者的业余文化生活。工具书是研究学科或领域必不可少的工具类书籍，一般为学校或科研机构的教学科研活动所使用，在图书馆馆藏中使用频率较低，但学术价值很高。大部分大学图书馆具有保存本校学位论文的功能，学位论文具有较高的学术价值，尤其是硕士、博士学位论文，体现了学生研究生阶段的学术研究水平，一般学位论文会花费 1～3 年的时间来完成。会议资料是指在学术交流会议上用于学术讨论、交流的资料和文献的总称，会议资料内容新颖，传递信息比较及时，学术价值比较高。除此以外，一些大学图书馆的印本资源还包括专利文献、标准文献等特种文献，它们也具有较高的收藏和学术价值。

（二）数字资源

数字资源是文献信息的表现形式之一，是将计算机技术、通信技术及多媒体技术相互融合而形成的以数字形式发布、存取、利用的信息资源总和。从数据的组织形式上看，有数据库、电子期刊、电子图书、网页信息等多种类型。

按存储介质可分为磁介质和光介质两种类型。其中，磁介质包括软盘、硬盘、磁盘阵列、活动硬盘、优盘、磁带等类型；光介质包括 CD、DVD、LD 等类型。常用的数字资源存储介质为硬盘、磁盘阵列、磁带及 CD、DVD、LD 等。

按数据传播的范围可分为单机、局域网和广域网等方式。单机利用可以是光盘或安装在一台计算机上的数据；局域网内部利用是用户能在机构内部浏览检索数字资源，但在机构的局域网以外的网络环境中不能访问；广域网方式是指用户可以在任何一个拥有因特网的地方通过一定的身份认证方式或者不需认证就可以访问数字资源。

从资源提供者来看，可分为商业化的数字资源和非商业化的数字资源。前者包括数据库商、出版商和其他机构以商业化方式提供的各种电子资源，如 Elsevier 公司的 SDOS、EBSCO 公司的 Academic Source Premier、中国期刊网等数据库，图书馆需要支付一定的费用后再提供给一定的读者群，或者读者个人通过读书卡和其他方式购买数据库的使用权。这些数字资源内容丰富、数据量大，是图书馆馆藏资源建设中的重要内容。后者主要指机构自建的特色资源库、开放获取资源、机构典藏和其他免费的网络资源，这些资源或者由图书馆自行建设，或者可以从网络上免费获取。当然，图书馆特色资源库在建成之后也可以以商业化方式进行运作，此时，对其他图书馆而言，也可以称之为商业化数字资源。

（三）多媒体资源

在计算机行业里，媒体（medium）有两种含义：其一是指传播信息的载体，如语言、文字、图像、视频、音频等；其二是指存储信息的载体，如 ROM、RAM、磁带、磁盘、光盘等，目前，主要的载体有 CD-ROM、VCD、网页等。多媒体是近些年出现的新生事物，正在飞速发展和完善之中。

严格来讲，多媒体资源不算是一种资源类型，它是多种媒体的资源的总称，一般包括文本、声音和图像等多种媒体形式。在计算机系统中，多媒体指组合两种或两种以上媒体的一种人机交互式信息交流和传播媒体。使用的媒体包括文字、图片、照片、声音、动画和影片，以及程式所提供的互动功能。

多媒体是超媒体（Hypermedia）系统中的一个子集，而超媒体系统是使用超链接（Hyperlink）构成的全球信息系统，全球信息系统是因特网上使用 TCP/IP 协议和 UDP/IP 协议的应用系统。二维的多媒体网页使用 HTML、XML 等语言编写，三维的多媒体网页使用 VRML 等语言编写。在 20 世纪中后期，大部分的多媒体作品使用光盘发行，进入 21 世纪后，多媒体产品更多地通过网络发行。

多媒体技术涉及的内容：①多媒体数据压缩：多模态转换、压缩编码。②多媒体处理：音频信息处理，如音乐合成、语音识别、文字与语音相互转换；图像处理，虚拟现实。③多媒体数据存储：多媒体数据库；多媒体数据检索，基于内容的图像检索，视频检索；多媒体著作工具，多媒体同步、超媒体和超文本；多媒体通信与分布式多媒体，CSCW、会议系统、VOD 和系统设计；多媒体专用设备技术，多媒体专用芯片技术，多媒体专用输入输出技术；多媒体应用技术，CAI 与远程教学，GIS 与数字地球、多媒体远程监控等。

（四）数据资源

数据（data）是事实或观察的结果，是对客观事物的逻辑归纳，是用于表示客观事物的未经加工的原始素材。数据可以是连续的值，比如声音、图像，称为模拟数据。也可以是离散的，如符号、文字，称为数字数据。在计算机系统中，数据以二进制信息单元 0，1 的形式表示。

信息与数据既有联系，又有区别。数据是信息的表现形式和载体，可以是符号、文字、数字、语音、图像、视频等。而信息是数据的内涵，信息是加载于数据之上的，对数据做具有含义的解释。数据和信息是不可分离的，信息依赖数据来表达，数据则生动具体表达出信息。数据是符号，是物理性的，信息是对数据进行加工处理之后得到的对决策产生影响的数据，是逻辑性和观念性的；数据是信息的表现形式，信息是数据有意义的表示。数据是信息的表达、载体，信息是数据的内涵，是形与质的关系。数据本身没有意义，数据只有对实体行为产生影响时才成为信息。

数据的表现形式还不能完全表达其内容，需要经过解释，数据和关于数据的解释是不可分的。例如，93 是一个数据，可以是一个同学某门课的成绩，也可以是某个人的体重，还可以是计算机系 2013 级的学生人数。数据的解释是指对数据含义的说明，数据的含义称为数据的语义，数据与其语义是不可分的。

对数据的分类，可以按性质、表现形式和记录方式 3 种类型划分。

（1）按性质划分：①定位的，如各种坐标数据。②定性的，如表示事物属性的数据（居民地、河流、道路等）。③定量的，反映事物数量特征的数据，如长度、面积、体积等几何量或重量、速度等物理量。④定时的，反映事物时间特性的数据，如年、月、日、时、分、秒等。

（2）按表现形式划分：①数字数据，如各种统计或量测数据。数字数据在某个区间内是离散的值。②模拟数据，由连续函数组成，是指在某个区间连续变化的物理量，又可以分为图形数据（如点、线、面）、符号数据、文字数据和图像数据等，如声音的大小和温度的变化等。

（3）按记录方式划分为地图、表格、影像、磁带、纸带。按数字化方式分为矢量数据、格网数据等。在地理信息系统中，数据的选择、类型、数量、采集方法、详细程度、可信度等，取决于系统应用目标、功能、结构和数据处理、管理与分析的要求。

数据也可分为结构化数据、非结构化数据和半结构化数据。

结构化数据，简单来说就是数据库。结合到典型场景中更容易理解，比如企业 ERP、财务系统；医疗 HIS 数据库；教育一卡通；政府行政审批；其他核心数据库等。这些应用需要哪些存储方案呢？基本包括高速存储应用需求、数据备份需求、数据共享需求以及数据容灾需求。结构化数据即行数据，存储在数据库里，可以用二维表结构来逻辑表达实现的数据。

非结构化数据库是指其字段长度可变，并且每个字段的记录又可以由可重复或不可重复的子字段构成的数据库，用它不仅可以处理结构化数据（如数字、符号等信息）而且更适合处理非结构化数据（全文文本、图像、声音、影视、超媒体等信息）。非结构化 WEB 数据库主要是针对非结构化数据而产生的，与以往流行的关系数据库相比，其最大区别在于它突破了关系数据库结构定义不易改变和数据定长的限制，支持重复字段、子字段以及变长字段并实现了对变长数据和重复字段进行处理和数据项的变长存储管理，在处理连续信息（包括全文信息）和非结构化信息（包括各种多媒体信息）中有着传统关系型数据库所无法比拟的优势。非结构化数据，包括所有格式的办公文档、文本、图片、XML、HTML、各类报表、图像和音频/视频信息等。

半结构化数据，就是介于完全结构化数据（如关系型数据库、面向对象数据库中的数据）和完全无结构的数据（如声音、图像文件等）之间的数据，HTML 文档就属于半结构化数据。它一般是自描述的，数据的结构和内容混在一起，没有明显的区分。

二、智慧图书馆的资源建设策略

高校智慧图书馆的信息资源建设，既包括印本资源建设，也包括数字资源建设，还应包括免费学术资源即开放信息资源的建设。

（一）智慧图书馆的印本资源建设

1.智慧图书馆采访工作的智慧化管理

采访工作由“与读者脱节”走向“强化征询读者意见”。馆藏是图书馆赖以生存发展的物质基础，文献采访作为馆藏建设的第一步，采购水准的高低无疑将直接对图书馆的运作效率的高低产生影响。传统的文献采购倾向于自上而下的采购，直接利用文献的读者常常处于资源建设的最末端的弱势地位。图书馆的服务对象是读者，这是图书馆永恒不变的准则，图书馆释放出其所存在的价值的唯一途径是读者的参与和使用。读者作为图书馆馆藏服务的对象、中心、目的、动力、检验者，图书馆的各项服务都需要体现“以读者为中心”的核心理念，这才能符合智慧图书馆“以人为本，可持续发展”的内在特征及“以人为本、绿色发展、方便读者”的灵魂与精髓。可以看出，为了适应智慧理念的发展，图书馆馆藏资源的采购需更加倾向于开放化、个性化、大众化，而不仅仅局限于少数采访馆员的研究领域和个人观点。理想的情况是，所有读者均可自由地提出个性化的文献采购要求，图书馆也要据此满足读者相应的文献需求，从而真正意义上实现信息获取的人人平等。实现馆藏资源的采购由“局限于少数有权采购文献的人员”走向“读者的每个文献需求的全面开放”，即文献资源的采购对准读者的文献需求，而实现的方式有读者决策采购，图书馆荐购系统等。资源采集重点由“图书馆内部采购馆员的决策权”向“读者需求”的倾斜有效排除了相关性低、利用率低的信息，实现读者需求表达渠道的畅通及表达的有效传达将提高采购馆员的工作成效，同时也减轻了采购馆员的工作量，这也有助于将有限的图书馆经费最大限度地满足用户的个性化需求，强化了借阅者与图书管理平台的对话，借阅者与馆藏资源的互联互通。

2.智慧图书馆馆藏管理的智慧化

RFID 管理系统是实现纸质资源智慧化的有效途径，通过对物联技术的运用，对图书馆采编、排架、流通等业务流程进行优化。目前，很多图书馆的在架书籍都配备了独一无二的电子标签。

3.智慧图书馆馆藏存储的智慧化

纸本文献的远程合作存储。为解决物理空间紧张和图书馆致力于对实体馆藏的维护之间的矛盾，远程存储是一个有效减少馆内开架书库实体馆藏的途径。远程合作存储使各分布式的图书馆共同构建异地的、高密度的，可长期保存纸质文献的存储设备，各分馆拥有本馆所存放文献的所有权，也可选择资源共享或转让文献所有权。各分馆的读者都有权力访问本馆远程存储的资源。在智慧化环境中，图书馆首先要明确它的使命和角色，并依此制定馆藏发展策略。比如：有些图书馆致力于提供对近期学术资源的获取，一些馆更多的是承担长期保存低利用率文献资源的职能，但未来的智慧图书馆的趋势是传统的作为保存纸本文献的图书馆正在转变为学习空间、交流中心、创新中心、创客中心，因此，可以推断的是，减少馆内低利用率的纸本文献的空间改造是智慧图书馆的发展趋势之一。

（二）智慧图书馆的数字资源建设

我国大学图书馆所引进的数字资源几乎涵盖了所有的数据库类型，有期刊、报纸、电子图书、学位论文、会议论文、科技报告、法律法规、专利标准、年鉴、参考工具、多媒体资源等多种类型，在多种文献类型中，数字期刊、电子图书、学位论文是引进最多的资源。

1.明确数字资源建设的规划与原则

资源建设规划是进行资源建设的纲领性文件，是对资源建设的目标、任务、方法、步骤等内容的明确规定。数字资源建设工作的首要任务就是制定资源建设规划。数字资源建设规划是数字资源建设工作的宏观指导，为数字资源建设工作提供政策性的标准和规范，为数字资源建设、数字资源服务与共享提供依据。

大学图书馆应该根据学校、图书馆的发展规划，学校学科建设情况，图书馆的购书经费等条件，制定数字资源的建设规划。建设规划应该包括数字资源建设的目标、方针、程序、模式、建设任务、建设重点、时间规划等内容。

数字资源建设应该遵循以下几个原则。

（1）需求原则。数据库的建设选题要立足用户需求，不能盲目上马，要考虑教学和科研的实际需要，考虑其实用价值和需求程度。具体说来，一方面要满足读者需求，即数据库建设的最终目的是为更多的读者提供更大的便利，如果没有读者的需求，便失去了建库的意义；另一方面要适应学科的发展，要突出重点学科和专业的特色，紧密联系教学和科研的需求，以考虑对教学科研起促进作用，对社会发展和经济建设创造效益为准则。

（2）特色原则。未来大学图书馆是互联网的重要组成部分，特色是数字资源开发和利用的生命，没有特色就没有竞争优势和发展潜力。因此，特色数据库在内容选择和编排上应具有鲜明的资源特色，如民族特色、地方特色、学科特色等，形成特色优势，满足用户对特色文献信息的需求。同时要考虑本数据库是否在本行业乃至全国高校范围内具有特色权威性，是否是其他综合型数据库无法替代的。

（3）标准化与规范化原则。在数字资源建设中，必须遵循一套标准和规范的解决方案，以便实现数字资源的长期存储、相互操作和数据交换，达到分布建设、网络存取、资源共建共享之目的。

（4）共建性与共享化原则。网络信息时代，任何单一的大学图书馆都不可能将所有的信息资源收集齐全，而单纯依靠自身的信息资源、人力资源所开展的信息服务也不能满足读者日益增长的信息需要。在这种环境下，中小型大学图书馆更应积极参与到全国性、地区性或本系统的共建共享活动中，如数据库的联合购买，特色数据库的合作建设，馆际互借以及开展联机合作编目等。共建与同享可提高图书馆数字化建设的效率与效益。

2.加大力度引进中外文数据库

中文数据库商出于自身利益的考虑，大部分数据库是大而泛，数据量比较多，购买费用也比较高。大学图书馆在引进中文数据库的时候要综合考虑数据库的使用效果、学科专业建设、重复引进、经费投入等问题，合理引进中文数据库。在经费允许的条件下，根据学科专业建设情况，尽量多引进专业性数据库，满足多学科的教师和学生的科研学习需要。

另一方面，图书馆要在数据库的引进上变被动为主动。目前许多图书馆在引进数据库时缺乏主动性，大多数仍处在代理商上门推销的被动试用、接受阶段。我们应当通过多种渠道了解全球专业数据库的出版信息，变被动为主动，努力做好图书馆信息资源建设。

3.加强大学图书馆自建数据库的建设

我国大学图书馆引进的数据库比较多，自建的数据库比较少，自建特色库的质量比较低，本身数据库的资源比较少……基于以上问题，如何加强自建特色数据库的建设，笔者认为应该做好以下几方面的工作。

（1）集中精力收集具有某种优势的信息资源。收集本校师生论文/著作，建成相应的数据库，在图书馆主页上链接，提供给读者检索，是构建特色数据库的一个可行方法。同时收集相关收录和被引用情况，既能反映出学校科研的水平，又能提升服务层次，更好地显示出本馆数字资源的特色。大学图书馆还可以结合本地地方特色资源，建设具有浓郁的本地特色的数据库。

（2）对所收集的文献信息进行深加工，形成一批质量较高的二三次文献。文献信息资源的深层次开发是图书馆信息化建设的重要内容。在信息化建设中计算机和应用软件等环境只是信息资源建设的主要技术条件和手段，而信息的组织、储存、加工、整理、规范、开发则是信息资源建设的重要基础性和关键性的工作。它直接关系到信息化建设效益，影响着国民经济的发展和科技的创新，是一件比软件、硬件配置更为重要、更为复杂、更为艰苦和更为持久的系统工程。深层次的文献信息资源的开发不仅是为了充分揭示图书馆的馆藏文献信息资源，更主要的是为了更好地提供利用。要抓好图书馆的信息化建设，促进文献信息资源的深层次开发，必须根据信息量化程度的难易、数据量的大小，统一规范系统数据，制定各专业数据库的建设规划、发展、标准和实施步骤，分工合作、有条不紊、分期分批地进行文献信息资源的全面建设。

（3）根据重点学科、重点课题，对国内外该研究领域的新观点、新思潮、新动向进行跟踪，提供定性、定量的专题报告和论点汇编，大学图书馆具有文献资源优势，丰富的馆藏特色文献为重点学科、重点课题数据库的建立储备了良好的资源基础。图书馆担负着学科建设的资料存储和资源建设的重要任务。有些高校已经成立某些学科领域的学科文献中心，因此，大学图书馆的重点学科文献相当丰富，文献内容的广泛性、系统性、连续性，有利于重点学科数据库的建设。例如，清华大学的建筑数字图书馆、北京林业大学的林木育种数据库、内蒙古大学的蒙古学特色数据库等建设都与本校的重点优势学科紧密相连。

4.加强高校联盟，实现资源共建共享

由于经费短缺，再加上数字化资源价格的逐年上涨，使得大学图书馆数字化建设长远规划难以制定和实施。建议要通过立法来确保文献购置费在学校经费中所占的比例，教育部也应明确文献购置费的核定比例，并且加强监督和指导。另外高校之间以及相关的主管部门、厂商、系统商等要加强联盟，共同想办法解决经费短缺问题。

实现各高校数字化图书馆之间的互联和资源共享，是数字化图书馆发展的必然趋势，也是解决资金短缺的一个重要举措。资源共享的基础是共建，因此要在管理体制和资源配置方式上进行改革，变单一建设为集中建设，变封闭式管理为开放式管理，改变大而全、小而全的思想，避免重复建设，浪费大量的资金和时间。各馆要转变观念，树立全局意识，把自身建设放在资源共建共享的大环境中来考虑，积极参与数字资源的整体化组织与建设，通过紧密协作，统一规划，统一标准，在互惠互利的基础上制定高校数字化资源建设的整体目标。另外要根据各个馆的功能和定位，确定数字资源的订购范围，合理地分配各图书馆数字资源建设规模，尽可能地把各个图书馆的经费投入集中起来进行数字资源的整体规划，形成一个资源共建共享的运行机制，建设“大图书馆”的数字化资源，最终实现数字资源分布式存储和管理、集成化“一站式”检索和利用的格局。

第二章　阅读推广基础理论

第一节　阅读学理论

一、阅读的界定

什么是阅读？这是一个看起来简单实则非常复杂的概念。说它简单，是因为在现代社会，阅读现象随处可见，阅读如同呼吸一般，成为人们一个近乎本能的行为。一个人只要不是文盲，就至少能读路标广告、报纸杂志、电视新闻等最基本的东西，就像一个人若无生理缺陷就可以同他人交谈一样。说它复杂，是因为每个人阅读起来的情况会大不相同，阅读作为复杂的心理过程，阅读的能力、方式与习惯更是因人而异。就像有人说话得体，有人则词不达意；有人听话能听出弦外之音，有人就连基本的语意也会理解错误。那么，究竟什么是阅读呢？我们又该如何理解人类的阅读行为？还是让我们先来看看古今中外文献中一些有代表性的观点吧。

“阅读乃是从文本中提取意义的过程。”（吉布森，1970）

“阅读是一种从书面语言中获得意义的心理过程。”（《中国大百科全书•教育卷》，1985）

“阅读是一种积极的过程，阅读是读者与文章（或作者）的交流过程，成功的阅读是一个创造过程，读者和阅读材料相互交流创造意义。”（维德森，1978）

“阅读是指个体从印刷文字、图画、图解、图表等书面材料获取信息或意义的过程。个体在阅读时，通过把文字等符号的视觉信息与头脑中已有的知识经验不断进行比较、预测、判断、推理和整合，从而理解文字等符号所表达的意义。”（杨治良，《简明心理学辞典》，2007）

“阅读是理解图文、阐释意义、产生共鸣或启迪思想的复杂的脑力活动。”（约翰•凯里）

“阅读是从信息符号中获取意义的一种复杂的智力活动。”（胡继武，《现代阅读学》，1991）

以上定义大致可以分为“过程说”与“活动说”两大类。“阅读过程说”与“阅读活动说”大体相同，却又稍有出入。“活动”是有一定目的的行动，由目的、动机和动作构成；“过程”则是指事物发展所经过的程序或阶段。两者又是相通的，任何一项活动都有一个发生、发展的过程。因此，王余光和徐雁在主编《中国读书大辞典》时，将“阅读”做如下界定：阅读是“一种从书面语言和其他书面符号中获得意义的社会行为、实践活动和心理过程。阅读首先是作为一种特殊的交际方式而存在的社会现象，具有行为的社会性。它是以书面材料作为社会交际的中介的”。“作者—文本—读者—世界”，是构成一个完整的书面交际过程的四个基本要素。

无疑，此阅读概念综合了“活动说”与“过程说”的要义，并进行了拓展延伸，将“阅读”作为一种社会现象而不仅仅是一个单独的个体行为来看待，显然更具全面性，也得到了业内学者的认可。王波在《阅读疗法》一书中提到“学术上的阅读指的是‘一种从书面语言和其他书面符号中获得意义的社会行为、实践活动和心理过程’”。可见，王、徐的“阅读”定义是正统的、严肃的。随着知识经济与信息社会的到来，人类阅读的文本发生了巨大的变化，阅读的概念也变得更为宽泛。胡继武在《现代阅读学》中对阅读所下的定义“阅读是从信息符号中获取意义的一种复杂的智力活动”更符合当前实际。

二、阅读的价值

为什么要阅读？阅读的意义何在？阅读的重要性表现在哪些方面？对阅读这些问题的认识是建立在对阅读价值的认知基础之上的，这是阅读的一个根本性问题。所谓阅读的价值，就是指阅读对人所产生的有利于其生存与发展的正面影响。这种影响从人的全面发展来看，具体包括以下内容。

1.获取知识

作为物质形式的书籍既是人类知识的系统化保存，也是人们获取知识的主要途径，是人们阅读的主要媒介之一。因此，书籍不仅是让大家阅读的，而且是让人无数次阅读的。从某种意义上说，书籍是人体的延伸，是人类大脑和五官功能的外化。美籍德国学者卡普通过有关美国和德国护林人用的斧子的对比研究得出如下结论：人类使用的工具是人类自身功能的外化物，从而延伸了他的身体。因此，技术的发明和使用减轻了人类的精神负担，提高了人类的能力。书籍也不例外，它减轻了人的记忆负担，极大地增强和扩展了人的记忆能力。阅读书籍，既可以了解前人的知觉世界，也是进一步扩展人类知识系统的重要途径。更重要的是，书籍促成了人类知识的独特传承形式和两种不同的阅读方式（文字阅读和图的阅读），进而创造了一种重要的文化模式——阅读的艺术。文字阅读是一种以词组为基础、以句子为中心、以篇章为系统的阅读方式。其中，句子是表达完整意义的基本单位和形式。它的基本形态是线形的，即由多个词按照线的运动方向组成。因此，句子在形态上具有方向的特性。句子的方向既是人们阅读句子时视线的运动方向，也是句子书写的方向。图的阅读与文字阅读的线性方式不同，图的阅读是一种以形态和色彩为基础的整体性（视知觉）阅读方式。所谓整体性的阅读方式，就是人们通过视知觉经验，瞬间组织图中的各部分材料，形成概括性的结论。

通过以上两种阅读方式获取知识，是古今中外人们获取新知识的最常规的途径。原因很简单，由文字和图形所构成的文献所承载的人类知识无所不包，是人类知识的宝库。通过阅读，文献中的知识就会传递给阅读者。虽然阅读不是人们获取知识的唯一途径，但这种途径的优越性是非常明显的。

尽管人们获取知识的途径除了阅读书本之外还有很多，但研究表明，一个人的知识建构，从实践中学习与积累的不足20%，通过阅读获得的知识达到80%。可见，阅读尽管不是获取知识的唯一途径，但却是最主要的途径。无疑，阅读可以使我们广泛地、大量地获取知识，增长见识、开阔眼界。

2.开发智力

心理学将智力概括为个体观察、记忆、思维、想象、注意、言语、操作等各种能力的综合体。智力不仅体现在人掌握知识的过程方面，更体现在人运用知识、创造性地解决实际问题的能力方面。智力是人类发展的基点。阅读尤其是早期阅读，能够极大地开发智力。

（1）阅读有利于促进大脑的发育、成熟。从幼儿教育的角度来看，早期阅读更有利于促进儿童大脑的发育、成熟。科学研究成果表明：大脑的信息约八成是通过视觉获得的，0～6岁是儿童智力发展的关键期，因而，视觉刺激对幼儿早期神经网络的发展至关重要。研究还发现，语言理解区域的发育比口语表达中枢要早。这一结果可以理解为：正因为阅读提供了积极的视觉刺激，给儿童展现了图文并茂的视觉材料，才加快了儿童大脑神经组织的发育和成熟，促进了儿童思维的发展。

（2）阅读有利于智力的发展。心理学研究表明，知识是智力发展的基础。一个人所拥有的知识决定了其智力水平，如果一个人还能不断吸收新的知识，则其智力水平还将不断发展。智力发展需要知识去触发。智力开发遵循轰击原理，在大量信息和知识的碰撞、轰击之下，人的智力潜能能够被激发出来。如前所述，阅读是获取知识的最有效途径之一，因而阅读一定会有利于人的智力的发展。

（3）阅读能够训练思维。阅读的过程，是不断地思索、想象、判断和推理的过程，人们既要领悟字词的含义，又要理解语句的含义，还要思考或怀疑文本中的观点，更要将出现在书本中的新知与大脑中的旧知进行比较与联系。经常性地进行这一系列的思维活动，能使人的大脑经常经受这样的训练，这对智力发展必然有益。

3.修身养性

我们常用“修养”一词来描述一个人的品性、情趣、学识等所呈现出的状态。于丹认为“读书意在修养”，她说：“一个人的阅读要达到什么样的境界呢？中国古人说起读书，按照孔子的说法，就是‘汝为君子学，不为小人学’。何谓君子学？就是让我们超乎功利，让我们所学的一切，更多的不要想着实用，而要想着修养。因为一个人只有内心修养真正有了一种从容淡定，了解自己在这个坐标系上的位置以后，才不会有起起伏伏的欢喜或者沮丧。我觉得这句话今天仍然适用。”

阅读堪称人生最美的修行。一行清秀的短文，或许就能调整生命的航向；一首洗练的诗歌，或许就能唤醒对美好的向往；一幅淡然的水墨，或许就能驱赶心灵的彷徨。虔诚的阅读摒弃世俗功利，钟情的解读足以启人心智，或纯美娴雅，或铿锵豪迈。阅读浸润着悠然时光，过滤着日复一日的繁复与辛劳，琐碎与阅读相互交融，琐碎因阅读而温馨，阅读因琐碎而精彩。一个醉心于阅读的智者，终会超越世俗的层面，进入精神的家园，朝夕与心灵沟通，日月与心灵对话。在人生的十字路口，总会流露出智慧的光芒，引导我们迈向光明的彼岸。

4.丰富人生

人们常说，一本好书改变人的一生。社会的进步离不开知识，人的全面发展离不开阅读。好的阅读，是学习知识的愉悦，是感受心灵的碰撞，是实现自我的超越。为何阅读，阅读什么，怎样阅读，其实代表一种思想高度，折射一种人生境界。读书是缓解焦虑情绪的一剂良方，尤其是在当今快节奏的社会生活中，读书可以滋养人的心灵，这不失为一种明智的选择。养成读书的习惯，你会加入慢生活的行列，你会发现其实读书与生活、工作、交际和处事能力的提升息息相关。

通过读书，你会暂时忘却现实的残酷、生活的窘迫，你会理解高尔基的那句话“我扑在书上，就像饥饿的人扑在面包上”；你会珍惜拥有，不再为曾经盲目比较后巨大的心理落差而心绪起伏动荡。读书让人们学会不以物喜不以己悲，波澜不惊宠辱皆忘。

通过读书，你会发现古今中外的人们彼此可以或友善或犀利地展开对话，但有一点很关键，那就是彼此的心灵是平等的、坦诚的，没有半点藏污纳垢和尔虞我诈。读书让人们认识到哪怕是政见不同的人，彼此也可以成为良师诤友。

通过读书，你会领悟到，那一个个响彻天宇的名字的背后，也会或多或少地隐藏着不足为外人道的辛酸和无奈。在不可抗拒的大时代面前，哪怕是伟人、名人、大师，也同样显得那么渺小，沧海一粟、宇宙之沙。

阿根廷诗人博尔赫斯有诗云："我心里一直都在暗暗设想，天堂应该是图书馆的模样。"恐怕爱书之人对读书带来的幸福感都心照不宣。在互联网时代，每天有太多的信息扑面而来，人们似乎每天都在读着一些文字，但快餐式的浅阅读以及未经过挑选的文字虽然占用了大量时间，对读者而言却如流沙过指，所得甚少。在快节奏的生活中，我们不仅需要阅读，更需要用心选择一本好书，在读书的过程中提高、深思、内省并体验生命之美。

人生的高度得益于阅读的广度。阅读可以教会人们如何从现代生活中获取心灵快乐，找到人生的坐标，更好地面对生活、面对人生。

三、大学生的阅读行为特征

青年大学生是未来的社会精英，是高级知识分子，同时也是构建学习型社会的主力军。他们有着渴望阅读的心理、较高的阅读能力、充分的阅读时间，能够接触到最新的阅读媒介和方式，对社会文化环境和阅读氛围较敏感。他们的阅读行为具有以下特征。

（一）阅读量大

大学阶段的教育已不再像中学阶段那样主要依靠学校进行教学，依靠老师进行督促。大学学习相对开放，更多的是通过学生自主学习的方式获取知识，而自主学习的一个主要途径便是大量阅读各类书籍文献。国外的大学教育大都采用"阅读+讨论+报告"的教学模式，阅读是整个教学的基础环节。美国大学生平均每周的阅读量是500～800页。正因为阅读量是大学生的基本功，所以作为文献信息中心的大学图书馆成了大学的地标和象征，同时也是大学精神的重要守护者，与教师、实验室一起并称为高校的三大支柱。有学者用"读老师、读同学、读图书馆"来回答"上大学，读什么？"的问题，可谓睿智。概言之，即为"读人"和"读书"。所谓"三人行，必有吾师"，每个人的经历都是一本书，从他人身上汲取精神力量，吸收经验教训，以激发自己的斗志，把握人生的方向。在高校颇为流行的"真人图书馆"活动便是这样一个读"人"平台。图书馆是书籍的藏身之所，其拥有的丰富纸本资源与各类电子数据库，在满足大学生学习和科研需求的同时，也能基本满足他们的其他阅读需求，因而成为大学生获取阅读资源的主要途径。有学子不无感慨地说："大学读得好不好，关键是看你有没有经过图书馆的浸泡。"此话是富有哲理的，也得到越来越多的大学生的认同，并付诸实践。

（二）阅读方式多

随着大学生阅读量的增大，阅读方式也需要多样化。因为没有任何一种阅读方式是适用于一切阅读的，每种阅读方式都有其不可代替的特点。常用的阅读方式主要有朗读、默读、略读、精读、慢读、快读、连读、跳读等。与中小学经常使用的朗读方式相比，默读在大学生中运用更广泛，阅读速度也明显快于有声阅读。对于专业的经典文献，大学生则需要逐字逐句、逐章逐段地进行精读、慢读；对于只需了解的书籍，适宜做翻阅浏览式的略读、快读。

此外，大学生对新媒体技术的接受程度更高，其阅读方式也由传统的图书、报刊等纸质媒介拓展到网络、手机等数字媒介，在给大学生带来即时互动等全新阅读体验的同时，也给大学生的阅读提出了更高的要求。首先要求他们掌握阅读的基本技巧，即要善于根据不同的读物和不同的阅读目的去选择不同的阅读方式；其次，要求他们在阅读实践过程中，主动驾驭各种阅读方式，并根据自己阅读的主客观条件，将多样的阅读方式科学配伍，力争取得最佳的阅读效果。谁能辩证地运用各种阅读技术和方法，谁就能成为阅读的赢家。大学生作为社会未来的知识精英，既具有“精、深、古、奥、钻”的传统古典式读书法，又具有“轻、浅、泛”的信息时代的阅读特征。

（三）阅读目的性强

阅读是一种自觉的意志行为，这种自觉意志决定了阅读都有其目的，或为求知考试，或为审美娱乐，或为评价欣赏，所谓“志不立，天下无可成之事”，没有目的的阅读，是不会有效果的。青年大学生担负着修身齐家治国平天下的责任，他们的阅读具有明确的目的：第一，为完成学业而阅读。如围绕课堂教学阅读教辅资料，围绕各种比赛做研究性阅读，围绕考级、考证阅读各种考试用书等。第二，为修身养性而读。大学生是人生观、价值观、世界观形成的关键时期，各种文学类、综合类图书，形式活泼、时效性强的报纸杂志、融知识性趣味性于一体的科技图书都是他们喜爱的读物，以满足其人文素养提升的需求。第三，为关注社会而读。青年大学生在关注自身发展的同时，也把目光投向社会。为了适应社会需要，实现自身价值，他们的阅读也会融入时代潮流，紧跟社会热点、焦点问题，追求知识更新，具有新观点、新思想、新方法的图书备受其青睐。求新求异的创新心理成了青年大学生自主阅读的又一动机。

然而，任何事物都具有两面性。网络化的阅读环境、追求实用的阅读心理、关注时尚、喜欢轻松活泼的青年特征，无疑也在一定程度上造成了大学生阅读的功利化、消遣化与浅表化。

第二节　推广学理论

一、推广的基本属性

（一）干预性

推广是一种干预。几乎所有的推广定义都强调推广是经预先考虑的、有计划的、循序渐进的、系统设计的、有目标指导的目的性活动。制定目标、设计并检验策略、资源配置、执行和评价是推广干预性的具体表现。“干预”在《现代汉语词典》中的释义是“过问（别人的事）”，推广的干预性往往超越“过问”的层级，充当“推广员”角色的人常常直接参与目标群体的行为变革过程，因为推广员本身就是一种以执行干预为目的的职业。事实上，医生、教师、推销员以及其他专业工作者在平常的工作中都部分地扮演着“干预者”的角色。正是由于这个原因，国外的许多大学生都以“农村推广”作为选修课，即使他们根本不打算成为专职的推广人员，他们也觉得通过沟通进行干预的原则，是许多工作所要求的职业技巧之一。

（二）沟通性

推广以沟通作为其引导变革的手段。沟通贯穿于推广的全过程，是推广、培训和信息传播的基础，是推广工作中的一项重要的、必不可少的活动。早期的推广工作被看成是一种简单的干预手段，忽视了沟通在推广中的重要作用，认为推广就像投掷标枪一样，把知识和动力投向目标用户便大功告成。后来发现这种把目标用户当成“靶子”的推广工作，收效甚微。即使目标群体相信自己会从行为变革中获益，可仍然会因为缺乏变革的资源和条件而没有引发自愿行为的改变。沟通的重要性由此得到认识。沟通需要相互理解。推广的效果取决于干预团体与目标群体之间互相理解的程度。在推广之前，若能了解受众的期望，倾听他们的意见并加以理解，与他们一起对新的建议进行预试，并注意使用他们已有的知识，让变革行为者（推广员）与目标用户共同解决问题，推广的效果会好很多。

（三）自愿性

推广只有通过自愿变革才能产生效力。尽管推广的影响力来自策略地运用沟通这一手段，然而在引起人们行为自愿变革方面，这种影响力还是相当有限的，除非有其他途径以权力迫使人们依从。可是我们不能利用推广来强迫人们去做违背自身意愿的事情。推广的逻辑也要求变革行为者必须寻求引导目标用户自愿变革的手段和方式。自愿的行为不能由命令或指令产生，它需要利用说服、传递信息和其他沟通形式来引导目标客户在知识、认识、动机、理解或反馈上的改变，让他们相信行为改变是为了他们自身的利益。戈加特曾提出自愿行为改变的三个条件：一是必须知道怎样做；二是必须想要做；三是必须有能力做。显然，推广在对知识（知道怎样做）和动机（想要做）上的影响比对能力上的影响要大得多，因为人的能力的养成是一个复杂而长期的过程。正因为如此，现实的推广工作常常在改变人的知识和动机方面着力，在改变能力方面望而却步，从而造成推而不广的情况发生。若背离自愿性原则强制推广，即使是好心，往往也会办成坏事。

（四）公益性

用户都是理性经济人。如果推广纯粹只是为了推广者的个人利益，那么推广行为必然会受到用户的抵制，更不用说会有什么好的推广效果了。因此，无论是农业领域的技术推广、商业领域的产品推广还是服务业的服务推广，都在一定程度上具有利他性，而且这种利他性成分越高，推广工作越容易开展，效果也越好。对目标用户来说，具有收益外溢的项目必须采用补偿机制才能得到有效推广。如此，在很多国家和地区，推广常常被用来作为一种政策工具。如在保护自然资源、预防公害、保证对于环境资源的适度使用、解放思想、主持公道、防止破坏公物的行为、能源保护、保证更好地使用娱乐设施、保证坚持公共利益的政策、交通安全等方面，推广的目的更加强调公共和集体的利益，而不是某些私人利益，因而具有显著的公益性。

（五）机构部署性

推广需要钱，它是一项职业活动。不管是专职的推广还是兼职的推广，都需要经费。要想保持推广工作的连续性，其经费开销非个人所能承担。因此，推广工作通常是由某种机构组织开展的，这些机构可以是政府机构、志愿机构、商业公司和会员协会等。例如，在许多国家特别是发展中国家，农业推广服务机构都是国家行政机构的组成部分，推广工作经费和人员大都由政府行政体系安排，常常采用技术、政策、物资结合的运行机制开展工作；大专院校与科研院所等教育科研机构开展的推广工作，其资金来自于教育经费或科研项目经费，通常采用科研、教学、推广结合的运行机制助力科技成果的转化，即使是在当下的大学教育中，仍然强调生产、教学、科研相结合，面向市场培养人才；企业或公司设置的推广机构以增加企业的经济利益为工作目标，以产品消费者为服务对象，由企业划拨推广经费，一般采用企业、基地、用户结合的运行机制，以调动企业和用户的生产积极性，达到双赢的效果；会员协会合作形成的自助推广机构以会员为推广对象，以经营、咨询、推广相结合的方式开展资源传递服务。由此，推广的机构部署性便不言而喻。

根据推广的以上属性，我们可以给推广做出如下定义：推广是一种由机构部署的职业性的有组织的沟通干预活动，以引导具有变革行为者（推广者）所认为的公共或集体效用的自愿行为的改变。

二、推广的目的

推广是一种经过系统设计的、有计划有程序有目标指导的活动，具有很强的目的性。推广的目的有两个：一是直接目的，二是最终目的。直接目的是引发推广行为的动机。如在传统农业社会，人们为了生存，千方百计想要农作物高产，于是，为了提高作物产量的农业技术推广行为便应运而生；科研院所为了把潜在的、知识形态的科技成果转化为现实的、物质形态的生产力，必须将创新的成果在相应领域推广使用才能产生效益；企业开发的新产品只有投放市场，被消费者购买才能实现利润，为了占领市场，让产品迅速被消费者知道并接受，企业需要市场推广；政府从国家和社会的利益出发，必须对个体的行为进行规范和节制，这种规范和节制除了通过硬性的法令强制执行外，还需要通过推广教育来引导人们的行为自愿改变。这些推广行为，因传输技术、成果转化、产品销售、行为教育的动机而产生，是推广的直接目的，也是短期目的。那么，技术推广、成果推广、产品推广、教育推广，其最终目的是什么呢？根据推广的核心逻辑——诱导变革，我们认为，推广的最终目的只有一个，那就是引导行为自愿变革。

为了实现推广的最终目的，变革行为者需要科学合理地设计其直接目的，并努力使干预目的与用户目的相一致，以实现推广效益的最大化。推广目的（直接目的）与用户目的的一致性程度是有差别的，通常有以下四种情况。

（1）推广目的与用户目的相同。

（2）推广目的与用户目的部分相同。

（3）推广目的与用户目的相联系。

（4）用户目的能够被转化为适合于推广目的。

第一种情况可能发生在由慈善机构提供资金的志愿组织开展的推广活动中，或者是由用户自己付费请商业公司为其提供的推广服务中。在这两种情况下，推广是为用户服务的一种手段，因而推广目的与用户目的高度一致。

第二种情况经常发生在农业推广中。用户目的是多赚钱过好日子，推广目的更多的是为国家利益服务。如在工业欠发达国家，农业推广的目的是为城市消费者提供廉价而可靠的食品供应，赚取外汇为工业发展提供原材料等，这种国家利益的达成是通过引进新技术提高农业产量实现的。产量提高了，价格就会下降，农民为了保持收入增长，也就自觉需要推广咨询服务。这样，当廉价而丰富的农产品变为现实的时候，农民们也看到了技术创新给他们带来的切身利益。

第三种情况经常发生在诸如广告一类的领域中。为了使推广目的（出售产品）和用户目的相联系，沟通干预常借助于某些用户感兴趣的、有利可图的、有指望的或者信服的中介物，即“诱导体”，而推广组织想要用户购买的产品被称为“劝导体”，沟通干预力求证明在“劝导体”和“诱导体”之间有一种关系，这种关系被称为广告的“允诺”。

第四种情况是指推广除采用沟通干预外，还可采用其他手段达成推广目的。如价格刺激和补贴可以使用户对推广咨询服务产生兴趣。

当推广目的与用户目的完全相反时，沟通干预是不起作用的。若想通过推广让目标用户去做他们不愿意做的事情，那是根本不可能的。当推广与其他手段如价格刺激、补贴等结合使用时会促使目标用户按照推广目的行事，这时推广的力量变得最大。然而这种力量很明显不是来自推广本身而是来自其他手段。因而纯粹的推广其力量是十分有限的。

三、推广的功能

现代意义上的推广即推销、传播、普及与指导，是以人为工作对象，将特定的商品如书籍、知识、信息、技术、成果以及文化与公共平台等传播出去，通过改变个人能力、行为与条件，来改变社会事物与环境。因而推广具有个体功能与社会功能。

（一）推广的个体功能

1.推行科学以增进知识

职业推广人是具有专门知识的人。无论是提供信息的推广、为解放的推广，还是人力资源开发、抑或劝导式推广，其工作对象都是人而不是物，因而推广过程都是一个面向人传播知识的过程。推广为目标用户提供非正式的校外教育机会，从某种意义上讲就是把大学带给用户。

2.传播技术以提高技能

推广行为首先起源于农业领域，传输技术、提高生活技能是推广活动产生的原初动力，也是推广的首要功能。即使是商业领域的推广行为，尽管其每一个步骤可能都存在着促销，但也离不开传播技术这一环节。因为产品的销量仅仅是推广的间接结果，推广的直接利益结果是要让客户了解产品功能、传授产品使用技术，知晓企业品牌，让消费市场尽快接受产品。

3.普及文化以改变观念

推广教育、咨询活动可以引导目标群体学习社会的价值观念、态度和行为方式，使得目标群体在观念上也能适应现代社会生活的变化。推广的最终目的是引导人的行为自愿变革。人的行为改变需要经历一个从知识改变、态度改变到行为改变的过程。虽然人的知识改变、态度改变并不一定会带来行为改变，但是人的行为改变了，其知识、态度和观念一定会发生改变。以书籍、知识、信息等为内容的文化型推广尤其具有这一功能。

4.指导方法以增强应用

推广工作要运用参与式原理激发目标群体的主观能动性，通过广泛的社会教育与咨询活动，使目标群体在面临各种问题时，能有效地选择行动方案；通过目标群体参与推广计划的制订、实施和评价，提高目标群体的组织与决策能力。

（二）推广的社会功能

1.促进科技成果转化

技术推广是推广的主要内容，也是科技进步系统中极其重要的环节。然而，科技成果是一种知识形态的潜在生产力，要把这种潜在的生产力转化为现实的生产力，需要让广大用户接受它，掌握它，并应用于生产实践中，从而产生一定的经济、社会和生态效益。这种转化是通过推广来完成的。推广效果越好，科技成果的转化速度就越快，质量也越高，生产力发展也更快。

2.提高生产经营效率

研究、推广和教育是创新的三个核心要素，三者结合形成政策工具统一为用户服务。用户在改变知识、信息、技能和资源条件后，可以提高生产的投入产出效率。据美国学者分析，美国农业生产率提高的71%是科学研究及其成果推广应用的结果。在创新驱动发展的现代社会，农业和工业发展更加依赖于科技成果的推广应用。

3.改变生活环境质量

推广活动通过教育、传播、服务等工作方式，改变用户对生活环境及质量的认识和期望水平，进而引导用户参与环境改善活动，发展基础服务设施和公共文化事业，以改善他们自己的人居环境，提高生活质量。因此，推广必须同时兼顾经济效益、社会效益和生态效益。经济效益可以是首要的，但不能是唯一的。以牺牲社会效益和生态效益而取得的经济效益是表面的、暂时的、不可持续的。只具备经济效益的创新是不科学的，也是没有推广价值的。

4.发挥媒介纽带作用

推广具有传递服务和反馈信息的功能。推广过程中，推广者起着联系科研、教育、生产的纽带作用，同时也是政府和目标群体对话的中介人。一方面，通过推广工作可以将政府的发展计划、方针、政策及时准确地传递给目标群体，以确保各项政策的落实和预定目标的实现；另一方面，可以将目标群体的意见、建议和呼声及时反馈给政府部门，为政府部门决策提供依据，增强政策的可行性。

第三节　阅读推广基本理念

一、阅读推广的现代理念

（一）阅读推广的“全民”理念

1995 年，联合国教科文组织宣布 4 月 23 日为“世界图书与版权日”（简称“世界读书日”），希望通过“读书日”的设立，期待“散居在世界各地的人，无论你是年老还是年轻，无论你是贫穷还是富裕，无论你是患病还是健康，都能享受阅读的乐趣，都能尊重和感谢为人类文明做出过巨大贡献的文学、文化、科学、思想大师们，都能保护知识产权。”细心的读者应该都能从这一“期待”中解读出“全民”的含义，“全民阅读”一词由此也迅速传播开来并被各国政府所接受。在我国，早在二十世纪二三十年代，留美归来的图书馆学家李小缘先生就曾发出“人皆有资格为读者”“使全国民众，无论男女老幼，皆有识字读书之机会”“能使公开群众……皆能识字读书，享受图书馆之利益，则方可谓图书馆之真正革命，之真正彻底改造，之真正彻底建设者也”的呼吁。李先生的呐喊也充分体现出“阅读，一个也不能少”的全民理念。从阅读推广所具有的“社会公益性”来看，尽管某一个具体的阅读项目都有明确的阅读推广对象，不可能涉及“全民”，可综合整体的阅读推广工作，则应该要让所有的公民都能享受到阅读推广的“益”处。21 世纪初叶以来，“全民”阅读理念更是深入之心。恰如学者所言：“‘全民阅读推广’这个概念，首先意味着要倡导‘全员阅读’的学风，其次意味着‘终身阅读’，再次，对于图书馆和书店来说，还意味着一种‘全品种的读物推广’。”现代阅读推广的“全民理念”由此可见一斑。

（二）阅读推广的“服务”理念

范并思教授提出“阅读推广是一种服务”，无论是编制导读书目还是组织读书活动，其目的都是为读者的阅读和学习提供服务。尽管“推广”是一种沟通干预活动，但是阅读推广干预的目的是帮助读者喜欢阅读、学会阅读，而不是对读者进行价值观与品行方面的教育。尽管“推广”还具有教育属性，许多人也认为阅读推广应该对读者的阅读内容、阅读形式甚至阅读习惯进行教育。然而，这种教育多半是针对不爱阅读、不会阅读以及阅读有障碍的人群而进行的，对于大多数普通读者而言，只需提供中立的、非干扰的服务型推广即可。同时，阅读推广作为一种公共文化服务，其公共产品的公益性与非排他性还要求阅读推广需要保持服务的公平性，不得将具有党派教义的“教育”掺杂其中。即使是在具有教育职能的图书馆，也强调“图书馆员仅仅承担传递文献或咨询服务，不介入读者挑选文献的过程，不指导读者阅读，将知识与信息的选择权完全交给读者，甚至保守读者秘密，不让他人知道读者阅读的内容”；图书馆也因其保持服务价值的中立性而受人赞美，认为它的存在是社会民主制度的一种安排。当下，阅读推广服务已成为图书馆的一种主流服务，尽管这种服务具有活动化和介入式的特征，却丝毫不影响其平等、包容、专业的优质服务理念，阅读推广人的行为也应该遵循图书馆的核心价值体系：“开放、平等、包容、隐私、服务、阅读、管理、合作。”

（三）阅读推广的“自由”理念

“自由”一词，既是一个法学名词、哲学名词，又是一个日常用语。《现代汉语词典》给“自由”提供了三个释义：①在法律规定的范围内，随自己意志活动的权利，如自由平等；②哲学上把人认识了事物发展的规律性，自觉地运用到实践中去，叫作自由；③不受拘束，不受限制，如自由参加，自由发表意见。阅读推广秉持的自由理念既不是哲学意义上的“自由”，也不是日常用语中的“自由”，应该属于法律层面的“自由”，主要包括阅读自由、藏书自由、信息自由三个方面。其中阅读自由是整个现代社会文明尤其是图书馆应该奉行的宗旨圭臬。奥巴马曾在以“隐私与自由”为主题的演讲中将图书馆员誉为“保障我们自由思考和接受外界信息权利的全职捍卫者，应该受到全国人民最深切的感激”。程焕文明确提出：“图书馆在藏书建设和服务上必须保持客观中立，不受任何思想意识和社会势力的干扰和影响，不越俎代庖地替任何意识形态、团体和个人判断藏书的优劣好坏或者收藏与剔除。”许多学者也坚定地认为：“藏书自由是阅读自由的资源保障，能在市场采购到的书刊是已经审查筛选过的，图书馆不能也不应该再进行主观的审查式的选择；图书馆员无法逾越出版制度的藩篱，但对于‘有关部门和有关领导’的过度关心和柔性干预，要秉持职业操守和道义予以抵制；即便是需要成人进行阅读指导的儿童，无论怎么强调他们的‘自主阅读’都不为过。”信息自由包括信息获取自由和信息表达自由。《国际图联因特网宣言》规定：“知识自由是每个人享有的持有和表达意见以及寻求和接收信息的权利；知识自由是民主的基石；知识自由是图书馆服务的核心。不论何种媒体、无远弗届地利用信息自由是图书馆和信息职业的主要职责。图书馆和信息服务机构提供不受阻碍的因特网入口，以支持社区及个人的自由、繁荣和发展。”阅读作为知识习得的方式，要想实现知识自由，首先要实现阅读自由。只有实现真正的阅读自由，才会有阅读之后的自由之国与自由之民。

（四）阅读推广的“权利”理念

通常意义上的“权利”是指权力和利益，与“义务”相对。

阅读是一种权利，这是现代公民社会应该遵守的一条铁律。阅读推广遵循“权利”理念是指任何阅读推广主体开展任何阅读推广活动时都应该保护公民的阅读权。所谓“阅读权”是指每个人依法享有的阅读权力与利益；它以阅读的自尊、自主、自由为主要内容，以体现读者的个性为特征，突出反映了“天赋人权”“天赋价值”的人本主义精神。“公民阅读权利的概念是从文化权利、信息权利、图书馆权利、受教育权利、读者权利等相关概念演化而来，利益、主张或要求、资格、力量、自由是公民阅读权利的五要素。”具体来说，每个公民都拥有利用图书资源和阅读空间的权利、参与组织阅读的权利、开展创作和创造的权利以及阅读成果受到保护和推广的权利等。

为了保障公民的上述阅读权利，2013 年以来，全民阅读立法进入国家立法工作计划，深圳、江苏、湖北、辽宁、四川等省市相继出台了地方性的阅读法规。设立全民阅读组织或机构、规范基金经费、指导公共服务、关照特殊群体、细化新闻出版方面的职责，是各地立法中的高频词汇；从组织架构到基金经费，从公共服务到部门职责，这些关于全民阅读推广的“主干”和“枝节”，在 5 部地方性阅读法规中都有明确表述。由此可见，阅读立法既保障了社会立场上的公民阅读权利，又保障了机构立场上的推广主体的职业权利，体现的是一个国家的文化梦想与追求。

五、阅读推广的“创新”理念

阅读本质上是一种个性化与私密性的体验活动，阅读推广秉持的全民理念、服务理念、自由理念、权利理念，都必须遵循推广的逻辑前提——自愿行为的改变；即使是阅读立法，其出发点也仅仅是为阅读权利的实现创造更好的法律制度环境，而不是对公民的阅读行为进行限制或者强制。这就要求阅读推广的方式只能是“吸引”，不能是“强迫”。如何“吸引”呢？让我们先来看一串有关“新旧”的成语：除旧布新、革旧鼎新、舍旧谋新、辞旧迎新、破旧立新、忘旧恋新、吐故纳新、涤故更新、弃故揽新、温故知新、推陈出新、耳目一新……

从中可以看出：“旧”乃“新”生的土壤，新事物总比旧事物更有吸引力，喜新厌旧乃人之常情，阅读推广也不例外。现代阅读推广尤其要秉持“创新”理念，在温故知新的基础上实现推陈出新。开展阅读推广活动更是成为图书馆这个实体空间中最能吸引读者、与图书馆使命最为贴切的工作。近年来，围绕阅读推广，重新设计图书馆服务空间、添置设备、进行服务场所改造的话题日益成为图书馆学界和业界关注的焦点。此外，阅读推广人作为阅读推广服务的具体提供者，其服务创意和服务能力也被提到了空前的高度。“一位优秀的阅读推广人至少应该具备三方面的素质：一是工作的主动性，二是创新能力，三是具有调动社会资源的能力。”然而，一个未经培训的阅读推广人是不太可能全面具备这些素质的，但一群阅读推广人或者一个阅读推广团队使得具备所有这些素质的可能性大大提高。因此，开展阅读推广人培训、设立阅读推广组织机构已成为社会共识且正在付诸实践，也使得阅读推广“创新”理念的执行有了切实保障。

二、阅读推广的基本要素

（一）阅读推广主体

概念是分析问题的逻辑起点，概念引发探索。认识阅读推广主体，首先要对“主体”这一概念有一个正确的认识。不同的学科对“主体”这一范畴有着不同的解释和规定，作为一个哲学概念，主体又有着本体论和认识论两种不同的含义。从本体论来看，主体是指属性、关系、状态、运动变化等的基质、载体和承担者。本体论意义上的主体概念是没有客体概念与之相对应的。认识论意义上的主体是指有目的的认识活动和实践活动的承担者，与之相对应，客体则是指认识活动和实践活动中的对象。认识论认为，主体是与客体相关联、相对应而获得其规定性的。在这一概念中，具有思维能力、认识能力和实践能力的“人”成为主体。主体必须包含如下基本规定：主体必须是有自觉认识能力的人；主体必须有目的地组织或实施认识活动和实践活动。因此，本书所谈及的主体是指认识论意义上的主体。值得注意的是，仅仅是人未必一定就是主体，主体应该至少满足三个条件：一是必须参加实践活动；二是主体应具有主动性、能动性和创造性；三是必须严格遵守社会道德规范，推广不违背社会道德规范的文献信息资源。鉴于此，从认识论角度的主体概念出发，阅读推广主体是指主动传播文献信息资源、组织参与或策划实施阅读推广活动的承担者，是特定阅读推广项目的策划者、组织者、实施者和管理者。阅读推广主体由于各自的职能、拥有的资源、所扮演的角色不同，以及所启动的阅读推广项目的目的不同，其特点和职能也有所区别。

1.政府

其包括中央政府和各级地方政府，阅读推广对政府而言，是一项关乎国家文化建设、传承文明、提升民众文化素质的公益大事，更多地体现在确立个体的阅读意识和阅读价值方面。目前，我国政府在全民阅读推广中扮演着组织实施者的角色，每年 12 月的“全民读书月”和 4 月 23 日的“世界读书日”前后，政府都会号召媒体集中宣传全民阅读，开展相关活动。作为阅读推广的主体，政府具有全民性和权威性，在图书推广中具有明显的优势。政府拥有配置社会资源的权力，可以调动全国或区域范围内的资金、人员等社会资源，能持久、稳定、大规模地组织和推进全民阅读推广活动，宣传阅读价值，促成全民形成阅读意识，加深个体对阅读行为的认可度。政府主导国家主流思想文化倾向，从有利于国家统治和文化教育需要的角度出发，组织实施阅读推广计划，拥有文化传播主导权。其阅读推广更多地体现为确立政府在文化、社会制度与社会主流思想方面的主导权力，具有一定的强制力。政府制定阅读推广的目标、方向和内容，具有单向指令特点，个体不可随意更改其内容或形式。在政府组织的阅读推广计划中，政府是主体，所有读者是从属客体，政府从营造宣传氛围和加大宣传力度上创造阅读舆论环境和空间。但组织阅读推广多为自上而下的规定性活动，推广内容的共性多于个性，不能满足个体多元化的阅读需求。政府还肩负着其他社会职能，精力有限，组织阅读推广多为阶段性活动，时间一般为数天，间隔周期一般为一年，阅读推广多停留在宣传鼓动层面上，而个体的阅读认知形成需要长期累积，政府推广活动的短期性与个体认知行为长期性的矛盾是突出问题，难以保障个体形成稳定的阅读认知，这影响着政府引导全民阅读的运作效率和有效性。

2.图书馆

图书馆是国家重要的公益文化单位，是履行公共服务职能的文化教育机构，是国民继续教育和国民阅读的重要基地。它的社会职能主要有保存人类文化遗产、开展社会教育、传递科学情报和开发智力资源等。其中，倡导阅读是图书馆开展社会教育的一个重要方面。图书馆拥有文献信息资源优势和读者服务优势，是倡导和推进全民阅读最主要、最有力的组织者、实施者，是推进全民阅读的重要力量。尽管不同类型的图书馆阅读推广的具体内容、目标和对象有所差异，但是向读者开展相关推广活动、引导阅读是其共同的职责。

图书馆一般有多学科的文献信息资源，典藏文献具有一定的学科系统性、稳定性与完整性。它能提供个体阅读文献信息的文化氛围，再辅以专门的推广活动，可以提升读者的阅读兴趣。

图书馆不以获取经济利益为目标，注重公共文化和开展文化教育的社会效应，服务对象不分民族、年龄和文化程度，服务区域内的读者均可享受服务，推广具有大众化的特点。

在阅读推广活动中，图书馆是主导方，以单向指导为主、双方互动为辅，读者依然是被引导的个体，但是二者的关系是在自愿前提下结成的松散主从关系，没有强制性阅读内容和参与要求。图书馆阅读推广虽然势必会对读者的阅读行为进行干预，但干预的目的是帮助读者喜欢阅读、学会阅读，而不是对读者进行价值观、品行方面的教育。图书馆作为阅读推广的主体，主要提供个体阅读选择和参与推广活动的机会。

阅读推广是图书馆的一项传统工作，系统内部积累了不少阅读推广经验，值得推广到实践当中，也能帮助其他主体实践相关推广活动。图书馆有专门从事版本学、文献学、采访研究的人员，能组织针对性较强、个体易于接受的系列推广活动，能满足个体的多元化阅读需求。

图书馆分布广泛，在推广地域上有优势。图书馆能实现一定范围内的主体间合作，以往图书馆与政府、书店、社会团体、图书馆学会、读者等有合作举办书展、读书活动、读书讲座和阅读活动的惯例。图书馆也关注阅读推广效果和读者满意度，推广活动中有推广信息反馈体系，会依照自身的实施能力和目标调整阅读推广计划。

不同类型的图书馆可以开展丰富多样的阅读推广活动，公共图书馆尤其引人关注。公共图书馆因其服务人群的多样性决定了其阅读推广活动的多样性，可以推出面向婴儿、幼儿、青少年、成年人、老年人等不同群体的阅读活动。同时，图书馆界作为一个整体，致力于整个社会阅读意识和能力的培养，如美国图书馆界在美国国会图书馆的领导下，以著名的卡通形象为代表，拍摄了一系列宣传阅读的公益视频。这些活动极大地推动了全民阅读的开展。

3.社会组织

除了图书馆界，在阅读推广领域还活跃着大量的社会组织。社会组织是指在自愿基础上为实现某一目标而形成的相对稳定的组织或团体。这些社会组织规模不一、方式多样，按其终极目标的不同可分为营利型和公益型两大类。

营利型社会组织，多为非官方组织或团体，在经营文化产业中谋求经济利益。我国的营利型社会组织主要有出版社、书店、各种实体读书俱乐部和读书网络平台，以读者的阅读需求为出发点，以推荐图书、刺激个体购买图书等为主要推广内容。这些组织出于自身利益和市场竞争的考虑，在了解读者阅读需要和定位市场需求的基础上，辅以较为成熟的营销方法与推广手段，推荐激发读者兴趣、实用性强和富有时代感的畅销图书，推广活动形式多样。

公益型社会组织，是以服务公众利益为使命和目标、从事公益事业的一切志愿团体、社会组织或民间协会。现阶段实力较强的是官方学术机构，其以社会文化公益为目标，以举办讲座、研讨会等活动为主要途径，以业界号召力吸引机构和读者参与推广活动，以指导阅读、改善全民阅读现状，以“多读书、读好书”为己任，培养个体的阅读意识和习惯。中国图书馆学会每年都在全国范围内开展阅读推广活动，侧重国学推广与全民阅读意识的培养，着力进行阅读理论研究和全民阅读习惯培养，下设有专门的阅读推广机构——科普与阅读委员会，2009 年更名为阅读推广委员会，致力于全民阅读活动，通过成员馆举办各类活动。近年来，我国阅读推广的民间组织也零星出现，具有充满个性化、富有创意、组织成本低、推广双向互动、读者参与度高等优点。这些民间组织多分布在大中城市或者个别地区，知名的有网络公益小书房、北京“尚读”沙龙、广州“万木草堂”读书会、深圳读书会、图书馆读书会、高校读书会等。此外，还有凤凰网、搜狐网络读书会等。网络公益小书房还采用加盟的方式推进加盟地区儿童阅读活动的开展。民间组织的推广对象多针对小范围读者群体，更多地体现在主体与个体之间相对自由的阅读引导方面。它们以社会团体这一载体为核心，在论坛、讲座、读书活动中注入其阅读理念，促成读者形成阅读意识和阅读行为，注重读者的参与程度，建立了相对有效的推广反馈体系。

4.读者

将读者作为阅读推广主体的原因在于，网络环境下各种虚拟平台提供了读者推荐、交流和举办阅读活动的机会，读者可以通过推荐心仪图书、分享读书心得、组织小范围读者聚会或社团活动引导其他个体阅读，读者也是家庭和社区阅读推广的重要组织和参与力量。

读者阅读推广的优势在于多样化。首先是其成员的多样化。读者既包括名人、专家、学者，也包括普通读者，阅读推广具有个性化，能够引导不同读者形成群体阅读行为。学者基于学术上的建树分享读书心得、解读文献，为普通读者指引阅读方向。普通读者基于阅读经历和体会，分享同一年龄阶段、同一家庭背景或同一领域个体感兴趣的图书信息，容易引发其他读者的阅读共鸣，取得引导阅读的功效。读者组织策划阅读推广活动多为开放式，个体自由参加、地位平等，不存在主从关系，是相对平等基础上的相互影响或引导，且多采用个体容易接受或认同的手段和途径，通过图书推荐、社团阅读活动吸引其他读者参与，推广反馈较为及时、快速，还能较快地调整阅读推广的方向和内容，增强阅读推广效果，互动性强、参与度高。其次在于读者阅读推广途径的多样化。读者为主导方的阅读推广活动，创意多、推广成本低。学者可以通过课堂（讲堂）、学术讲座或网络主页等多种途径推荐图书、分享读书心得、解读经典，宣传阅读文化。个人可以通过网络论坛、社团活动等途径引导阅读，通过不同推广途径加深个体对阅读的认知。

此外，大众传媒和出版等机构以及医疗组织也是阅读推广的主体。大众传媒泛指传递新闻信息的载体，是报纸、通讯社、广播、电视、新闻纪录影片和新闻性期刊的总称。

大众传媒机构中阅读推广最突出的案例是电视节目“奥普拉图书俱乐部”，自其开播以来已经连续促成了几十本畅销书，共销售小说几千万册。除了电视栏目外，还有很多阅读类报纸和刊物，如《中国图书评论》《文慧读书周报》《博览群书》《中国图书商报》《图书馆报》等，这些报纸和刊物或推荐读物，或展示阅读心得，从不同的方面推动阅读。国外还出现了医疗领域的阅读推广。几乎每个孩子的成长过程中都会接触医疗机构，因此国外许多医疗机构结合自身的特点推出了各种阅读推广项目，其中比较典型的是美国医疗领域的“触手可读”（Reach Out and Read）项目，孩子到医院体检时，医生会向父母介绍如何促进孩子阅读，并送给孩子一本书，并且在候诊室设立阅读区供儿童候诊时阅读。加拿大新斯科舍省的“读给我听”项目联合全省 11 家医院在婴儿出生 24 小时内为每个新生儿送去一本书。

（二）阅读推广客体

阅读推广客体是指阅读推广机构向用户推广的是什么，它是阅读读物和阅读目的的结合。阅读推广，顾名思义，当然是要推广阅读。这里不仅包括阅读读物的选择，还包括阅读能力的提升、阅读兴趣的培养、阅读习惯的养成和阅读氛围的营造。

1.阅读读物的选择

从全球范同看，阅读推广的读物不仅仅限于图书等传统出版物，电影、音乐、游戏、网页等都属于推广的范畴。比如，英国阅读社“图书推荐数据库”中的推荐读物除了传统的纸质书之外，还包括音频、视频、电子书、游戏、大字体书（国外针对视力不好的读者专门出版的字体比较大的书）、报纸、杂志、网站等。当今，社会信息生产的特点是数量大、增长快、类型复杂、形式多样、时效性增强、传播速度加快、内容交叉重复、所用语种扩大、质量下降。出版市场和网络将批量、快捷的信息给予受众，造成各种信息资源的良莠不齐，读物庞杂难辨，读者不得不将大量的时间用在甄别读物的优劣上。面对这种情况，我们更需要加强阅读推广，让读者选择到好的读物。

2.阅读能力的提升

早期的阅读推广侧重于阅读能力的培养，对于有阅读意愿但不知道如何阅读、有阅读困难的人群，阅读推广工作就是帮助他们提升阅读能力——包括选择读物的能力、理解内容的能力、阐释能力、批判分析与创新能力。但是后来的研究发现，即使一个人有阅读能力，但是如果没有阅读意愿，那么他也可能长时间不阅读，他的阅读能力就会下降。这样，如果阅读推广只侧重于阅读能力，可能并不能达到目的，因此现在阅读推广除了关注阅读能力，还关注阅读意愿的培养，即提升民众的阅读兴趣。

3.阅读兴趣的培养

兴趣是人们力求接触、认识某客观事物的意识倾向性。凡是能够引起人们兴趣的东西，必然能够引起人们对它的注意。阅读推广所要注重的兴趣，是影响读者阅读心理和行为的兴趣，即对图书文献的阅读兴趣。它主要包括两个方面的含义：一是指对某类特定的图书所持有的积极的选择倾向和态度；二是指由对特定图书的积极性发展而来的对一般图书持有的积极态度，即爱好读书，以利用图书馆资源为兴趣。这类读者会在实践中产生阅读兴趣，不但体现了读者的个性倾向性，而且随着实践的发展而发展。

4.阅读习惯的养成

从发展的角度看，在全民阅读习惯的养成方面我们还有较为漫长的路要走。作为阅读推广的主体，尤其是重要的公益化文化服务机构，公共图书馆应该明确自身对构建阅读社会的切入角度，并全面投入到阅读社会建设的过程中来；要对推动社会主义文化繁荣发展和科学发展观进行贯彻落实，充分认识到全面开展全民阅读活动、培养全民阅读习惯的重要性，并提高自身在组织活动上的主动性和自觉性，从而充分体现出自身在全民阅读习惯养成方面的使命和责任。教育心理学的研究表明，终身的阅读兴趣和习惯取决于有效的早期阅读。德国的一项研究表明，如果在 15 岁之前，一个人还没有培养出对书的感情，没有养成阅读的习惯，那么他将永远失去享受阅读乐趣的机会，他也将永远失去登入阅读殿堂的机会。因此，阅读应从婴幼儿时期抓起，从小就要培养孩子对阅读的兴趣，并使其养成良好的阅读习惯。图书馆要以各种形式吸引青少年、儿童走进图书馆，激发他们的阅读兴趣。经过分析研究和实践检验，图书馆阅读推广活动的重点目标人群应放在儿童及青少年身上，在读物推荐方面应该是经典读物与数字读物并重，并适当考虑阅读推广中的时尚元素。

此外，阅读氛围的营造也是阅读推广工作的重点。在经历了 20 世纪 70 年代末 80 年代初的读书热之后，90 年代中期以来，我国的阅读热又经历了由停滞、复苏到转型这样一个周期，对当下的阅读氛围来说，掀起新一轮的读书热显得十分必要。

（三）阅读推广的对象

阅读推广的对象，即阅读推广项目的目标群体。由于阅读推广的目标是全民阅读，阅读推广所服务的对象应该是社会中的每一个个体。但在进行阅读推广时，我们首先还是应该对阅读推广的目标人群进行研究。这是因为不同的对象在阅读兴趣、阅读能力、阅读动机和审美取向上各不相同，这都将影响阅读推广的内容及成效。

1.阅读推广对象定位明确

我们经常听到一句话：找对人，说对话。从阅读推广的角度来看，就是把合适的图书传递给对的人。很多图书馆花了很多人力、物力、资金去做推广，却达不到预想的效果，有一种可能就是没有找到对的人。当然，推广效果还与渠道、方式、场景等因素有关，但目标群体明确同样是很重要的一步。从微观个体的阅读推广项目来看，只有准确地定位目标人群，所做的推广才是有效的，这一点在做专题性的阅读推广时显得尤为重要。例如，英超俱乐部“阅读之星”项目面向不爱阅读的小学高年级和初中低年级学生，用足球激发他们对阅读的热爱：“信箱俱乐部”计划面向寄养家庭儿童，给他们发放适合寄养儿童年龄的阅读学习资料。挪威有专门面向16～19岁高中生的阅读推广项目，每年约有6万人参加该项目。该项目向高中生免费发放一本文学书籍，并附有面向教师的指南，告诉教师如何将该书和课堂教授结合起来。挪威还推出了面向运动员的阅读推广项目——“运动和阅读”，由图书馆员将图书带到各运动俱乐部、比赛场地等，促进运动员的阅读。新加坡的“读吧，新加坡”每年都有明确的推广对象，如出租车司机、美容师等。

2.进行阅读推广的市场细分

阅读推广与市场营销类似，图书馆等文化机构以丰富多彩的活动和促进措施开展阅读推广工作，吸引潜在读者，并培养其对阅读的忠诚度。为了使阅读推广工作更具针对性、效果更显著，在开展阅读推广工作时，要根据读者特征进行群体细分，并针对不同群体制定差异化的阅读推广策略，这是提高阅读推广效率的一种有益尝试。市场细分的本质是以消费者为中心，集中有限的资源和服务向最有效的、具有共同特征的细分市场提供产品或服务，以取得预期目标。市场细分是市场营销流程中的重要一环，包括顾客需求分析、划分不同类型的市场和目标市场选择三个环节，主要解答“为谁服务”的问题，之后才是制定组合营销策略并开展营销。读者阅读需求的差异性是市场细分的客观基础。人在生命周期不同阶段的价值观、世界观和人生观会逐渐变化，并因职业、收入和受教育程度的不同而有所不同。表现在阅读需求上，一方面，其对“阅读”这一行为的接受程度不同，如热爱、肯定、冷淡、拒绝；另一方面，其阅读动机也不尽相同，如功利型阅读和兴趣型阅读。因此，不存在一种阅读推广活动或者图书适合所有读者需求的情况，有必要对读者进行分类并实施差异化的阅读推广策略。

市场细分的标准很多，常见的有如下五种：一是按地理（地理位置、交通状况）区域细分，这种细分方式的优点是目标市场便于区分，可以通过有计划的流动推广方案，在一定周期内涵盖所有社区或单位，并且精心策划的活动方案可以在不同区域重复使用。二是按年龄细分。按照年龄对读者群体进行细分是常用的做法，可以将阅读推广对象分为低幼儿童、青少年读者、中青年读者、老年读者。三是按职业细分，可以将阅读推广对象分为工人、农民、大学生、打工者、白领等若干类别。如湖北省开展的“书香机关”公务员读书活动，向公务员推荐党建、廉政、修养、国家发展以及哲学类图书；而针对新生代农民工，按其阅读喜好可推荐文学作品、励志书籍、通俗娱乐书籍及有助于职业发展和自身能力提升的书籍。四是按对阅读的接受程度细分，读者可以分为阅读爱好者、潜在阅读者、迟钝阅读者和消极阅读者。图书馆欢迎阅读爱好者参与活动，但阅读推广的目标人群应该是潜在阅读者和迟钝阅读者，针对其阅读意愿的动摇性，可以施以阅读方法指导、推荐优秀图书，相对容易引导其成为活跃读者。而针对消极阅读者，转变其阅读观念比开始阅读更加重要。五是按时间细分。阅读需要时间、空间的支持，活动规律可以区别拥有不同空闲时间的群体。比如，中小学生在寒暑假会有阅读作业；退休老人的空闲时间较多并且有人员聚集特征；公职人员在工作日比较忙碌，往往会选择双休日放松心情；对于大学生读者，越邻近考试越无暇顾及阅读，而对于日常学习，大课间往往是图书馆人流量最大的时候，举办阅读推广活动可以充分吸引其目光。

阅读推广要在读者细分的基础上，对不同的读者对象设计不同的阅读推广内容，采用合适的阅读推广策略，策划特色的宣传品牌。读者细分后仍然需要优秀的策划、良好的组织、密切的互动来保证阅读推广的效果，即通过划分有意义的读者群体，策划能满足目标读者的活动方案，提供对应图书与读者互动并传递其需要的价值，最后评估读者满意度及对阅读态度的影响，进而留住读者并不断增加读者，完成整个阅读推广计划。

3.以儿童和青少年为重点，兼顾其他群体

从各国阅读推广的开展情况来看，儿童和青少年是重点人群，“书籍是青年人不可分离的生活伴侣和导师”，如果青少年能够养成阅读的好习惯，他们将会受益终身，他们的视野会更加开阔，鉴赏能力会提升，思维能力会增强，从而了解和感知社会，为将来更好地适应社会打下良好的基础。在社会快速发展和科技不断进步的时代背景下，人们对青少年阅读推广工作的关注度也不断提升，通过有效的推广策略，将青少年阅读作为一项重点工作来开展。在美国，公共图书馆会定期举办一些丰富多彩的读书活动，开展阅读推广工作，并通过设置相应的奖励方式，来吸引更多的人参与到读书活动中来。在学校里，教师对学生每天的阅读量有明确的规定，还会让家长对学生的阅读结果进行实时监督。为了使越来越多的青少年能够投入到读书的浪潮中来，图书馆会设置一些相关的活动方案，旨在调动学生的阅读兴趣，让他们在体会阅读趣味性的同时，阅读能力也会不断增强。在英国，公共图书馆都实行免费开放的政策，一些图书管理员会积极投入到阅读推广工作中来，他们通过多种形式的社会服务，使更多的人充分享受读书的乐趣；对青少年这部分群体更是有着很高的关注度，他们花费了大量的精力和时间来鼓励青少年加入阅读的行列。英国经常在公共图书馆、学校、书店开展多种和读书有关的活动。出版社也会对一些优秀书籍进行归类和整理，从而更好地向青少年推广。

这里要强调的是，在很多西方国家，尽管儿童和青少年是阅读推广的重点对象，但是面向其他人群的阅读推广活动也开展得有声有色，无论是图书馆界还是社会机构，都很重视面向成人的阅读推广。比如，美国很多公共图书馆的暑期阅读不仅有面向青少年的，同时还有面向成人的。芝加哥公共图书馆面向成人的暑期阅读活动在每年的7—9月举行，每年的主题都有所不同，如环保、音乐、电影等，根据主题安排不同的阅读推广活动，包括作家讲座、演唱会、读书讨论等。英国阅读社专门面向成人的“阅读挑战”，通过让读写素养比较低的成人阅读六本书完成挑战，提升他们的阅读素养。反观我国面向成人的阅读推广，可以说是比较薄弱的，希望国内相关机构特别是公共图书馆能够在这方面有所加强。

4.关注弱势群体

一般认为，弱势群体是在社会中经济贫困、能力贫困或者受到法律、制度、政策排斥而造成权利贫困的人的概称。作为阅读推广对象的弱势群体包括老年人、未成年人、残疾人、外来务工人员、城市低收入人群、服刑人员等。鉴于各阅读推广主体都已经将面向未成年人的阅读推广活动作为日常的重要工作，开展的活动也很丰富多彩，因此阅读推广活动面对的弱势群体主要是指这些弱势群体成员的未成年子女。针对社会弱势群体的阅读推广应该充分体现平等性、无差别性，能最大限度地满足他们对文化的需求。阅读推广活动中对弱势群体的关注主要体现在两个方面：一方面，阅读推广的对象明确是弱势群体，如吉林省图书馆新馆在设计时就充分考虑到了残障人士读者的特殊需求，在建设之初就设计了轮椅通行坡道，并在全馆范围内铺设盲人专用通道；同时，设计残疾人专用卫生间，并在大厅显要位置设计了直升观光电梯，方便残障人士在馆内无障碍通行。此外，吉林省图书馆新馆还在一楼设立了视听阅览室和视障阅览室。另一方面，在整体的阅读推广项目中加入关注弱势群体的元素。比如，英国的“夏季阅读挑战”，面向英国所有4～13岁的儿童和青少年，为了让视力有障碍的孩子也能参加，在该项目中还增加了面向视弱儿童的单元。美国的“触手可读”项目推出了面向视觉障碍儿童、听觉障碍儿童、自闭症儿童、智力低下儿童等不同儿童的阅读指导指南，包括给父母的建议、阅读书目等。

第三章　新时代背景下我国的阅读推广

第一节　我国阅读推广的发展概况

20 世纪 90 年代中期，我国全民阅读活动开始兴起。近年来，全民阅读在我国已上升为国家发展战略，“倡导全民阅读”连续几年被写进政府工作报告。实施全民阅读推广战略，既是社会大众对文化的现实需求，也是文化事业发展的内在驱动力。全民阅读不同于阅读，阅读是个体行为，是个体精神文明的提升；而全民阅读是社会行为，代表着社会和民族的整体素质。推进全民阅读，保障全民阅读的权利，是社会公共文化服务体系的重要组成部分，是提升国民素质的有效途径。图书馆的阅读推广活动伴随着全民阅读风潮而发展，图书馆界已逐步确立起在全民阅读推广中的主导地位。

一、图书馆阅读推广活动的兴起

1995 年，联合国教科文组织向全世界发出“走向阅读社会”的号召，并将每年 4 月 23 日正式确定为“世界图书与版权日”，又称“世界读书日”。1997 年 1 月，中宣部、文化和旅游部、国家教委、国家科委、广播电影电视部、新闻出版署、中华全国总工会、共青团中央、全国妇联九个部委联合发出《关于在全国组织实施“知识工程”的通知》，提出实施“以发展图书馆事业为手段，以倡导读书、传播知识、推动社会文明与进步为目的”的“知识工程”。其中，九部委由中宣部和文化和旅游部牵头，具体操作者则是文化和旅游部图书馆司。这标志着全民阅读推广工作上升到了国家文化政策的层面。图书馆更是在这一工程中获得了扶持和鼓励。2000 年，作为全国“知识工程”的重大项目，全国知识工程领导小组把每年的 12 月定为“全民读书月”，并开展了多种丰富多彩的阅读活动。活动以文化企事业单位为主力军，但也没有忽视以此为基础提升图书馆系统的服务能力和质量。至 2003 年 12 月开展第四届“全民读书月”活动时，该活动交由中国图书馆学会组织实施。自 2004 年起，为了响应“世界读书日”的号召，“全民读书月”改为每年 4 月。2004 年 4 月 23 日，全国知识工程领导小组和文化和旅游部联合主办、中国图书馆学会和国家图书馆承办的以“倡导全民阅读、建设阅读社会”为主题的“世界读书日”宣传活动拉开序幕。由此，我国的“全民读书月”活动与“世界读书日”接轨，也代表着中国的全民阅读推广与国际接轨。此后每年的“世界读书日”前后，中国图书馆学会都会牵头组织大型的倡导读书的公益活动，并带动全国各地图书馆开展丰富多彩、声势浩大的阅读推广活动。2005 年，中国图书馆学会成立“科普与阅读指导委员会”，协助图书馆开展相关阅读组织活动。2005 年年初，中国图书馆学会首次召开“新年峰会”，“图书馆与社会阅读”是重大议题之一。至此，图书馆界完成了从全民阅读活动的参与者到引导者的角色转换，明确了图书馆界在全民阅读推广中的组织、引导和实施任务。

1995—2005 年的 11 年间，各图书馆尤其是公共图书馆积极参与、推动全民阅读。它们通过优惠办证、送书活动、好书导荐、公益讲座、文化展览、电影展播、读者调查、专题服务等多样化的读者活动把图书馆的服务和资源延伸至城乡各地，提供给社会各阶层读者。这 11 年也是我国图书馆阅读推广理念的起始阶段。

21 世纪初，学界兴起了第二次“新图书馆运动”，这场对图书馆的权利、精神、核心价值的讨论洗涤了旧的理论系统和理论观念，倡导公共图书馆回归免费、开放、包容、平等的基本精神，为图书馆开展阅读推广找到了本源和意义所在，推动了我国图书馆阅读推广理念的起步。

二、图书馆阅读推广活动的发展

2006 年以来，我国全民阅读活动广泛开展并蔚然成风。而在各方助力及行业自身的努力下，我国图书馆的阅读推广亦呈现出蓬勃发展的态势。

近年来，政府对文化建设日益重视，相继出台了一系列推广阅读的相关文件，逐步将全民阅读提升至国家战略的高度。2006 年，国家新闻出版总署联合中共中央宣传部、中央文明办等 11 个部委共同发出《关于开展全民阅读活动的倡议书》，倡导在 2006 年 4 月 23 日“世界读书日”前后，在全国范围内开展“多读书、读好书”的全民阅读活动。至此，全民阅读活动在全国范围内发展起来。2007 年 3 月，国家新闻出版总署、中央文明办、国家发改委等八部委印发了《“农家书屋”工程实施意见》，2008 年年初，中华全国总工会发布《关于开展全国工会“职工书屋”建设的实施意见》，开始在全国范围内建设“农家书屋”“职工书屋”，以满足工农群众的文化需要。2009 年，中国图书馆学会的“科普与阅读指导委员会”正式更名为“阅读推广委员会”并下设 15 个专业委员会，对全民阅读进行更加全面的分类规划指导。阅读推广受到社会的广泛关注，社会各界通过不同方式参与到全民阅读的热潮中，有力推动了全民阅读组织机构的设立与阅读活动的开展。

各地方政府也积极推行全民阅读，组织开展区域性的各类读书活动。多个城市的市委市政府都发起了读书节、读书月等活动，并成立了相关的指导机构，策划、组织和联合各界力量集中举办一系列推进阅读的文化活动。领风气之先的是始于2000年的深圳读书月，紧随其后的是2005年的“东莞读书节”“兰州读书节”等。自2006年起，为响应《关于开展全民阅读活动的倡议书》，大部分省市都开展了读书日、读书节、读书周、读书月、读书季的活动。较有影响的有“苏州阅读节”“福州读书月”“湖南三湘读书月”“广州南国书香节”等。据不完全统计，目前全国已经有400多个城市开展此类活动。

2013年，中国图书馆学会年会在上海浦东召开，本次年会以“书香中国——阅读引领未来”为主题，3000多名中外嘉宾共同讨论了“阅读的未来”。至此，全民阅读在全国范围内深入开展起来。2016年4月中国新闻出版研究院发布的《第13次全国国民阅读调查报告》和中国互联网络信息中心发布的《第37次中国互联网络发展状况统计报告》这两项调查结果表明，随着移动互联网的普及，传统阅读方式增长缓慢，数字化阅读因其便捷、易于获取、能够快速满足读者个性化碎片阅读的需求而获得快速增长。全民阅读活动呈现出传统与数字并行发展、个性与共性并存发展的局面，不断推动着全民阅读朝着动态化、多元化方向迈步发展。

三、全民阅读推广法律政策的制定

2011年以来，全民阅读推广越来越受到党和政府的重视。2011年，党的十七届六中全会决议提出“深入开展全民阅读、全民健身活动”；2012年，党的十八大报告明确提出“开展全民阅读活动”，将其作为扎实推进社会主义文化强国的重要举措之一；2013年，全民阅读立法列入国家立法工作计划，“全民阅读促进条例”亦开始拟议；2014年、2015年“全民阅读”连续被列入政府工作报告，李克强总理两次强调并提出“倡导全民阅读，建设书香社会”。这都表明促进全民阅读已成为重要的立国方针和治国方略。随之，全民阅读推广法律政策的制定进程加快，全民阅读推广的法律支撑体系正在逐步完善。

（1）《公共文化服务保障法》。该法案自2017年3月1日起正式实施，这为各级政府推进文化治理能力现代化提供了基本的法律依据。该法案的出台和实施是我国公共文化服务法制建设的转折点，补齐了我国文化立法的短板，进一步完善了我国文化法律体系，对推进公共文化服务的法治化、规范化具有重要意义。《公共文化服务保障法》是全局性、宏观性的文化服务法律，其中第二十七条明确指出：“各级人民政府应当充分利用公共文化设施，促进优秀公共文化产品的提供和传播，支持开展全民阅读。”该法案提及的有关“公众阅读”的内容的还有两处，即第二十九条“公益性文化单位应当完善服务项目、丰富服务内容，创造条件为公众提供免费或者优惠的阅读服务”，第三十条“基层综合性文化服务中心应当加强资源整合，尽力完善公共文化服务网络，充分发挥统筹服务功能，为公众提供书报阅读等公共服务”。该法案在条文中虽未具体涉及全民阅读推广，但可以通过公共文化服务体系、公共文化服务设施、公共文化的政府职责等条文，对全民阅读推广加以保障。

（2）《全民阅读促进条例》。2016 年 2 月 15 日，国家广播电视总局发布了《全民阅读促进条例》（征求意见稿），共六章三十七条。该征求意见稿明确指出了全民阅读服务的实施及保障，并在第十一条、第十六至第十八条、第二十三条、第二十八条中七次出现“阅读推广”的字眼，涉及阅读推广管理、阅读推广团队的建立及成员培训、阅读推广的指定活动及公益服务、特殊群体阅读推广服务等内容。该条例实施后，将对国民素质及社会文明程度的提高起到重要作用，为全民阅读推广提供法律保障。

（3）《全民阅读“十三五”时期发展规划》。2016 年 12 月 27 日，国家广播电视总局发布《全民阅读“十三五”时期发展规划》，共十二章（含序言）。这是第一个国家级的全民阅读规划，明确了全民阅读的指导思想、基本原则和主要目标。该发展规划提出了九项重点任务：举办重大全民阅读活动，加强优质阅读内容供给，推动全民阅读深入基层、深入群众，大力促进少年儿童阅读，保障困难群体、特殊群体的基本阅读需求，完善全民阅读基础设施和服务体系，提高数字化阅读的质量和水平，组织引导社会各方力量共同参与，加强全民阅读宣传推广。该发展规划以全民阅读推广的视角，从阅读活动、阅读内容、阅读设施、阅读保障、阅读氛围等方面对全民阅读工作进行界定，紧扣与全民阅读工作结合最紧密的内容，做到了重点突出、可操作性强，为全民阅读推广提供了方向指导。

（4）《公共图书馆法》。2017 年 11 月 4 日，第十二届全国人民代表大会常务委员会第三十次会议通过了《公共图书馆法》。自 2018 年 1 月 1 日起施行的这部法律，是公共文化领域继《公共文化服务保障法》之后的又一部重要法律，共六章五十五条，对公共图书馆的设立、运行、服务以及相关法律责任等分别做了详细规定。文化兴国运兴，文化强民族强。通过立法形式促进全民阅读，也是该法的题中之意与现实之需。法规数次提及“全民阅读”，明确规定“应当将推动、引导、服务全民阅读作为重要任务”“应当通过开展阅读指导、读书交流、演讲诵读、图书互换共享等活动，推广全民阅读”。这些规定明确了公共图书馆在全民阅读推广中的职能。通过向社会提供持续稳定的优质阅读服务，相信会吸引越来越多的社会公众走进图书馆，并引导阅读成为相伴人们一生的生活习惯。

依法治国是我国的治国之本，这些与全民阅读推广相关的法律政策的出台，对依法推进公共文化服务体系建设、保障全民阅读权利、进一步推动全民阅读推广活动有着重要意义，是文化法制建设的重要标志。

第二节　新时代背景下阅读方式与推广策略

一、新时代背景下阅读方式的变化

（一）新时代读者的阅读特点

近几年，随着科学技术的不断发展，我国进入了全媒体时代。我们可以从广义和狭义两方面来理解“全媒体”。从广义上看，全媒体是指对媒介形态、媒介生产和传播的整合性应用；从狭义上看，全媒体是指立足于现代技术的发展和媒介融合的传播观念，综合传统媒体与新兴媒体，在媒介内容生产、媒介形态、传播渠道和传播方式、媒介运营模式、媒介营销观念等方面的整合性应用，以此为特征的时代就可以看作全媒体时代。

全媒体直接影响了读者的阅读，全媒体时代读者的阅读具有以下特点。

1.功利化、休闲化阅读增多

在全媒体时代，读者主要阅读的是电子读物等，由于这些读物自身拥有保存久、生产快、易更新、方便携带等优势，因此受到广大读者的好评。同时，部分读者为了增加自己就业的砝码，也会阅读一些关于升学、考证等方面的读物。与传统的阅读内容相比，全媒体时代背景下的阅读明显呈现出功利化、休闲化的特点，对经典作品等传统读物的阅读量大为减少，大多数读物比较通俗易懂，生活类、时尚类读物不断涌现。

2.微阅读方式开始盛行

在传统的阅读方式下，人们主要是通过阅读去了解更多读物的内在蕴意，需要消耗一定的时间和精力去把握阅读内容，是一种较为慢节奏的阅读形式。在全媒体时代，微阅读盛行。所谓微阅读，主要指一种以短消息和短文体为主的阅读方式，这些文章的主要形式为搜索式、标题式等，主要特点表现为通过对这些主题的把握，在最短的时间内阅读大量的内容，追求一种“效益最大化”，这在一定程度上也符合快节奏的时代特征。现实生活中，人们经常在手机、电脑上通过QQ、微信、微博等阅读这种小文章，这些小文章有些是针对社会现象的，还有一些是搞笑类的，都是较为通俗化的内容。在全媒体时代，智能手机、笔记本电脑、iPad等电子产品更新换代频繁，各种阅读软件层出不穷，人们通过手机、电脑等进行的这种微阅读往往是快节奏的，可渗透进生活中的碎片时间，有别于传统的阅读方式。

3.阅读形式丰富多样

不可否认，在生活节奏加快的今天，强大的网络搜索引擎和丰富的信息资源，给读者阅读带来了更加多样化、个性化的选择。中国新闻出版研究院发布的第13次全国国民阅读调查报告显示，2015年我国国民图书阅读率为58.4%，数字化阅读方式的接触率为64.0%，同比上升了5.9个百分点。数字阅读更是首次明显超过纸质阅读，成年国民网络在线阅读率、手机阅读率、电子阅读器阅读率都呈增长态势。数字阅读、移动阅读、社交阅读成为未来的发展趋势。

4.手机等成为阅读的主要载体

在全媒体时代，手机等信息化通信工具成为主要阅读载体，在大街上、学校里、商场里，几乎人手一部手机或者平板电脑，阅读大多通过这些信息化通信工具进行，主要形式就是电子书，阅读纸质书已经非常少见了。随着科技的不断发展，人们的阅读方式已经有了很大的不同，从深阅读到浅阅读，从书本阅读到数字阅读，从熟读到遍览，读书的习惯和方式都发生了很大的变化。在这种情况下，各阅读推广主体尤其是图书馆必须结合时代发展的趋势，适应学生的需要，深入体验数字化的生产方式，不断完善服务本领，在社会生活中不断发挥自己独特的作用。

（二）全媒体时代带来的挑战

全媒体时代的到来，使社会上纸本阅读与电子阅读、物理阅读与网络阅读、定点阅读与移动阅读、碎片阅读与集中阅读、文字阅读与视听阅读、个体阅读与群体阅读、线性阅读与互动阅读、大众阅读与经典阅读、本土阅读与国际阅读等多种方式融合共存、交叉汇聚。这对出版业、图书馆界、数据公司、作者和读者都产生了重大影响，对图书馆的影响尤甚。图书馆正面临严峻的考验，其功能逐步被削弱，阅读服务受到影响，如何实现可持续发展成了一个非常重要的问题。

1.削弱了图书馆的阅读服务

在当前全媒体的环境下，大众媒体信息资源丰富，读者获取信息方便、快捷。

广播、电视、网络特别是移动图书馆的产生，使手机阅读成为一种阅读时尚，读者不用来图书馆就可以满足自己的需要，而且现代媒体更能吸引读者，生动、有趣、信息表达的多样性，可以给读者带来很好的听觉、视觉体验，改变了读者的阅读习惯，激发了读者的阅读热情。传统图书馆与此相比，显得有点单一和枯燥。目前，人们在学习和生活中遇到问题时，图书馆不再是首选，因而图书馆的阅读服务显得难以把握。如果读者不选图书馆，则图书馆的阅读服务很难开展。

2.加深了阅读服务的难度

全媒体时代信息资源的传播具有多样性，这集中在一个“全”字上。所有的有线广播、数字电视、互联网融合在一起，实现了对受众的全面覆盖，产生了最佳的传播效果，读者可以随心所欲地使用互联网或者移动图书馆，网络上的相关知识只需要在手机上下载客户端就可以参与学习，也可以在终端上通过有线或者无线访问学习。这些对图书馆服务的提供方式产生了重大的影响和冲击。在现有条件下，大多数图书馆在传统服务的基础上稍有进步，目前覆盖有线或无线网的移动图书馆还不成熟，只在试用阶段，更谈不上电视图书馆；阅读服务方式还比较肤浅，特别是在与读者互动方面，有部分图书馆在主页上采取了在线服务模式，这些还远远不能满足读者的互动需求。

3.阅读服务难以开展

在全媒体时代，读者阅读目的的变化使图书馆难以开展阅读服务。传统图书馆的读者到馆阅读的目的性比较明确，即提高文学修养或者是学习各方面的专业知识，而现在网络技术的发展，使网络阅读的性质朝着享乐化和实用化的方向发展，许多图书馆开始配设电子阅览室。来电子阅览室的人大部分在聊天、看电影，只有少部分读者利用电子图书资源进行学习，这导致图书馆阅读服务很难开展。对于这种情况，只能引导而且必须适度，否则上座率就会降低，这是目前电子阅览室遇到的一个难题。

二、新时代背景下阅读推广策略

在新时代背景下，阅读资源丰富、阅读开放边界、阅读的互动性等优势不可忽视，图书馆置身于全媒体的环境下，要充分利用其优势，立足当前，瞻顾长远，把握全媒体阅读的特点，科学地开展阅读推广工作。

1.汇聚力量，成立机构

对全民阅读活动进行推广离不开政府部门的有效保障，同时还需要社会组织与民间力量的大力帮助，作为纸质书籍供应者的出版社、书店、传媒企业、图书馆也需要充分地调动自身的资源来有效推动全民阅读活动的开展。这就使得图书馆作为阅读活动的中坚力量，必须发挥阅读推广活动的主体优势，承担起基本职责和义务，联合地方文化部门与社会力量来推动全民阅读的开展，进而为自身的发展创造良好的环境。

为了更好地开展全民阅读活动，积极发挥其应有的优势作用，图书馆需要建立多方参与的阅读推广组织机构。阅读推广活动本身就要求图书馆最大限度地面向读者挖掘自身的馆藏资源。在这一过程中，它需要发挥主导作用。然而，要把阅读推广活动上升到一个更高的层级，做好顶层设计，有必要成立专门的阅读推广组织机构，统一协调各方的力量，以整体提升新时代背景下的阅读推广工作。这样一来涉及的面就会很广，包括推广活动前期的策划，推广过程中人、财、物方面的调配，以及推广活动后期的维护等。通过阅读推广组织机构的统一组织和指导，整合资源，优势互补，各司其职，发挥所长，就会形成阅读推广的合力，使阅读推广活动取得更大的效果。

2.打造平台，满足需求

在数字阅读高速发展的今天，阅读活动的开展呈现出前所未有的趋势，人们越来越依赖更为便捷的网络阅读，这样的阅读活动也对人们的生活方式产生了巨大影响。因此，在新技术与新媒介不断发展的今天，图书馆也需要根据自身的实际情况来优化服务活动，把这样的发展需求作为活动开展的推动力，进而完成对多元化阅读平台的构建，使读者的阅读需求得到更好的满足。

“酒香也怕巷子深”，新时代是新媒体时代，也是“互联网+”的时代，图书馆不能固守传统的收藏借阅模式，自身的服务内容和服务方式也应该适应新时代的发展趋势而有所转变，否则自身的馆藏资源将得不到有效开发和利用。图书馆要积极利用网络信息平台与读者密切联系，加强沟通与交流，从而达到阅读推广的目的。

（1）使用微博、微信、博客等网络社交平台，推送阅读信息。随着信息技术的不断发展，人们的日常阅读活动也与移动客户端产生了紧密的联系。因此，大学图书馆需要根据这样的需求，借助微博、微信等形式，开展新书推介、好书导读、专题资源推送等活动，来实现对阅读内容的快速传达。图书馆也可以建立自己的博客平台，针对阅读活动的开展设置专门的阅读内容推荐，并对所推荐书籍的内容进行补充与完善，从而推动读书活动的全面开展。

（2）开通、使用手机图书馆，建立与发展移动数字图书馆。一般情况下，移动数字图书馆指的是借助无线移动网与互联网技术，让读者能够使用不同的移动客户端来获取阅读信息的网上图书馆。这些信息是由图书馆本身的资源整合而来的，读者在这样的平台上可以第一时间掌握所需信息。同时，手机图书馆建立与完善后，读者可以随时随地享用移动数字图书馆带来的便捷体验。手机图书馆可为读者提供馆藏书目的查询、预约、续借，数据库的文献检索、下载，订阅和个人书签等服务，激发读者的使用兴趣，帮助读者培养良好的阅读习惯。

（3）完善图书馆网站建设。图书馆网站要定期更新，可上传新书榜单、读者书评等信息。同时，版面设计要体现图书馆的馆藏特色，要方便读者查找需求。图书馆网站要秉持在网络信息资源的配置上注重以读者需求为上的服务理念。

（4）开展电子书阅读。电子书具有海量存储、阅读方便的特点，有利于图书馆数字阅读服务的推广，拓展了图书馆数字阅读服务的途径。图书馆可以引进电子书借阅机，读者在手机上安装电子书客户端后，只要在电子书借阅机上扫描所选图书的二维码，就可以在几秒钟内将书下载到手机上，而且书下载后可以离线阅读，占用的空间也特别小。

3.加强宣传，广为知晓

新媒体时代的阅读推广，要注意加强宣传工作，拓宽宣传渠道，提高阅读推广的知晓度。阅读推广不但要注重实体宣传，还要注重网络宣传。在实体宣传方面，可利用广播电台、校报、宣传栏、微视频等有形媒介，如图书馆自身的宣传方式有图书推介、书展、图书漂流、主题展览、图书捐赠等活动；也有一些组织机构通过承办与图书馆主题有关的活动而进行宣传。此外，还可利用图书馆的网站、网页、校园网、微信、微博等平台加强网络宣传，使推广规模化、效应化，实现融合推广。

4.阅读习惯，着力培养

过去，图书馆主要通过单向推广的方式开展阅读推广活动，由于图书馆的能力、范围均有限，并且读者大多被动地接受图书馆的各种推广信息，因此读者的参与度不高，活动宣传效果不佳。随着全媒体技术的应用，图书馆的阅读推广活动不再单调。读者的参与度较过去有了明显提高，图书馆方面也能够更准确地掌握读者的相关信息，包括阅读习惯、阅读兴趣等。图书馆通过运用全媒体的思维方式，丰富阅读推广的相关内容；同时，结合全媒体的多种新颖创意及策划，吸引广大读者积极参与。图书馆应充分利用全媒体平台，研究并掌握读者的阅读习惯和兴趣，加大对读者阅读习惯的培养力度。综合不同读者的个人爱好，提供具有针对性的服务。图书馆应利用全媒体的思维，评价其阅读推广活动的有效性，吸取经验教训，力争做到服务越来越完善。

第四章　大学图书馆阅读推广活动准备与策划

第一节　大学图书馆阅读推广概述

一、大学图书馆阅读推广的意义

图书馆不仅仅是文献收藏空间，更是人们学习求知的场所。

我国图书馆事业体系由公共图书馆、大学图书馆及科研院所图书馆三大类型组成。大学图书馆作为整个图书馆事业体系的一个重要组成部分，主要面向教师和学生提供服务。相对来说，公共图书馆面向全体人民，而且由于人们在探讨图书馆相关问题时，通常是以公共图书馆为对象，所以这里，我们也先从公共图书馆服务入手谈阅读推广的意义，而将大学图书馆作为一个特例。

公共图书馆由于通常是由纳税人的税款建立，因此就不能拒绝为纳税人提供服务，基本上自然人都是纳税人。因此，图书馆应该对所有的人提供无差别的公平公正的服务。美国图书馆协会（American Library Association，简称 ALA）在其 1930 年的公报中曾刊登过一份于 1929 年起草的伦理规范建议稿（Suggested Code of Ethics）。该建议稿指出，图书馆工作人员是图书馆与大众发生联系的解释者，既可能对大众提供文献帮助，也可能通过个人接触而对大众产生伤害。因此，图书馆工作人员应该对使用图书馆的所有人，无论种族、肤色、信仰或健康，都一视同仁，提供公平、公正及有礼貌的服务，不得有个人态度，不得有偏爱，更不能带有冷漠的官僚气息。直至 2008 年，这一规范经过了多次修改，最终确定为 8 条。这 8 条中有如下几点值得注意：①图书馆通过组织适当的及有用的资源、公平的服务政策、公平的获取，以及对读者准确的、无偏私的和礼貌的反应来为用户提供最高水平的服务；②图书馆力持知识自由原则，并且反对各种对图书馆资源进行审查的行为；③图书馆保护每一个用户在信息检索、接收，或资源咨询、借阅、获取及传递等方面的隐私及秘密；④图书馆尊重知识产权，并倡导在信息用户与版权持有者间权益的平衡。

图书馆要面向所有人开展服务，这一想法也为联合国教科文组织（United Nations Educational，Scientific and Cultural Organization，简称 UNESCO）所吸纳。1949 年，联合国教科文组织通过了《公共图书馆宣言》（Unesco Public Library Manifesto），认为公

共图书馆是现代民主政治的产物，是一个民有民享的民主机构。民有民享的思想在其1994年由国际图书馆协会联合会（International Federation of Library Associations，简称IFLA）参与了的修订版中得到了进一步强化，表述为：每一个人都有平等享受公共图书馆服务的权利，而不受年龄、种族、性别、宗教信仰、国籍、语言或社会地位的限制。对因故不能享用常规服务和资料的用户，例如少数民族用户、残疾用户、医院病人或监狱囚犯，必须向其提供特殊服务和资料。修订版所确定的图书馆的使命还有如下条款：①养成并强化儿童早期的阅读习惯；②支持个人和自学教育以及各级正规教育；③提供个人创造力发展的机会；④激发儿童和青年的想象力和创造力；⑤加强文化遗产意识，提高艺术鉴赏力，促进科学成就和科技创新。

民有民享的思想表明，获得图书馆各类服务是民众享有的权利。而图书馆开展阅读推广，也不是一种可有可无的特别服务，而应当是一种义务。因此，图书馆开展阅读推广活动具有重要的意义。

（1）阅读推广活动对人的阅读习惯的养成意义重大。据研究，人类的阅读习惯形成于儿童时期，尤其是四岁前后。在这样一个时段接触图书，可以让孩子一生都喜爱阅读。图书馆应想方设法吸引孩子。这也是为什么IFLA与UNESCO在《公共图书馆宣言》中将“养成并强化儿童早期的阅读习惯”放在其使命第一位的原因。

（2）阅读推广活动对促进成人的终身学习意义重大。知识在不断更新，一个人要是不能持续不断地学习，就会逐渐游离于时代之外而跟不上发展。阅读习惯能帮助人不断学习。终身学习习惯的养成对人一生的发展至关重要。

（3）阅读推广活动对促进人的自由发展至关重要。阅读推广活动除了促进人们阅读及学习习惯的养成，还能促进激发人们的想象力与创造力，或提供创造力发展的机会，也能增强人们的文化遗产意识，提高艺术鉴赏力。人们在不断地阅读和学习中，增长知识，进德修身，正如中国古人所谓“腹有诗书气自华”。人的自由发展意味着不能对人的创造力等方面设置太多限制。就图书馆来说，读者的阅读需求就是最大的工作动力。图书馆应以读者文献需求的满足为最大的工作目标，为此，图书馆对文献不能有限制，任何文献，只要收藏进图书馆，其目的就是使用，不仅不能有限制，还应当分类排架妥当，让读者方便获取。图书或者文献信息只有在流通中才能发挥其最大作用，正像美国图书馆协会颁布的图书馆伦理规范所言，图书馆应旗帜鲜明地反对针对图书资源的任何形式的审查，应保护每一位用户在信息检索、接收，或资源咨询、借阅、获取及传递等方面的隐私及秘密。当然图书馆更不能对使用者本身进行限制，人人生而平等，无论年龄、种族、性别、宗教信仰、国籍、语言或社会地位，以及健康，都享有平等使用图书馆的权利。

人的自由发展不仅对个人意义重大，对民族、国家及人类社会的发展也都具有重大意义。一个专制的社会，通常限制信息的自由流通，限制人的自由发展，常常想方设法设置信息获取障碍，制造不平等，制造愚昧，从而使一部分人听命于另一部分人；而一个自由的社会，则力求破除障碍，促成人的自由发展，使人各展其智，各尽其能，从而促成社会的进步。

公共图书馆的服务是针对所有人，大学图书馆则主要面向教师与大学生，尤其是大学生。大学图书馆开展阅读推广活动，其主要对象也是大学生。在一些发达国家，由于从小就注重培养孩子的阅读习惯，所以通常到了大学，就不存在普通意义上的阅读推广问题。而在我国，由于应试教育的影响，基本上小孩从小就是为了考试而学习，阅读主要不是为了个人修养，而是为了提高成绩。这种将孩子当工具培养的方式使得不少孩子失去阅读的兴趣。因此，在我国，大学图书馆开展阅读推广活动存在着如上所述的培养阅读习惯、终身学习习惯及个人自由发展等方面的意义。还有一点，大学生是社会极其活跃的一分子，他们养成良好的习惯，就会进一步影响其他人。他们就像种子，一粒一粒，虽难见绿意，但持续不断地繁衍生长，终会长成葱葱森林。

二、大学图书馆阅读推广存在的问题

（一）阅读推广领导小组流于形式

为了使阅读推广工作常态化，学界关于在高校成立阅读推广委员会的呼声很高，甚至还有学者提出“在学校层面成立阅读推广专家委员会，在大学图书馆内设立秘书处并进一步成立阅读推广指导机构，设置阅读推广岗位，同时在各二级学院成立阅读推广工作组”的详细构建框架。设想虽美好，可在实际操作中，由于阅读推广并非各二级学院的主要工作，因此，大多数高校成立的是由校领导、团委、宣传部、学工处、教务处、图书馆等相关负责人组成的简易阅读推广领导小组。在实践过程中，特别是在学生社团眼中，这样的领导团队说得多、做得少，对活动创意层层审查，大有束缚手脚之感。图书馆也只是迫于获奖证书认可、读者参与活动请假等事务才与校内其他部门产生合作关系，读者也只有在活动开、闭幕仪式上才能见到领导，在活动策划、宣传、执行等方面相关部门并未起到实质性作用，使得阅读推广领导小组仅仅停留在文字层面，流于形式。长沙理工大学图书馆倡导同时成立阅读推广领导小组和阅读推广工作小组的做法就从侧面印证了以上事实。

（二）未能精准把握读者的阅读需求

以需求为导向的活动才有可能成为读者满意的活动。图书馆可以通过问卷调查、座谈、电话、邮件等多种形式来了解读者的兴趣点和需求点。其中，问卷调查是能精准把握读者需求的一种方法，但因耗时耗力，被图书馆采用的频率并不高。通过电话、邮件来了解读者需求的方式也不常用，即使有，在读者中的覆盖面也十分有限。正是因为未能精准把握读者的阅读需求，所以出现了被图书馆看好且连年举办的专家讲座受到了读者的冷落。

（三）活动形式单一，复合度不高

业界学人对116家“211工程”大学图书馆网站主页就阅读推广实践活动信息调查后发现，使用频率较高的前三种活动项目分别是书展、讲座和征文。可是，在读者眼中，这三种活动都在某种程度上存在着形式单一、复合度不高的缺陷。大学图书馆举办的图书展览通常都是针对某一主题选取相关图书在有限的时间内集中向读者展示，如中文新书展、外文新书展、精品图书展、污损图书展等，读者要做的只是观书、借书或购书。除此以外再无相关活动可参加，展览也仅起到图书推荐或警示教育的作用；常年举办的讲座活动也因正襟危坐的课堂灌输模式而未受到大学生读者的青睐。许多图书馆开展的主题征文，如北京师范大学的“我和书的故事”、南京农业大学的“假如我是馆员”、石河子大学的“我心目中的图书馆”等，皆是单一型活动，读者要做的就是写文章，图书馆要做的就是评选，复合度极低，只能吸引擅长写作的读者参加，收到的征文篇数也相当有限。有了复合度的征文活动却大受欢迎。湖南人文科技学院图书馆由Crazy电影协会、读者俱乐部、青笛文学社、紫鸢文学社、碧洲文学社、浅草文学社共同承办的“文学名著电影欣赏节”活动，将名著阅读、电影欣赏与影评书评有奖征文活动有效复合，2015年该活动收到读者征文333篇，参与人次2000余次，校内反响良好。

（四）传统活动宣传方式边缘化

每一项活动的推出，宣传是第一步。互联网条件下，网页、电子屏、微信、微博、QQ群等新媒体宣传方式因传播迅速、操作简便、零成本等优势而备受推崇。传统的海报、宣传单、摆点宣传、下系宣传等方式因成本高、人力多而逐渐被边缘化。特别是摆点宣传、下系宣传、发放宣传单等方式日益淡出图书馆人的视野，却仍然是学生社团主要的活动宣传方式。事实上，“真人图书馆”每期的活动都会提前一周通过新媒体发布信息，而发放宣传单却只在活动前2～3天通过下系宣传、摆点宣传进行，宣传海报也仅张贴在大型教学楼、图书馆、餐厅等有限几个地方，这些传统的宣传方式反而取得了良好的宣传效果，这也从侧面反映了尽管智能手机、个人电脑在大学生中相当普及，但这些先进的信息工具并未成为大学生获取信息的主要渠道。研究显示，在纷繁复杂的信息活动中，极少有读者会对图书馆的每一个活动一一进行详细了解，他们更倾向于老师、室友、社团成员及朋友等熟人的推荐，通过人际传播途径传播的信息指向性更高，能够产生连带效应。这些都从某种角度反映了传统宣传方式的不可替代性。

（五）活动效果评估单向肤浅

对活动进行评估总结是积累经验、提高阅读推广水平的有效手段。国外开展的许多阅读推广项目都十分注重活动效益评估。如美国的“一城一书”活动明确规定活动评估是活动的最后一个步骤，英国的 Book Up 阅读活动聘请专门的评估机构和评估人员进行全面评估。国内尽管有不少阅读推广活动，但是用实证方法来评估和重新设计阅读推广活动的研究几乎没有，CNKI 检索也发现关于阅读推广评估的论文很少。实践中，大学图书馆无论是自己评估还是接受上级评估，常用的方式就是撰写活动总结，呈现的也只是图书馆投入的时间、人力、财力、物力、合作部门等看得见的浅层次数据，读者方面仅涉及读者参与人数，对于需要使用问卷调查、访谈等方式才能收集的深层次读者指标如读书兴趣是否增加、读书时间是否增加、读书数量是否增加、是否增加了新知识等基本没有；评估仅从图书馆角度思考投入问题，漠视读者的阅读变化及做出的评价，这种单向肤浅的评估方式显然不利于活动的改进和提高。

三、大学图书馆阅读推广的优化策略

针对学生社团视角下的大学图书馆阅读推广问题，可以采取以下策略来推进大学图书馆的阅读推广工作。

（一）吸纳社团干部加入阅读推广领导团队

健全阅读推广组织机构是大学图书馆阅读推广推进的基本前提。为了促进各项阅读推广活动能够落到实处，并保证活动的连续性传承，大学图书馆在合理利用学校各类资源、调动相关部门积极性的基础上，应该有选择地吸纳社团干部加入阅读推广领导团队，参与高校阅读推广活动的整体策划与部署。其好处有三：一是能让学校及部门领导直接听到读者声音，及时采纳合理意见；二是能够广渠道收集活动反馈资料，为图书馆提供大量的研究数据，从而为整个高校阅读推广工作的方针制定提供真实有效的参考依据；三是能够畅通学生社团建言献策的渠道，激发其致力于图书馆阅读推广的热情，并能使各项活动以学生喜欢的方式落地生根，也使得阅读推广领导团队既具有领导力，又富有执行力。

（二）分项目采用学生社团责任制开展阅读推广活动

与学生社团合作开展阅读推广活动能够有效弥补图书馆人力不足的缺陷。许多大学图书馆为此成立了自己的社团组织，如南京理工大学图书馆成立读者协会，共同开展图书漂流、读者沙龙等活动；天津大学图书馆成立知学读书会，举办读书知识竞赛、读书征文、名人访谈等活动。实践中，形式多样的阅读活动单靠一个社团的力量显得有点力不从心。因此，大学图书馆应该分项目采用学生社团责任制开展阅读推广活动，将每一个活动作为一个项目，委托合适的学生社团负责全面运转，并将其作为社团的特色活动进行传承，以免受社团负责人换届影响；还可采用多社团联合责任制开展高复合度的大型活动项目；图书馆承担活动指导、资源保障、场地与资金支持以及社团之间的沟通协调等工作。如讲座类项目委托研究会、创新社等学术性社团负责运转；书签设计、阅读摄影大赛、书画比赛等项目交由广告协会、摄影协会、书画协会等艺术类社团负责组织；演讲、辩论、百科知识竞赛、真人图书馆等活动由社会实践类社团承办；以征文为核心复合名著阅读、电影欣赏的名著鉴赏活动可以交由文学类社团与电影类社团联合运营。

由于社团成员来自学校各院系，十分清楚不同专业读者在不同时间段内的阅读需求，分项目的学生社团责任制能够充分发挥大学生的创造力，打破陈规旧习，优化决策，提高活动的复合度、参与度与指向性，从而使得讲座、征文、展览、竞赛等传统活动焕发出新的生机，实现可持续发展。

（三）提升改造社团活动，打造阅读推广品牌

大学校园内不仅社团林立，社团活动也精彩纷呈。一年一度的社团会员招新、社团联谊会、新年游乐会、优秀社团评选等活动充分调动了学生社团之间的竞争力，推动着社团工作的高效有序运转。一些高校甚至明确规定了优秀社团每年开展常规活动与特色活动的次数，还有不少社团主动向图书馆推荐自己的特色活动，希望获得提升改造的机会和力量。大学图书馆应该以此为契机，因势利导，在社团活动中适时加入“图书馆”元素，为其提供活动场地，给予经费支持，提出活动改进意见，拓展活动对象，扩大活动规模，既提升社团活动的品位，又丰富大学图书馆阅读推广的内容与形式，达到双赢的效果。如可与大学生心理协会合作开展阅读治疗实验，与演讲与口才协会共同举办演讲、辩论、主持等赛事，与爱心社合作开展支农、支教、扫盲活动，与环境保护协会合作举办环保达人行为艺术展等。只要参与得当，指导得力，大学图书馆的阅读推广工作就能依托社团活动推陈出新，走出校园，走向社会，持续开展，很有可能发展成为区域阅读推广品牌。

（四）注重社团业绩评估，建立阅读推广激励机制

吸纳学生社团参与读书月活动逐渐成为大学图书馆的共识。俗话说，人多好办事，人多也易坏事。承办活动的社团多了，对社团业绩进行评估、建立阅读推广激励机制就显得格外重要。业绩评估应该包括两个方面：一方面，在图书馆的指导下，要求学生社团分阶段对活动本身进行全程评估。如反查活动前期是否采用书面调查、走访、咨询等方式全面征求读者意见、了解读者需求，活动宣传是否到位，宣传方式是否有效等问题；活动中期考察时间安排是否合理、活动过程是否有序、活动内容是否充实、活动设施是否齐全、活动场地是否适宜等事项；活动后期侧重成本—效益评估。成本评估体现在活动开支是否控制得当、是否符合活动预算、人均活动成本是否合理，是否还有可以节省的费用等方面；效益评估可以采用问卷调查的方式，通过对活动实施前后的收益比较，就读书兴趣、读书时间、读书数量、到馆时间、知识增长、能力培养等深层次读者指标对活动进行定量分析，通过访谈、留言簿等形式收集读者评价，对活动进行定性分析。另一方面，图书馆对承办活动的社团进行工作绩效评估。考核材料包括活动策划书、宣传资料、活动次数与参与人数、活动现场照片、反馈问卷调查、新闻报道质量等多个层面。为了保证评估结果的客观公正，每场活动应该安排至少一名图书馆老师全程参与。每年从承办活动的众多社团中，评选出 3～5 个社团，授予阅读推广突出贡献奖，颁发奖金和校级荣誉证书，参与校级优秀社团评选加分。这样既能保证图书馆阅读推广的效果，又能促进社团的发展和壮大。

（五）加强社团自身建设，培育阅读推广主体

社团自身建设是社团持续繁荣的基石。运行良好的社团应该拥有清晰的团队目标、健全的规章制度、反应灵敏的内部网络组织与多样化的会员结构。作为一个生存于大学校园内的学生社团，其近期发展目标应该是跻身校级优秀社团行列，远期发展目标是向省级、国家级优秀社团进军。目标明确后，全体社团成员围绕着共同的目标协同开展工作。为了避免工作的随意性、增加工作的规范性，应该建立健全社团规章制度，包括考勤制度、会议制度、财务制度、奖罚制度等。在社团内部构建网络型组织，根据工作需要将社团成员按兴趣特长划分为活动策划部、网络信息部、对外联络部、创业实践部、秘书部等部门；实行扁平化管理，即各部门在分工合作的基础上，允许社团成员身兼二职，如活动策划部成员可以根据自己的能力在其他任何一个部门兼职，或者为了完成某一特定任务由各部门抽调人员临时组成一个项目小组。适当的岗位交叉与融合，可以避免因岗位与任务的单一产生工作疲劳和厌倦，保证社团的稳定性。为了保持社团开拓创新的活力，人才队伍建设是关键。为此，社团干部应该做好三方面的工作，一是社团招

新时，要深入到学校各个院系，有意识地招募一些有专业特长的学生，以保证社团成员的多样性；二是加强会员培训，要让每一个新会员知晓社团的各项规章制度，了解社团的常规活动和特色活动，清楚社团的奋斗目标并愿意为达到目标付出自己的最大努力；三是积极寻求外援，提高活动质量。如与校内其他社团合作开展大型活动，邀请专业老师担任活动指导，通过活动锤炼会员的社会实践能力，提高社团的影响力与知名度。全民阅读环境下，高校学生社团尤其要争取图书馆的支持，主动承办与社团性质相符的读书活动；拓展思维，与图书馆协同进行技术创新，如一同开发学风指数系统、服务质量评价系统、自习室信息管理系统等，充当图书馆的智囊团，自觉承担读者与图书馆沟通的桥梁。图书馆也要加强对社团的指导和帮助，为更广泛的学生提供更多的工作岗位和实践机会，有意识地把学生社团培育成为大学校园内一个不可或缺的阅读推广主体，使其获得发展的动力和空间。

在阅读推广日益成为图书馆主流服务的当下，要想提供多样化、个性化、创新性的品牌阅读服务，仅靠图书馆员的力量显然捉襟见肘，采用合作方式开展阅读活动是一种经济又理想的方案。实践中，无论是馆际合作、馆社（社会组织）合作、馆院（二级学院）合作还是馆部（学校相关部门）合作，活动中都离不开学生社团的身影，他们在活动策划、宣传、过程控制、读者调研、活动评估等具体事务上都发挥着重要作用。尽管当前大学图书馆开展了一系列丰富多彩的阅读推广实践活动，也取得了许多成绩，但其中也存在诸多问题。在学生社团眼中，这些问题会有不一样的解读。找准问题，并采取相应的策略来推进大学图书馆的阅读推广工作，将会收到不一样的推广效果。

第二节　大学图书馆阅读推广活动准备

一、大学图书馆充分发挥阅读推广的主体作用

（一）建设舒适优良的馆舍环境和阅读环境

阅读环境对读者的阅读能产生极大的影响。优良的馆舍环境、舒适的阅读空间、良好的阅读环境，可以让读者有家的感觉，从而使读者对阅读产生浓厚的兴趣，由心而发地想要在图书馆这个舒适、惬意的环境里阅读。而图书馆里浓厚、愉悦的阅读氛围，会让更多的人对阅读产生兴趣，这也是图书馆所要营造的环境目标。图书馆良好的设计和布置会使读者生出遨游书海的欲望，使图书馆成为人人向往的美好天地。

经典阅读需要人沉下心来，细细品味，反复揣摩，感受经典魅力。因此大学图书馆

应该注重图书馆环境和文化的建设，通过阅读共享空间、经典阅读室等的设立，汇集图书馆馆藏经典著作，激发读者阅读经典的兴趣，与此同时，图书馆应建立阅读交流栏，以便学生交流读书体会，营造浓厚的读书氛围，使读者在优雅舒适的环境中休闲和自由交流，从而获得传统阅读的快乐。

馆舍环境的布置一定要宽敞、明净，馆内陈设上可以摆放古色古香的书桌椅，宽大的书桌上放一盏古典台灯，馆内适当地点缀一些人文景观，悬挂名家字画；图书馆的一隅可添置小桥流水盆景，整个图书馆内适当地栽种藤蔓植物、鲜花美化环境，将精心挑选的经典书籍摆放在人们触手可及的地方。在这样一个弥漫着浓浓书香的环境里，大学生耳濡目染，浓厚的阅读意识被激发，愿意徜徉其中，静坐下来，阅读经典，体悟跨越时空的心灵交融。

（二）规范借阅制度

俗话说，没有规矩，不成方圆。图书馆的规章制度是图书馆实践的总结与概括，反映图书馆发展的客观规律，是图书馆馆员及读者的行动准则。它是合理组织图书馆工作，充分发挥图书馆职能的保证，也是图书馆实现科学管理的依据与准绳，是正确处理图书馆内部各种关系、发挥图书馆全体人员的积极性与创造性、提高服务质量和保证图书馆正常运行的手段。

图书馆针对读者服务一般都会有相应的制度。借阅制度、续借制度、预约制度、召回制度、馆际互借、超期惩罚制度以及豁免制度等可构成一个完整的借阅体系，它的合理、有序、健康运转，能够保障读者阅读需求顺利实现和阅读行为顺利完成。但是，目前我国许多大学图书馆的借阅制度存在着一定的问题，必须参考国外高校相关规章制度进行修改。如美国著名大学图书馆借阅制度的条款设定内容就很详备，各环节连贯一致，人性化贯穿于整个管理过程中。那些看似烦琐的制度条文，虽然会导致管理成本的增加，但一方面，它具有更强的可操作性；另一方面，其人性化的管理措施，使得工作人员和读者之间更亲密友好，让读者、资源与管理者之间形成一个良性的循环。在这个循环中，我们能够体会到美国著名大学图书馆制定借阅制度的目的很明确，那就是以读者为中心，提高文献的利用率。要贯彻“以读者为中心”的服务理念，首先应该从读者制度的人性化方面体现出来，只有从制度上体现，才能更持久、深入，更具操作性。

目前，国内高校主要的规章制度都有其共通之处，因而，图书馆有必要建立体例一致、形式规范、内容健全、语言标准的制度体系，各大学图书馆再根据各自的特点加以完善。特别需要指出的是，目前图书馆针对读者的有关借阅制度普遍存在的通病就是语言过分强势、生硬，这样多少会伤害读者的阅读热情。读者到图书馆本身就是一种值得尊重和鼓励的行为，对于可能出现的不规范行为，也应该注意措辞和语气。

因此，图书馆的借阅制度必须与时俱进，跟上时代发展的步伐，充分利用自身优势，充分考虑读者借阅的便利性，制定更加人性化的借阅制度，提高服务质量，发挥图书馆服务读者，服务教学、科研的作用，才能真正使图书馆的教育、信息服务和学术研究职能得到充分发挥。

（三）加强阅读推广的宣传工作

宣传工作是大学图书馆的一扇窗口，是阅读推广过程的必然手段。宣传工作是指对大学图书馆及其提供的产品及服务的介绍，是现代大学图书馆工作的重要组成部分。大学图书馆开展宣传工作，一是可提高文献资源的利用率。宣传作为一种传递信息资源的方法和手段，可揭示图书馆的馆藏资源和网络资源，加深读者对信息资源的认识，使读者进一步了解图书馆的职能、作用、服务项目、规章制度等，从而激发其利用图书馆的热情。二是可促进图书馆的发展。通过宣传图书馆，展示图书馆人默默无闻、无私奉献的崇高职业形象，唤起社会对图书馆重要性的认识，赢得公众对图书馆人的尊重，增强图书馆人的自豪感和工作热情，使图书馆的发展获得强大的内在动力。

目前，大学图书馆通常使用的媒介可分为传统媒介、多媒体和社交媒介。传统媒介包括悬挂横幅标语、张贴海报、布展等；多媒体有电子显示屏、报纸、电视、通识平台、网站等；社交媒介有社交网站、QQ 群、博客、微博、微信等。无论是传统媒介还是社会化媒体，大学图书馆都应根据自身需求结合自身的技术和管理水平选择几种或多种推广手段，将推广范围最大化。宣传要注意传递信息的新颖性、准确性和易用性。宣传还要有一定的计划性，在不同的时期，确定相应的主题，围绕主题开展各种宣传工作，用心营造友好氛围和创新服务，才能受信于读者，形成良性循环。

图书馆还可以吸收大学生参与图书馆宣传工作。在校大学生是大学图书馆的主要读者群体，可以起到很好的宣传效果。大学生之间彼此了解、相互沟通，学校有什么新闻，大学生们都会互相转告。大学图书馆吸收在校大学生参与图书馆宣传工作，可以吸收社团成员参与为主，例如读书协会社团、校学生会等。图书馆宣传工作者首先从社团、学生代表那获取读者所需信息，同时有针对性地宣传图书馆信息，然后利用学生间的“口碑”进行宣传。这样往往能达到一个较好的宣传效果。

大学图书馆可以充分利用图书馆的宣传周、全校读书月等大型活动，利用校园网站、广播、墙报、简报、横幅实时宣传报道，编印下发各类资料汇编，以多样的形式大力宣传阅读的价值，让大学生真正了解阅读的意义、阅读的方法以及读什么、怎样读；披露国内外阅读动态、发展趋势；介绍阅读指导和阅读研究性著作；通报中外最新的学术性和大众性出版物；介绍或剖析中外经典著作等。在读书活动期间，采用不同的有特色的主题密集宣传，平时有计划地定期宣传，多种形式并用，给学生留下深刻印象，使阅读深入人心，使建设书香校园的思想无处不在，无人不知。

在这不断变化的形势和社会环境下，图书馆宣传工作应以提高服务水平和创新服务项目及方式为目标，应以向读者推广图书馆服务、满足读者需求为任务。宣传工作是图书馆长远发展中不可或缺的一项工作，尽管一部分大学图书馆受到经济、人力等方面因素的影响，宣传工作不尽如人意，但仍应克服困难，根据自身情况，尽可能地做好宣传工作，更好地为读者服务，努力提高图书馆在读者心中的地位。

二、充分了解读者需求，遵循客体的阅读规律

大学图书馆阅读推广的主要对象是师生读者。大学图书馆需要对不同目标对象的阅读推广行为进行研究，针对不同的读者制定和设计不同的阅读推广项目。

新生对图书馆不了解，阅读目的不明确，喜欢通过新书推荐来找寻喜爱的图书；高年级学生具有一定的阅读能力和意愿，阅读能力强，通过信息检索课程的学习，信息检索能力有所提高，图书馆与学生社团共同举办的名师讲座、主题活动等对他们的吸引力比较强，他们参与的积极性比较高；教师文化层次比较高，到图书馆主要是为了获取专业的文献和服务，一般不会主动参与主题类的阅读推广活动，但对深层次的课题服务、学科服务比较感兴趣。因此，以大学生为主体的读者是阅读推广的客体，识别大学生读者的潜在阅读需求和阅读特点，并与大学生社团合作进行阅读推广，是做好大学图书馆阅读推广工作的必要前提。

（一）识别大学生读者的潜在阅读需求

提高读者满意度，实现大学图书馆发展的可持续性，可从识别读者的潜在阅读需求开始。读者的潜在阅读需求可以通过信息收集并进行调研分析，细化读者群体来识别。根据读者本身的属性，细化读者群体，分层管理。

大学生具有青年读者和学生读者的双重特征。作为年轻人，他们处在生理、心理、智力发展和世界观的形成期，生活独立性逐渐增强，思想较为活跃，思维、观察能力有所提高，自我意识较强。作为学生读者，他们接触的知识领域更加宽广而深入，其阅读兴趣、阅读目的受到毕业后继续求学或就业需求的影响。为了成为合格的专门人才，成为德、智、体全面发展的大学毕业生，他们在大学生活阶段，系统学习政治理论、专业理论，以及综合性的科学文化知识，使自己具有较高的文化素质、合理的知识结构，由知识型人才向智能型、创造型、通用型人才发展。

大学生的阅读倾向和规律随着其知识的累积程度和年级阶段的不同有着明显的差异，大学图书馆应针对大学生读者阅读的这一特点，开展有针对性的阅读咨询、指导。多数大一新生，刚刚从应试的阅读模式中解脱出来，摆脱了高考的压力，突然的放松使他们无所适从，而他们对于在大学应该如何阅读学习还处于懵懂无知的状态，同时对于图书馆的知识也极度缺乏，这使他们的阅读带有较大的随意性和不确定性，主要是进行消遣性的、无目的的阅读。所以图书馆需要对其阅读进行有效引导，通过新生入馆教育等方式，帮助他们学会利用图书馆，并树立正确的阅读动机，以免其走入阅读的误区。河南理工大学图书馆在每届新生入学时，都要由专人对他们进行入馆教育，指导新生如何利用图书馆，以及在图书馆应进行何种阅读活动。

图书馆可通过跟踪关注读者的历史借阅信息、检索记录、浏览记录，对读者进行问卷调查，也可以通过提取图书馆论坛的读者提问发言等方式，以数据挖掘为手段全面了解读者的个人兴趣爱好、心理发展状态，确定读者的阅读倾向，为读者建立阅读档案，提供有针对性的个性化阅读服务。

（二）针对大学生读者的阅读特点提供相应的阅读推广服务

根据哈佛大学教育学家珍妮·查尔提出的阅读素养形成的“五阶段模型”，大学生应进入“构建与批判”的阅读阶段，“构建”即通过对书本知识的融会贯通形成并完善自身知识体系；“批判”即通过对自身知识体系、思维脉络反复推敲，审视书本中的逻辑、思维脉络，在批判继承过程中达到自身修养、素质的升华。

由于大学生群体心理存在跳跃性、求知性、交替性、猎奇性特征，容易造成其选择时出现困惑和迷茫。长期以来，过于追求实用的阅读模式限制了大学生眼界、视野、思维境界的发展，给阅读选择亦造成了相当的障碍。同时，由于自身专业领域、知识深度及层次的不同，大学生会因阅读能力、理解能力、思考能力未达到相应标准而无法开展深度阅读。碎片式的网络阅读占据了大学生越来越多的时间，大多数学生拥有积极向上的阅读态度，对阅读的重要性给予充分肯定，但由于缺乏阅读的动力，导致阅读行为较为滞后。

一般而言，大部分高校学生的阅读面都比较窄，还有一部分学生只阅读自己感兴趣的杂文而对于文学名著或者专业书籍持保留态度。学生的阅读还具有盲目性和随机性，没有一定的阅读方向，也没有形成固定的阅读方式和阅读习惯。随着网络的影响，现在更多的学生喜欢阅读的是短小轻松、易于理解的“网文”，也就是“轻阅读”，阅读的质量跟不上去，对于内容的独立思考能力和深度阅读能力有所欠缺。可见，当前大学生的阅读状况不容乐观，主要表现为：阅读量小，阅读功利性强，重网络阅读、轻纸本阅读，阅读通俗化、快餐化等。这些缺陷严重影响了大学生的阅读兴趣和深度，他们多为被动阅读，无法感受到读书的乐趣。但让人欣慰的是，现在大多数学生在阅读能力方面的自我期望较高，且能够认识到自身阅读能力的缺陷，希望通过专家指导或其他方式提升自身的阅读素养。因此，图书馆在阅读推广活动中要多动脑筋，面向不同阶段的大学生读者开展有针对性的阅读咨询和指导服务，组织一些大学生感兴趣的活动来吸引大学生的关注，以此来提高大学生的阅读兴趣。同时，图书馆也可以招收一些喜欢阅读的大学生参与阅读推广活动，让他们担任义务阅读推广者。首先，这些大学生推广者是学生身份，与其他大学生读者在沟通上有共同语言，更能了解大学生读者的需求。其次，通过大学生推广者的宣传，能够让更多的大学生了解图书馆，了解图书馆的信息资源，由此来培养大学生的阅读兴趣。最后，大学生推广者本身就喜欢阅读，通过他们的影响能带动更多的大学生来积极地参与阅读。

（三）图书馆与大学生社团合作共促阅读推广

阅读推广是大学图书馆以活动的形式积极开展的，通过影响读者的阅读选择从而不断引导读者阅读的一种过程。图书馆作为学校的一个部门，不论人员还是精力都是有限的，需要借助外部的力量才能更好地开展工作。从高校来说，最好的合作伙伴就是学生社团。

学生社团是由来自不同院系、不同班级的学生自发组织起来，按照学校相关章程和规定自主组织并开展活动的群体。学生社团通常有形成自发性、内容多样性和活动特色化等特点。大学生社团可以通过加强与图书馆沟通，积极向图书馆反馈当前学生读者的阅读需求和阅读变化。大学生在参与阅读推广活动时能及时通过社团组织把自己在活动中的感受、感想反馈给活动组织者。学生对阅读活动的反馈，有利于活动组织者广泛积累活动经验，进一步完善活动机制，为下一次开展高质高效的阅读推广活动打下坚实基础。大学生社团发挥中间作用，大学图书馆能深入了解读者的阅读喜好或阅读兴趣。同时，大学生社团中就有学生读者，学生最了解学生，学生读者能把自己最真实的阅读情况及时地反映给图书馆，有利于图书馆下一次阅读推广活动的开展。学生社团根据读者的阅读需求和变化进行创意和设想，能进一步丰富阅读推广的活动内容，让活动形式多样化，同时不断激发读者的阅读兴趣，助力于阅读推广活动广泛开展。因此，通过与大学生社团的合作，大学图书馆能更好地与读者进行联系和沟通，进一步拉近了读者与图书馆的距离。

大学生社团参与图书馆的阅读推广活动，阅读交流，以书会友，除了能激发大学生自身的阅读兴趣外，还能不断提高自己的阅读水平，不断发动更多的群体参与到阅读活动中，形成人人“爱读书、读好书、好读书”的阅读氛围，进而改变大学生的阅读现状。大学生社团还能积极联合校内其他社团或校外其他机构，积极参与到阅读推广活动中来，形成良好的阅读氛围。

大学生社团还能积极发动身边的人参与阅读推广活动，通过发挥桥梁纽带作用，积极促进阅读推广活动进一步开展。大学图书馆也应积极支持大学生社团参与到阅读推广活动中，充分发挥其桥梁纽带作用，不断做好阅读推广的各项工作，实现“双赢”，共同发展。

（四）建立大学生读者阅读激励机制

（1）设立阅读学分制。阅读学分制度，是图书馆按照一定的标准，将读者在一定时期内的阅读情况转化为相应数量的学分，读者按照学分的多少获得图书馆一定的奖励和享受一定的服务的图书馆阅读管理制度。读者获得的阅读学分由图书馆专门人员进行登记汇总，在每学期末学校评比奖学金时计入总分，成为评比的一部分。同时当读者的阅读学分积累到一定数量后，可参加图书馆优秀读者及其他奖项的评比。“阅读学分制”有很强的趣味性和竞争性，能够激发读者的阅读兴趣，使其体验到获取知识的快乐，同时也可大大提高图书馆文献资源利用率。当然，阅读学分制的设置比较复杂，需要科学合理设置。

（2）“阅读之星”评选活动。“阅读之星”评选活动是通过图书馆借阅管理系统对读者借阅图书量进行统计，对于年底借阅排行榜前十名的读者，在征得本人同意后，图书馆将其个人借阅信息及读书感悟等汇总后在馆内宣传板上展示。图书馆为获得“阅读之星”的读者颁发荣誉证书，此外还提供一些其他的物质奖励，例如，获得印有图书馆Logo的精美纪念品，可以获得图书馆当年考研专用研习室的优先预约权，或提供一年的免费文献传递服务，或奖励图书馆电子阅览上网机时，或者可以跟随图书采购人员到书店里挑选图书等。榜样的力量是无穷的，图书馆利用榜样的激励作用，可以激发其他读者的阅读热情，有利于弘扬多读书、读好书的良好风气。

（3）搜书技能大比拼。大学图书馆开设文献检索课或开展新生入馆教育，可以帮助学生更好地利用图书馆，提高学生获取文献信息的技能，但是在实际工作中发现，很多读者虽然接受了培训，但真正利用图书馆时依然感觉茫然，面对资源丰富的图书馆感觉无从下手，也有的学生不愿意认真查找资料，也不愿过于烦琐地利用图书馆。为唤醒学生潜在的能量，培养他们自我学习的积极性、主动性，图书馆每年举办“搜书技能大比拼”活动，比赛要求读者在规定时间内从书库中正确找到相应数量的图书，最终评选出获胜者，并给予相应的奖励。生动活泼的竞赛形式比传统的入馆教育、文献检索培训更有吸引力，更容易调动大学生利用图书馆的热情，但该类比赛参与人数毕竟有限，受益的读者也只是少数。

（4）爱心图书漂流活动。图书漂流是一种源自国外的阅读方式，这种崭新的阅读方式在国内日渐受到推崇，越来越多的人参与其中。图书漂流是指书友们将自己拥有却不再阅读的书籍贴上特定的标签后，投放到公共场所，无偿地提供给拾取的人阅读。图书馆可利用与书商的业务关系，筹集用于漂流的优秀图书，同时向全校师生特别是毕业班的同学发出捐书倡议。为了鼓励同学踊跃捐赠，图书馆出台相应的规定，读者一次性捐赠多少本以上且符合馆藏标准的图书，将获得图书馆颁发的捐书荣誉证书。图书馆对于读者捐赠的回馈表达了图书馆对其无私付出和爱心传递的肯定，促进更大范围的知识共享和爱心传递。

三、阅读推广的基本保障

阅读推广工作已经成为图书馆的常规性工作。但是，如何做好阅读推广工作，仍然是摆在图书馆人面前的一道不小的难题。为了做好阅读推广工作，除了作为阅读推广主体的图书馆和客体的大学生读者外，还要有以下几点基本保障。

（一）人力保障

图书馆阅读推广的资源管理问题，涉及场地、设施、资金与文献等资源，但最大的问题还是人力资源管理。阅读推广主要依靠图书馆馆员的主动性和创造性来推动服务的开展。阅读推广作为现代图书馆的服务内容，具有综合性、复杂性的特点，对图书馆馆员的要求远远高于外借阅览等传统图书馆服务，需要馆员不断学习、研究与思考。特别是从事阅读推广活动的馆员需要对各个要素及其相互关系拥有足够的认知，才有可能设计出有效的阅读推广活动。

图书馆应立足长远，采取更多长效机制促进阅读推广人力资源的发展。除了设立阅读推广专门岗位，甚至设立阅读推广部门，配备合适的推广馆员外，还可以发挥学科馆员的阅读推广优势。学科馆员制度已经成为许多大学图书馆的基本制度，是图书馆与校院系沟通的有效机制。从操作层面上来说，学科馆员是图书馆开展阅读推广活动的天然桥梁，比如学科博客的建立和维护。在大学图书馆的专业资源的阅读推广工作中，没有人比学科馆员更了解或善于沟通专业或学科方面的情况，这也是大学图书馆有别于公共图书馆的显著特征之一。

同时，还应该谋划阅读推广人才的培训机制。澳大利亚新南威尔士州为了提升图书馆馆员的阅读指导能力专门开展了一项培训员集中受训项目，受训者再回到原单位指导其他同事。培训活动对图书馆流通量、资源阅读、馆藏发展的促进作用显著。有了这样的人力保障，阅读推广工作的目标性和长效性才能更好地实现。

（二）管理保障

阅读推广是图书馆的一项新型服务。同所有新型服务一样，当其处于萌芽状态，或处于其他主流服务的从属地位时，管理者的管理一般是放任的自发管理。在全民阅读的大环境下，阅读推广服务已然成为一种主流服务，需要管理者进行管理变革，从自发管理转向自觉管理。为推动全民阅读，更好地履行图书馆推广全民阅读的社会使命，图书馆管理者需要改变原有管理理念，将阅读推广纳入管理视野，对阅读推广进行顶层设计，图书馆管理者应给予阅读推广更加自觉的管理。

另外，阅读推广工作的开展，需要仔细规划和管理团队，需要团队合作，更需要管理人员有效整合好学生组织、社团、校园广播、社区、电台等可利用资源，也需要阅读推广主要负责人调动宣传、策划等各环节人员的主动创造力和参与度，特别需要馆长全面统筹，全方位参与协调图书馆内部及学校其他各部门的任务分工。图书馆组织结构中有独立阅读推广部门的，有利于阅读推广工作的可持续发展。图书馆无独立阅读推广部门的，只能以抽调方式组织，适合非常规性任务或项目管理模式，其自适应性表现在能全方位地配合完成阅读推广活动任务，但是需要临时负责人或主管馆长组织和协调前期策划、过程管理、后续统计评价以及处理好与日常工作的关系等管理保障。

（三）技术保障

传统的图书馆管理模式与服务体制由于信息技术的应用，已然发生了改变，自动化、网络化、数字化成为现代图书馆的特征。现代图书馆是以信息新技术为根基，利用虚拟化存储技术提供快捷的数据服务，通过大众传播媒介、网络等信息技术为读者提供传统服务和电子文献服务。无论是传统阅读方式的信息推送和目录资源整合，还是碎片化内容的电子阅读，越来越离不开信息技术的支持。熟悉开发和综合利用社会化媒体已是图书馆拉近与读者距离的必不可少的手段，掌握应用信息技术是现代图书馆发展的必然要求。例如，借阅系统嵌入微信平台、RFID 图书定位信息推送至桌面、屏面等，都需要专人建设、维护和跟踪；再如，App 版图书馆网站开发与应用，其推广、宣传、过程管理、跟踪、统计管理，都离不开信息技术的本体化。

阅读推广人员要时刻关注和学习图书馆信息服务支撑技术的发展和变化，顺应时代发展，不断探索信息新技术。同时，建立和改善智慧图书馆服务机制，营造良好的阅读氛围，在馆内大力培育以人为本、以读者为本的主动服务思想，形成智慧图书馆新的共识与发展动力。另外，在政策上加以引导，重视提升智慧图书馆服务内涵，加大教育服务功能，加快学习掌握新技术、新阅读载体，以求能够适应新技术、新媒介下的数字图书馆的快速发展，不断提高图书馆服务质量。

（四）物质保障

大学图书馆在性质上属于国家公共事业单位，主要经费来自国家财政支持和地方财政拨款，因此不同地区的大学图书馆阅读推广服务水平差异较大，东部沿海地区大学图书馆的阅读推广服务意识和建设水平明显高于中西部大学图书馆。同时，由于大学图书馆主要服务群体是高校师生，相比较公共图书馆而言，处在一个相对独立和封闭的体系内，因此社会力量对大学图书馆的影响力较小。反观发达国家的大学图书馆，社会捐款和公益基金是其广泛开展阅读推广活动的重要支撑，因此，如何拓宽大学图书馆的经费来源渠道，是影响我国大学图书馆阅读推广工作开展的重要因素。

不同的阅读推广项目，所需求的物质支持也有所不同。一方面，大学图书馆从优化环境、资源建设到提供电子阅读器、笔记本电脑等移动设备免费服务，应最大化消除读者的物质障碍，以促进阅读，引导数字阅读；另一方面，大学图书馆可根据自身情况量体裁衣，在研究的基础上，做好方案，尽力争取学校的经费支持，或者优化组织方案。

在倡导全民阅读的大背景下，阅读推广已成为图书馆的根本性任务之一，“阅读推广是图书馆的生命力”这一论断，是对阅读推广及阅读推广人的高度肯定，同时也是一种鞭策，对大学图书馆阅读推广人提出了更高的要求，激励阅读推广人要以爱岗敬业的责任心，发挥阅读推广人的能力，将阅读推广可持续发展地进行下去。读者服务是贯穿图书馆工作的主线，是图书馆永恒的主题。随着科技的迅速发展，读者对信息的需求呈现多层次、多样化和个性化趋势。图书馆阅读推广工作如何为读者提供更好的、更完善的推广服务，这需要阅读推广人不断提高服务能力，研究读者服务的发展趋势和要求，需要研究读者服务的方法和技巧，才能在高校阅读推广工作中奉献自己的力量。图书馆只有提供阅读推广工作开展的必要条件，根据自身的优势，在研究读者需求的基础上，明确阅读推广的思路和途径，不断探索实现有效阅读推广的方法和保障，才能为书香校园、书香社会做出应有的贡献。

第三节　大学图书馆阅读推广活动策划

一、策划原则

大学图书馆开展阅读推广活动的目的是吸引大学生的注意及参与，活动需精心创意与策划。详尽细致的策划方案是阅读推广活动顺利开展的保证。

（一）针对性与整体性的协调

每一项阅读推广活动都是针对一定的目标群体的。大学图书馆开展阅读推广活动，需要设定明确的目标群。大学生的阅读倾向和规律因其所处年级以及知识积累程度的不同存在明显差异，应针对不同群体开展不同内容形式的阅读指导活动。客户细分是客户关系理论的重要组成部分，特别强调需求的差异性。推广对象分层越细，所做的工作越有针对性，就越能满足特定群体的需求。粗略地看，图书馆大学生读者可分为本科生、硕士生、博士生，这个分类还可进一步细化，本科生还可分为新生、老生及毕业生：阅读推广的对象主要是本科生，而针对新生的活动与针对老生的活动却大有不同。新生到校后，一个重要任务是要了解图书馆，提高信息素养，而老生则在这方面已有基础，他们更希望找到自己想看的图书，大三、大四的本科生则更希望获得写论文、考研、找工作等方面的指导，即使是同一年级的学生，人文学科和理工学科的学生，需求也是很不一样的。

阅读推广还要考虑整体性。包括：与图书馆服务宗旨协调一致，兼顾图书馆各个读者群体，阅读推广工作中的各个环节均具有整体性。大学生层次不同，在策划活动时，要统筹考虑，不能只考虑某一个群体的需要，如不能只考虑新生的需求，也不能只考虑老生或毕业生的需求：在布局阅读推广活动时，要做通盘考虑，再做适当倾斜。例如秋季，考虑到新生入学，可以多布置一些面向新生的活动，适当地布置一些针对高年级学生的活动。到了春季，活动内容可以适当向高年级学生倾斜，适当地布置针对低年级学生的活动。

（二）科学性与前瞻性的结合

阅读推广活动策划首先要确保导向正确、宗旨明晰，意在引导阅读和促进阅读。其次，阅读推广活动的策划内容和形式是具有可操作性的，图书馆在人、财、物上能保障活动顺利实施。

阅读推广活动的策划也要有前瞻性。除针对纸质图书等开展活动，还要时时关注网络化环境下新技术的发展及读者阅读习惯的变化，要跟踪数字阅读、掌上阅读、新媒体等的发展，创新活动形式，不断策划新的主题活动。

（三）兼顾计划性与可持续性

阅读推广每一项活动都要进行很长时间的筹备。为保证活动质量与效果，一般情况下，要未雨绸缪，策划之初，就要考虑人员、经费、资源、甚至时间和空间等条件，提前为活动创造相关条件。

通过推广阅读来促进读者阅读习惯的养成、阅读文化的建设，是一个长期的过程，非一两次读书活动就能做到，所以阅读推广不应是应景、应时的节日型、运动型活动，必须建立起长效机制，在人员、经费、资源等方面做出整体规划和安排。在策划时，可以考虑将有些可反复开展的活动做成品牌，形成口碑。读者经阅读推广活动的反复刺激，可提高参与的欲望。例如，“一城一书”这样的活动就可持续性开展，可以以年、季、月、周等不同周期开展，周期不同，书籍不同，这样可以大大提高书籍的阅读率。在大学图书馆，也可以持续打造“一校一书”的立体阅读模式，让阅读成为习惯。

（四）创意性与常规性的平衡

阅读推广活动的开展是希望引导更多的人参与，宣传推广活动具有创意，能极大地提升宣传效果。衡量宣传推广活动是否具有创意，要看它是否引起了大学生广泛的共鸣，是否给大学生留下了深刻的印象及取得广泛的关注。

图书馆可定期策划一些创意性活动，阅读推广的策划，要打破常规，寻找创意上的突破，要能够抓住大学生的眼球。在策划活动时，要求方案新颖、个性化、趣味化、富有挑战性，达到“惊异效果”。

但创意性活动要耗费更多的人、财、物，对技术也有更高的要求。图书馆也不可能所有活动都是创意性活动。阅读推广活动本就有常规与非常规之分。常规性活动，在图书馆内经常性地开展，较利于营造品牌和口碑。

图书馆阅读推广活动的策划，特别要注意在创意性和常规性间寻找一个平衡，将常规活动打造成品牌，在人、财、物条件合宜的情况下，开展创意性活动，达到锦上添花的效果。

二、策划模式

策划的模式不一而足，可以由某个人或一个团队策划，再经讨论定稿。策划需要创新，也切忌闭门造车。要开展多样化、精准化的阅读推广工作，则需内外合力，使图书馆资源与服务最大限度地被知晓、被利用。

（一）头脑风暴法

成功的推广方式首先需要创新性思维，在目前阅读推广活动需要经常有新点子注入的情况下，它更需要我们有创新和开拓的精神，具有独到之处，在形式或内容上形成突破。为激发创造力，图书馆在确定阅读推广议题后，由不同专业或岗位的人员组成小组讨论，在轻松融洽的气氛下，就活动方案自由发表意见和讨论。在较少限制的情况下，集体讨论问题能激发人的热情，人人自由发言、相互影响、相互感染，能形成热潮，突破固有观念的束缚，最大限度地发挥创造性的思维能力，碰撞出思想的火花。

（二）引入众包模式

众包模式产生于2006年，指的是机构或公司把以前由工作人员完成的任务，以自愿的方式外包给大众网络的做法；通俗地说，就是让更多的人参与一个机构的活动，达到集思广益的目的。有研究认为，图书馆在四个领域可应用众包模式提高图书馆服务水平，有效协助教学科研，其中就包括图书馆阅读推广服务。通过众包来吸纳不同文化背景的人员参与阅读推广创意的工作，有助于建立多元化阅读推广服务体系，提高阅读推广活动的创新性和包容性。特别是，从图书馆外部吸引人才参与，广泛挖潜，使他们参与合作过程，策划出适合同龄人心理的活动，吸引更多同龄人参加，可以帮助图书馆打开局面。

大学图书馆引入众包模式进行阅读推广策划具有一定的可行性。高校有庞大的学生队伍以及粉丝群，图书馆与各级机构间有着长久的合作传统，这些因素是图书馆开展众包服务的良好基础，学生组织及社会网络中的粉丝可以成为图书馆众包项目的志愿者，为图书馆完成合作化任务提供保障。

在阅读推广的策划方面，引入众包，就是要集众人的智慧，让人人参与，贡献新创意。图书馆利用众包模式，广征活动创意，包括活动方案、活动名称、活动文案等，已有些成功的范例。清华大学图书馆曾举办“我让小图更聪明”创意征集活动，44位师生的创意获奖，优秀创意可进入小图语料库，成为“小图”的知识点。复旦大学图书馆、山西大学图书馆均曾在图书馆网站征集馆徽。

将读者和粉丝作为宝贵的资源，巧借外力，能使策划的内容更贴近学生的感受，更受学生喜爱。对部分技术或设计要求较高的项目，可以项目制的形式交给学生团队策划。

三、策划流程

（一）“知己知彼”，做好前期调研

1.“知己”——对图书馆的资源与服务特色进行梳理整理

策划人员，要对本馆的资源与服务有充分的了解，才能进行有针对性的推介。一种是依托大众性的资源和服务进行阅读推广策划，如结合好书榜、获奖图书等开展书展和读书会。一种是挖掘图书馆特色资源和服务进行阅读推广策划，推出专题活动。如 2013 年，清华大学图书馆在第 102 周年校庆日来临之际，推出首期专题书架——“清华人与清华大学”，活动从校图书馆（逸夫馆、老馆）馆藏中精选 138 本图书，这些图书有的是官方校史，有的是校友忆作，有的是校史研究著作，还有的是清华子弟的回忆文章。武汉大学图书馆针对自己的馆藏资源特色，推出“馆藏特色文献推介展”，内容包括民国文献、港台文献、抗战专题文献、诺奖文学专题、边界研究专题等五大专题。

2.“知彼”——了解读者才能进行针对性推介

新信息环境下，互联网上的新创意层出不穷，很容易转移读者的吸引力。很多大学图书馆在策划活动时，往往依据惯性思维，事先没有认真调查学生的阅读兴趣和实际需求，与读者沟通不足，用户体验偏少，欠缺双向深层次交流，导致策划活动的参与者较少。

图书馆要紧跟时代发展，了解“90 后”的心理，融入快乐推广的理念，在图书馆与读者间建立一个亲和的“媒介”，搭建良性互动的平台，将活动的推广方式打造得活泼、有趣，迎合读者的喜好，从而与读者形成共鸣。

（1）通过前期调研了解读者的需求。

阅读推广活动的前期调研很重要，强调以读者为中心，重视读者的体验，充分了解高校读者的阅读兴趣和阅读爱好，针对高校用户读者的兴趣爱好进行选题策划，让读者真正成为阅读推广活动选题策划的参与者。

通过观察或读者调查、访谈、座谈，设置建议箱、图书馆流通数据分析等方法，多方面了解读者需求。调研的方式可以采用问卷调查、有奖问答、现场采访调查等方法，可以通过社交网站、微信、短信、图书馆主页发放调查问卷、电子邮件进行调研，获取调查数据，也可以充分利用图书馆的官方微博和图书馆馆员的个人微博与读者互动，听取读者的意见。在进行调查时，调研者要对大学生读者群进行细分，例如本科新生的座谈会，高年级本科生的调查表，硕士生、博士生的需求访谈。此外，特别要注意了解人文社会科学学生与理工科学生的需求差异。

（2）根据大学生阅读类型进行推介。

大学生阅读的类型可分为目的阅读型、从众阅读型、随意阅读型。目的阅读型读者有较明确的目的，根据需求选择图书，如阅读考试类书籍、英语学习书籍、论文写作书籍、小说等，这类读者往往有明确书单，图书馆可根据这类读者需求补充馆藏，引导其阅读更多相关书籍。从众阅读型读者，大部分是别人读什么，他就读什么。对这类读者可重点进行荐读服务。随意阅读型读者数量较多，这类读者到图书馆往往没有明确的目标，在书架中看到适意的书就随意看，一般也不会深入下去读某本书，这类读者可以开具书单进行引导。

（3）阅读推广时机的选择。

阅读推广的时机选择很重要。例如对刚进大学的学生推荐论文写作方面的书籍，效果不会好，适时适宜地开展荐读活动才会有比较好的效果。每年9月份，大学新生到校，图书馆阅读推广的重点可以围绕大一新生进行，帮助大一新生更好地适应大学的学习和生活；每年11月份可以针对研究生进行开题或专业写作方面的书目推荐；5—6月份可以针对毕业生开展创业方面的书目推荐或讲座。

（二）确定活动意向

图书馆阅读推广的总体目标是推广资源与服务，但一项具体活动的开展，需要有一个清晰的意向，这样策划才有方向。

从近几年阅读推广活动的开展来看，可初步将活动意向归纳为如下几种。

1.引导阅读

引导阅读主要是开展专题书目推广或书展。这些活动策划主要立足大学生读者阅读推广，倡导健康的阅读风气，兼具知识性、思想性和趣味性。

2.引导学术、思想、文化的交流和分享

（1）大型讲座。各类型文化讲座，促进文化传承和创新。

（2）小型读书沙龙。欣赏艺文作品、分享阅读感悟、培养人文素养的阅读交流平台，强调交流分享。

（3）真人阅读。以面对面的形式沟通，分享多样人生经历和感悟，励志成才。人即是书，书即是人，人书合一。

3.阅读感悟和分享

（1）读书征文。强调以阅读感想和阅读思考为中心，写出自己不同的见解和真情实感，可读性强，对同龄人有启发。

（2）书评大赛。可以是不同主题的书评大赛，或网上微书评活动，字数不限，强调感悟。

4.提升资源的推广利用

（1）针对电子资源推广可举行“学术搜索之星”挑战赛，或数据库有奖竞答等活动。

（2）针对纸本资源可举行“找书达人——图书搜寻大赛”，或书山寻宝类活动，让新生通过游戏比赛的方式学习索书号知识，更快速、更准确地找到所需图书。

5.加强阅读资源的循环传递

图书互换会、图书漂流活动可让读者各取所需，让书籍流动到最有需求的人手上。

6.加强阅读的示范效应

“借阅之星评奖”“读书之星比赛”等活动可以身边的实例激发学生的阅读兴趣。

（三）确定选题

实践中，初步确定要开展某方面活动，如书展或读书征文，但面临“选题”时，往往又是一个难点，常常会为想不出一个好的主题而犯难。如果不想落入俗套，使活动接地气，且具有学术性、时事性、知识性、趣味性，可参考以下方法。

1.关注社会热点

目前大学生获取信息的途径很多，微博、微信以及各大主流媒体每天推送的新闻很多，图书馆如果能将活动与热点有机结合起来，能瞬间抓住大学生的兴趣点。例如，在莫言获得诺贝尔文学奖后，图书馆推出诺贝尔文学奖获奖作品的推荐书目，能抓住大学生眼球。2015 年，借中国药学家屠呦呦获诺贝尔奖的契机，武汉大学图书馆一方面推出中医药书籍的专题书展，另一方面在信息搜索大赛中推出“屠呦呦发表的一篇文章《中药青蒿化学成分的研究》引用率很高，通过中国知网查找，这篇文章被引用了多少次？”这样类似的微博抢答，使图书馆瞬间吸粉无数，产生了相当不错的反响。

2.关注文化机构的热点

一些文化机构，如新闻社、出版社、学校、书店等的活动和网站是策划人员需要经常关注的。年度好书榜、文学奖获评图书等都可以作为活动选题，由此策划一系列活动。例如，上海交通大学图书馆的“好书中的好书”主题书展，华中科技大学图书馆的新浪读书和凤凰读书网等媒体 2013 年好书榜推荐书单等，即为不错的选题。

3.结合节日或纪念日进行选题

节日或纪念日通常蕴含着历史文化内涵或跟某个重大历史事件相关。借助节日或纪念日，可开展活动，可亲近传统文化，夯实文化底蕴，提高人文素养。例如，在端午节举办屈原古诗朗诵赛。上海交通大学图书馆曾推出“元宵节和图书馆在一起，猜灯谜，留感想，品美味活动”；清华大学图书馆 2015 年 3 月 8 日推出“了解女性专题书架”；2015 年结合“纪念中国人民抗日战争暨世界反法西斯战争胜利 70 周年”，武汉大学图书馆举办了相关的抗日系列书籍推荐阅读书目和书展；2016 年是汤显祖和莎士比亚逝世 400 周年的日子，北京师范大学图书馆举办了“致敬大师：汤显祖与莎士比亚”立体阅读，融专家讲座、主题书展和影像展播于一体。这些活动都能引起学生共鸣，提高参与度。

4.结合本校特色、重大活动和校友等选题

阅读推广活动还可以与本校特色、重大活动（如校庆、馆庆、纪念日）、校友等紧密结合，吸引更多学生关注。如清华大学与校庆日结合的“清华人与清华大学”专题书展，清华大学图书馆结合百年馆庆开展岁月留痕、清华藏珍、馆庆书系、系列展览等活动；北京大学图书馆结合秋季迎新推荐书目展，围绕“认识北大、热爱北大、适应北大、享受北大”“走近大师、提升素养”等主题，精选了一批适合新生阅读的书，收到了不错的反响，武汉大学图书馆在毕业季线上线下推出知名校友雷军的书单，以经过雷军精心挑选并大力推荐的十本书，作为送给毕业生的温馨“礼物”。

（四）实施策划

1.整体规划

图书馆的活动，根据高校本身的学期特点及学生利用图书馆的规律，基本可分为常规阅读推广活动、专题阅读活动，以及吸引人眼球的创意推广活动。图书馆根据自身特点，可开展不同层次的活动。

整体规划需明确的主要问题有：活动主旨、活动主题、活动时间跨度、活动组织方和合作方、活动主要内容、活动的进度、活动子项目的任务分工的落实、活动经费预算、活动预期效果、效果评估方法等等。整体规划主要从全局统筹阅读推广活动的内容和人力、财力、物力、技术、时间与空间等资源的分配。以上各项内容都要考虑周全，从必要性和可行性两方面进行决策。特别要注意在策划与实施间寻找平衡点，有些非常好的创意，囿于现实条件，往往难以实施，会导致半途而废。

2.设计活动方案

在整体规划的统筹下，对于各个阅读推广子项目，还要设计具体的实施方案，实施方案一般由子项目负责人根据统一要求起草制定。实施方案解决的问题更加具体，包括要做什么，怎么做，以及事后的评估怎么做，都要说明。

要做什么，即确定活动主题，确定活动对象、活动内容、活动形式。

怎么做，即确定活动管理方式、活动人力安排、时间安排、活动奖励方式、合作方式以及活动宣传方式（纸媒宣传及微博、微信、图书馆网站、合作网站等新媒体的宣传）。

活动的主题要鲜明有力，活动名称要贴合学生们的心境且朗朗上口，活动文案的文风要活泼幽默。

第五章　智慧时代下大学图书馆服务创新与策略

第一节　智慧时代与大学图书馆服务

一、智慧时代的界定

“智慧”一词贯穿中国古今时代，智慧时代是基于传统智慧基础上，融合新技术、新人文、新发展的新智慧、新理念、新变通。智慧时代不仅囊括智慧技术对于社会发展的惠泽，而且是人类社会和谐、共存、生机、人本以及可持续发展的理想模式。

结合“智慧”一词的发展以及智慧时代的提出背景与相关概念，对于智慧时代的理解应该综合人类社会发展的目标、当下社会发展程度和实际情况以及未来社会的可持续发展探讨智慧时代的内涵。

第一，智慧时代首先应该是“人”的时代，不是技术时代。当前国内外学界对于智慧地球、智慧城市甚至智慧图书馆的探讨大多是基于技术理想状态下的形态探讨，忽略了人的价值因素、情感因素、现实追求。在智慧时代，人的智慧是一切的渊源，是超过技术理性与机器理性的智慧。不论是“智慧地球”“智慧城市”还是“智慧图书馆”，都应该以“人”为主体，以“人”的实际需要为出发点，避免走入技术泥潭。

第二，人的价值和需求得到关注。智慧时代，人的需求不仅在共性上需要得到满足，并且要求在个性上得到尊重。公众价值和个人价值在社会管理和生活的各个领域都要求得到重视与重塑。每一个个体的选择都得到充分的保障并且更具个性化条件，公众参与度、用户需求满足度、用户反馈成为评价一个技术、一项服务、一个制度是否成功和成熟的重要评价指标。

第三，在智慧时代，技术帮助人们更加智慧生活。智慧时代在以物联网和云计算为主要内容的技术体系的逐渐成熟、应用和发展实践下，世界将逐渐实现立体感知、泛在互联和智能融合。通过人与人、物与物、人与物的互联，社会将呈现更加灵敏和智能的响应与处理机制，使得人与人、人与社会、人与自然之间的联系更加密切，更加融洽。在 IBM 给出的关于智慧地球的 21 个主题中，包括能源、交通、城市、基础设施、医疗保健、公共安全、轨道交通、政府、教育、工作、食品、零售、水、建筑、银行、电信、石油等方面，这些领域均覆盖和渗透进人们学习、工作、生活的各个方面，人们的工作与生活将因此更加智慧。

第四，智慧时代的社会形态应该是生机、开放、创新与和谐共存的社会形态。智慧时代是一个集成、融合、协作、开放的大系统。智慧时代，各领域边界开始消融，逐步走向协作，走向共享。智慧时代是面向知识的下一代创新，以服务为中心，注重用户的智慧参与，实现公众价值塑造与个人价值创造，强调用户创新、大众创新、开放创新、协同创新的创新涌现的社会形态塑造。智慧时代与传统时代不同，传统时代的信息服务适应的是广泛的、大众的用户需求，而智慧时代注重人的价值，人的个体选择和潜力得到充分尊重、挖掘和保障。智慧时代应该是一个自由开放、生机呈现、创新涌现的可持续发展的社会形态模式。

综上所述，智慧时代应包括五个主要特征：一是以技术应用为支撑的智能性；二是以知识创新为内容的知识性；三是以尊重和体现人的需求和价值为本质的人本性；四是以开放、自由、向上、热情、活力为象征的生机性；五是以绿色发展、低碳节能为目标的可持续发展性。

（1）智能性。以移动技术、物联网及云计算的应用为主要支撑，同时包括数据挖掘技术、社交网络技术等的支持。智能性主要体现在智能化、互联化合物联化三个方面，在此基础上，世界将逐渐实现全面互联、立体感知和智能融合。

（2）创新性。以创新知识服务为主要内容，是面向新信息环境的知识创新。创新模式由以生产者为中心向以用户为中心转变，以大众创新、协同创新、开放创新的用户参与为主要特点，强调知识和创新在社会发展与建设过程中的重要作用。

（3）人本性。智慧时代强调人的价值，尊重人的需求，注重人的参与，以“人”为基点进行整个社会建设和运行机制的顶层设计。服务在智慧时代与传统时代体现出的最大区别便是传统时代的服务是公众性、群体性的，适应大部分用户的一般需求，而智慧时代尊重个体的选择，针对个体的需要，提供面向此时此地的、针对性的服务，注重与用户一起完善服务，设计服务，创造服务。

（4）生机性。智慧时代是象征创新涌现、融合、协同、开放、自由、活力、向上的社会形态，是一个充满生机勃勃和生命力的时代。

（5）可持续发展性。智慧时代与传统时代最大的不同就是它实现了人与物，人与社会，人与自然的智能融合，为世界的可持续发展、可持续创新创造了充分的条件。

二、智慧时代对大学图书馆服务的影响

大学图书馆是图书馆系统的重要组成部分，而服务作为图书馆发展与建设的重要内

容，是大学图书馆实现其功能与宗旨的关键，提供满足用户需求的优质服务是图书馆建设与发展的最终目标。智慧时代的来临对大学图书馆的服务建设既是机遇又是挑战。新信息技术的发展以及新信息环境的变化对大学图书馆服务建设的影响主要表现如下。

（1）在服务方式上，传统的大学图书馆服务方式主要是以图书馆自动化集成系统为主导，在此基础上向到馆用户提供借阅、检索、咨询服务。智慧时代，图书馆的服务方式在原先的基础上开始相结合 Web2.0 与智慧技术的以“自助服务”“主动推送服务”“集群协同服务”“移动开放服务”的智慧服务手段转变，例如基于 RFID 技术下的自助图书馆，基于移动通信技术的移动服务，基于云计算技术的大学图书馆资源共建共享服务等。

（2）在服务内容上，传统的大学图书馆服务内容主要集中在检索借阅和基础参考咨询等服务。智慧时代背景下，伴随智能信息处理技术的发展以物联网、云计算的建设和发展，大学图书馆在服务内容的建设上突破了单一的服务内容，趋于多样化、专深化、整合化、共享化发展。资源内容的提供方式向知识服务发展，咨询服务向虚拟参考服务方式发展，基于场所的服务向智能空间、第三空间服务服务发展。

（3）在服务理念上，传统大学图书馆的服务理念主要是基于图书馆作为信息中心的角度，向用户提供资源服务，服务理念较为传统、封闭和被动。智慧时代的产生使大学图书馆传统的“重藏轻用”的服务理念向“以用户为中心”“注重用户参与和协同共建”“可持续发展创新”的理念转变，国内外大学图书馆在服务实践上的创新例如 IC 信息共享空间的建设、学科服务的建设以及“智慧图书馆”项目的建设都是这一理念的重要实践。

（4）在服务用户上，大学图书馆的主要用户是学生用户群体和教职工用户群体，智慧时代下的信息环境特点使得大学图书馆用户群体扩大（还包括企业科研人员、社会群体），用户信息素质提升、自我服务意识增强，隐性的信息需求得到激发，对大学图书馆服务提出了更高的要求。如何满足新信息环境下用户个性化、即时化、交互化、全面化的信息需求是当前大学图书馆服务建设面临的重要挑战和课题。

三、智慧时代下大学图书馆服务创新

（一）智慧时代大学图书馆服务创新的必要性

当前大学图书馆的建设与发展既面临机遇，又存在挑战，在实际的具体的用户服务过程中还存在很多问题与不足。智慧时代的服务创新为大学图书馆的服务建设提供了新的思路与发展机遇，也是大学图书馆的未来转型与发展的必要与关键。

1.更好满足大学图书馆用户的信息需求

大学图书馆用户由于其专业背景和教育背景，在资源类型上要求全面、多样化的信息资源。在资源内容上要求专深、交叉、整合的知识内容；在资源服务方式上要求主动化、交互化、个性化、学科化、一站式的服务方式。大学图书馆传统的信息服务主要是适应大众的、群体化的服务，并且服务方式和服务内容相对基础和单一，已经无法与用户新的信息需求与信息行为相适应。新信息环境的来临与变化，使得大学图书馆用户的信息需求呈现新的特征，基于智慧时代的大学图书馆服务创新能够更好地满足用户信息需求。

（1）满足用户的个性化需求。智慧时代，人们对于个体选择被满足、被尊重得以实现的需求越来越强烈。信息需求不再是大同时代而是要求针对个人需求的。智慧时代的大学图书馆服务创新能够提供针对用户个性、知识结构、从属行业、行为方式的信息，并且强调提供面对此时、此地、此场景的服务。

（2）提供多元化服务。智慧时代是走向开放融合的时代，智慧用户对于信息服务的要求强调多元化，不仅要求在服务内容上多元化，还要求在服务方式上的多元化。智慧时代的大学图书馆服务丰富并创新了服务内容与服务方式，能够根据大学图书馆的用户学科背景提供多样化的信息资源与服务方式，具体表现在提供多样化文献载体、多语种文献服务、多样化检索方式、多元化服务类型（信息资源服务、休闲娱乐服务、学习会议支持等）等主要方面。

（3）提供"懒人化"的资源利用方式。"懒人化"是人类最基本的行为选择法则——最小省力法则的体现。在信息服务方式的选择上主要体现为获取便利性和易用性。商业信息服务机构的日趋成熟和因特网的发展使得人们获取信息的渠道呈现多元化，人们面对的选择越多，基于"最小省力法则"，方式的便利性则成为人们会考虑使用的首要因素，其次才是质量可靠性。同样，如果信息使用的难度要比获取信息本身更难的话，那么这个信息或者信息系统本身也就失去了其意义。智慧技术的出现为大学图书馆的资源服务与创新服务提供了实现高效便利的可能性，用户在最短的时间能够以用快捷简单的方式获取所需要的服务，利用所需要的资源。

（4）提供专深化的资源服务。大学图书馆用户主要集中于教师与学生群体，其科研需求和学习需求要求图书馆提供的信息服务不能只是简单地停留在检索和借阅层面上，他们需要经过加工和处理的整合化的信息资源，需要最新的学术动态和学术趋势分析以支持他们的科研任务和学习任务，因此专深化是大学图书馆用户信息资源需求的重要特点。而传统的信息服务大多停留在文献的检索与传递上，随着智能信息处理技术的发展，知识服务不断深化与创新，能够向用户提供更具针对性的，经过分析、处理的有序信息与知识成果。

（5）满足用户的即时化信息需求。大数据环境下，信息更替速度呈量级增长，全球信息增长速度每年超过50%，并且以更快的速度发展。大学图书馆用户呈现出全天24小时期待信息、交流和娱乐以及相应的回应的特征。由于其科研任务和学习任务的需求，他们更需要最新的学术动态和学科发展趋势信息来支持他们的学术研究。移动图书馆服务的开展，基于物联网技术与云计算的图书馆服务创新为信息资源的即时化提供与共享创造了条件，用户能够在任何时间任何地点查看图书馆信息资源与获取信息服务。

综上所述，智慧时代大学图书馆的服务创新是高校用户在新信息环境变化下信息需求转变的客观要求，只有注重用户服务创新，才能更好地满足高校用户的新信息需求，更好地应对智慧时代大学图书馆转型与突破的挑战。

2.弥补当前大学图书馆现行服务模式的不足

当前大学图书馆主要以复合图书馆的形态存在，是传统图书馆与数字图书馆的结合形态，通过文献资料的整理和网站访问总结出当前大学图书馆服务的主要模式及其不足，主要如下。

（1）大众化服务模式。当前大学图书馆提供的服务主要是面向大众的、群体化的服务。其服务内容和服务方式没有针对性，适用于所有用户，与当前用户需求个性化、专深化，期待面向此时、此地、此场景的服务需求相差甚远，所提供的信息服务不够深入，不够细化、不具有针对性。

（2）被动化服务模式。当前大学图书馆的服务主要以实体馆藏资源为主，坐等用户到馆寻求图书馆服务，服务方式被动，缺乏与用户的互动和沟通，与当前信息环境下用户需求个性化、即时化的特征相背离，随着互联网技术的发展和网络信息服务的完善，用户信息行为呈现懒人化趋势，寻求以最方便、最省力、最节约时间的方式获取信息的特征越来越明显，但图书馆在主动推送信息服务、为用户定制信息服务的实践方面还需要进一步探索。

（3）单一化服务模式。随着用户信息需求的转变，大学图书馆在创新图书馆服务方面做出了诸多尝试，由传统地提供检索借阅、参考咨询向学科馆员、知识导航、IC等多样化服务进展，以多种服务方式并存。但是在具体服务类型的深度上与国外大学图书馆的实践还存在一定差距，服务内容、服务方式和服务主体都略显单一和粗糙，虽然已经提供了多样化服务，但是这些服务基本都还停留在基本的浏览、借阅、检索等简单、基本的服务层面，服务人员的构成单一，资源配备单一、空间布局单一。

（4）分散式服务模式。服务部门设置分散，用户往往需要往返于各个部门才能最终获取所需要的信息服务。资源分散，馆内资源、馆际资源以及网络资源的整合力度低，集成度低，缺乏跨库的一站式检索，用户在需要专业的文献资源时，往往需要在不同的资源部门、不同的资源系统，不同的检索界面进行来回切换，大大降低了资源的获取与使用效率。

此外，当前大部分大学图书馆的人才引进方式和人才培养方式也尚不能满足大学图书馆在智慧时代背景下的服务建设需求。智慧时代大学图书馆的服务创新在服务方式、服务内容、服务理念和用户方面都对传统大学图书馆的服务进行了改革和创新，能够有效弥补当前大学图书馆用户服务存在的主要不足，更加注重用户的个性化服务与主动服务，提供多样化信息服务，最大程度实现资源与服务的有效整合与集成。

3.实现转型与超越，助力智慧校园建设

基于智慧时代的大学图书馆服务创新是其实现转型与超越的需要。伴随网络信息服务的发展，大学图书馆传统的信息服务功能正在逐渐被弱化。新信息环境下，用户信息需求的不断变化使得大学图书馆的转型与超越迫在眉睫。大学图书馆基于智慧时代的服务创新体现了高校用户群新信息需求的特征，为图书馆实现功能转型和角色创新提供了新思路，注入了新活力。基于智慧时代的图书馆服务创新是未来图书馆发展模式——智慧图书馆建设的基础和需要，也是实现这一顶层设计目标的重要内容。

基于智慧时代的大学图书馆服务创新为智慧校园建设提供有力支持。图书馆是高校的重要组成部分，基于智慧时代的大学图书馆服务创新能够为智慧校园建设提供泛在智能的学习环境支持，提供无处不在的网络学习与融合创新的网络科研支持，为高校师生提供一个泛在多元的智能化学习环境，包括融入教学的智能学习环境支持、融入科研的学科服务平台、不受时空限制的移动图书馆服务等。大学图书馆服务创新能够有效助力智慧校园建设，为智慧校园更好地实现泛在智能的学习环境、协同创新的科研网络法制、高效的校务管理、丰富多彩的文化氛围、活力人性的校园生活提供有效支持。

（二）智慧时代大学图书馆服务创新的内容与方法

1.服务创新理念

智慧时代大学图书馆服务创新的目标主要包括四个方面：一是实现大学图书馆的功能创新和角色创新，完成转型与超越；二是与智慧校园或者智慧教育建设齐头并进，相辅相成，实现共建融合和发展；三是提供符合用户实际需求的智能化、个性化、多样化、知识化与绿色化服务，实现用户需求满足最大化；四是实现大学图书馆的可持续创新发展。因此为实现智慧时代大学图书馆服务创新的目标，必须建立科学的服务创新理念。

（1）以用户为中心。智慧时代是注重人本性，强调以“人”为基点进行整个社会建设与运行机制的顶层设计。秉承这一理念，大学图书馆服务创新模式应从以文献资源建设为中心的基础模式转向以用户服务为中心的智慧模式。智慧时代注重用户的智慧参与，强调公众价值和个人价值的塑造。大学图书馆服务创新的建设只有以用户为中心才能体现智慧时代以人为本的本质追求。

（2）泛在服务。泛在服务是智慧时代对大学图书馆服务创新提出的基本要求，是图书馆实现智慧服务的重要内容。泛在服务的实现需要高度智能化的技术支撑尤其是网络通信基础架构的建设。施乐公司首席科学家 Mark Weiser 认为："最具深远意义的技术是那些从人们视野中消失的技术，这些技术已经渗透到人们的日常生活中，以致和生活难舍难分。"智慧时代大学图书馆服务创新的目标是让用户享受泛在化服务的同时却忘记技术本身的存在，如同人们使用文字一样自然习惯却忘记其实文字本身也是一种技术。

（3）大同融合。智慧时代是技术大同的时代，技术大同导致业务融合，反映到大学图书馆服务中表现为服务集成化、资源共享化、资源整合化和用户服务交互化。大学图书馆用户需要更加高效集成的信息服务，而冗杂分割的服务体系导致的用户流失会让服务本身失去存在意义。技术大同环境下，人们以融合的方式共建共享信息资源与信息服务，这种协同共享模式能够促进个性化服务的发展，使人们的个体选择得到尊重与实现。

（4）可持续发展。大学图书馆服务创新的建设必须要与图书馆未来的发展趋势和顶层设计目标结合，只有这样才不会导致重复建设与资源浪费。可持续发展主要体现在绿色节能和低碳环保两个方面，体现在以最小的成本和投入实现效益最大化，体现在当前的建设能为后续发展建设服务和所利用。智慧时代的本质是通过智能技术，以更低的成本保证整个系统的健康、高效、绿色、持续运行，这也是大学图书馆在智慧时代服务创新的目标。

（5）安全可靠。安全可靠强调的是用户隐私和信息安全。随着智慧技术的应用，大数据时代的产生，伴随越来越智能化服务的同时，用户隐私和信息安全问题随之而来。我们欢迎大学图书馆给我们提供智能高效的服务的同时，也注重我们的用户信息如何在大数据的环境下得到保护和尊重。这是一个必须引起重视和思考的问题，除了加大安全技术的研发外，从人文和社会管理层面上，与用户读者建立相互信任的机制显得尤为重要。大学图书馆必须与用户一起认真思考、统一协商、并最终做出决定。

2.服务创新内容

综合智慧时代的内涵特征以及大学图书馆服务创新的理念，下面探讨的大学图书馆的服务创新主要从基于新信息技术的服务创新、基于空间的服务创新和基于知识服务的创新角度出发来构建智慧时代大学图书馆的服务创新体系。

基于新信息技术的服务创新主要指的是基于物联网、云计算技术以及移动通信技术下的大学图书馆服务创新。早在2003年，在芬兰奥卢大学图书馆（Library of University of Oulu）的一项名为“Smart Library”的服务中，就提出将学生的位置信息融入图书馆的服务，根据学生所在的位置提供基于地点感知（Location-aware）的图书馆服务。随后Aittola发表了题为《智慧图书馆：基于位置感知的移动图书馆服务》的会议论文，指出Smart Library是一个不受时空限制且可被感知的移动图书馆服务，它可以帮助用户随时随地找到所需的信息资源。可见智慧时代的图书馆服务离不开移动图书馆的服务创新。我国首个推出移动图书馆服务的高校是北京理工大学，其在2003年推出了移动图书馆服务。而物联网技术与云计算技术是智慧时代的核心关键技术，智慧时代的泛在互联离不开它们的支撑，基于物联网与云计算的图书馆服务创新是智慧时代发展理念的集中体现。新信息技术的发展为大学图书馆服务建设创新了服务方式和服务内容，合理利用新兴技术给大学图书馆带来的有利影响有助于其更好地实现服务创新和突破。

基于空间的服务创新主要是探讨大学图书馆基于空间或场所的服务创新。美国加州州立大学在1994年新建蒙特利湾分校的时候，建立了一个没有藏书的虚拟图书馆，在当时引起了轰动，很多人相信，物理形态的图书馆将会随之灭亡。然而，在2008年，一座1万多平方米的新图书馆建筑在蒙特利湾分校建成并运行，在其图书馆网站首页上还出现了一条“作为场所的图书馆”的醒目标语，说明图书馆作为场所的价值不可忽视。基于空间或者场所的图书馆服务创新体现了智慧时代人本性、创新性以及生机性的特征与要求。而打造新型、智能化、综合性的空间服务是大学图书馆功能塑造和角色创新的重要创新模式，构建大学校园空间服务的载体和平台是智慧时代大学图书馆智慧化走向的重要内容之一。

基于知识服务的创新模式主要指的是在新信息环境下针对大学图书馆用户新信息需求而进行的知识服务优化与创新。大学图书馆用户由于其学习科研需求，对知识服务的需求更为突出和强烈，强调知识服务的全面性、专业性、系统性、持续性与前沿性。知识服务指的是根据用户的信息需求与所处的信息环境，利用自身拥有的信息产品、知识资源以及知识设备，以知识搜集、整理、分析、整合与重组为基础，提供满足用户信息需求的知识产品与服务，提供参与到用户解决问题的整个过程中的“一站式”综合服务，是面向用户目标、面向知识内容、面向解决方案，贯穿于用户解决问题的整个过程的服务，是基于分布式多样化动态资源的系统服务，而不是基于固有资源或系统的服务，具有专业化、个性化、泛在化、增值化、合作化、集成化以及全过程一体化的特征。优化和创新知识服务是大学图书馆服务建设的核心竞争力。

3.服务创新方法

智慧时代大学图书馆的服务创新建设要结合各个学校的学科专业设置情况，依据其图书馆的实际建设与发展情况，结合用户信息需求具体构建，当前我国大学图书馆服务创新的主要建设方法如下。

（1）基于原有服务和空间，优化改造与创新。这种方法是对现有的大学图书馆服务和空间进行优化改造，包括已经开展的移动图书馆服务、知识服务以及现有的电子阅览室、研讨空间服务等。结合智慧时代大学图书馆的新服务理念和用户的新信息需求，从新的维度全方位拓展新功能，改造和优化原有的服务。基于原有空间与服务的优化改造不仅节约了成本投入，并且充分利用与整合了图书馆资源，实现大学图书馆服务的功能再造与创新。

（2）应用新技术，拓展新服务。这种方法主要是指利用新信息技术创新图书馆服务方式、服务内容，实现大学图书馆服务创新，包括引进 RFID 技术和云计算技术、采用新的服务设备和终端，结合移动网络技术的发展，拓展移动图书馆新功能等。新技术的研发和应用是大学图书馆更好地实现立体互联、全面感知、泛在智能的智慧服务的关键。

（3）寻求合作，实现效益最大化与最优化。与其他图书馆或者第三方合作机构共建（合作联盟模式），这种方法立足于大学图书馆现有的资源、技术和服务，能够有效整合馆内资源和馆外资源，弥补自身不足。包括与校内其他机构、其他图书馆、非营利性第三方机构、商业机构如数据库系统商、系统开发商、网络运营商甚至是不同项目间的合作建设等主要模式。通过开展与利益相关者的有效合作，寻求图书馆服务的效益最大化和最优化。

第二节　智慧时代下大学图书馆服务创新体系构建

一、大学图书馆服务创新体系的构建

（一）构建以智慧技术为基础的技术支撑体系

（1）拓展与升级大学图书馆自动化集成管理系统。首先必须强调的是大学图书馆的自动化集成管理系统应该是构建智慧时代图书馆服务创新模式的基础系统，是图书馆管理与服务的基础。智慧时代大学图书馆的自动化集成管理系统应该要突破单馆应用范围的局限，覆盖范围更大的图书馆和更为广阔的应用领域，支撑图书馆的业务拓展和新技术的应用，成为更广泛范围的图书馆用户、资源、设施、业务流程等的服务与管理的综合管理平台，例如深圳市图书馆采用的面向对象的统一技术平台的基础架构。图书馆应该注重基于联盟的图书馆自动化集成管理系统的建立，实现大学图书馆联盟之间的统一服务和共建共知共享。

（2）搭建大学图书馆网络通信基础架构。搭建无线局域网络、传感网络和移动通信网络（图书馆网络覆盖体：WiFi、蓝牙、Zigbee 网络、移动通信网、互联网、校园网），实现图书馆的多网融合立体型基础网络架构，实现泛在互联，保证图书馆服务的连贯性与一致性，实现泛在化、跨时空、无缝移动的服务路径。目前大多数大学图书馆基本都有比较完备的有限局域网络的覆盖，但基于移动技术和 RFID 技术的图书馆移动服务和部分自助服务需要无线网络的支持，因此需要搭建无线局域网络，使无线热点区域基本覆盖图书馆的全部服务范围。物联网在图书馆的应用是基于互联网的基础上将图书馆的物与人、物与物、人与人通过 RFID 技术、传感器技术、智能处理技术、全球定位系统等按照约定的协议连接起来，以实现对图书馆的智能化管理和实现智慧化服务的手段。图书馆的物联化程度与传感网络的搭建直接相关。目前实现真正意义上“物联”的大学图书馆还未出现，图书馆的传感网络的搭建尚处于空白或者不健全的状态。因此搭建大学图书馆传感网络是图书馆基础网络架构中的重中之重。通过无线局域网络和传感网络的建设使图书馆全面覆盖无线传感网络，将图书馆的感知层和网络层实现真正意义上的连接，构建真正意义上的物联网智慧图书馆。

（3）以物联网技术和云计算技术为支撑。大学图书馆的服务创新需要基于“物联网”技术的信息感知和基于“云计算”环境的分布式信息技术的支撑，让物联网承担起数据感知、获取、交换、处理与响应的任务，云计算承担起对大型数据中心、跨数据中心硬件资源及软件数据的统筹调度与集群服务。物联网技术主要是通过对布局在图书馆内图书、设备的传感器节点进行管理，通过无线传感网，传输到云计算中心，进行分析处理和共享应用，实现对图书馆的高效管理和向用户提供便捷服务。相对简单的信息处理如图书位置的定位、图书环境的温湿度传感信息由本地节点处理；相对复杂的信息相互理解或者需求例如图书借阅信息分析、读者的兴趣爱好分析以及由此综合这两种信息提供的个性化服务则需要由本地的计算平台甚至被送至云计算平台进行综合处理。“云计算”为图书馆提供了一个共享式的计算环境以及强大的信息存储和处理的支撑环境，通过将计算任务分布在由大量计算机构成的统一管理和调度的资源池上，各种应用系统根据需要获取所需的计算能力、存储空间以及各种软件服务。通过“云计算”节点，将远程的各种网络资源、专题数据库、数字图书馆以及一些官方的或者私人组织所发布的信息融汇在一起，再由运行在“云计算”节点上的数据挖掘系统、数据综合处理系统等等相关的工具和软件对所有信息和数据进行综合的预处理，为综合和个性化的信息服务、参考咨询、个性化服务提供有效的支撑。以“物联网”和“云计算”为支撑的技术实现的功能主要有文献资源的智能化管理、服务内容的智能化创新（个性化服务）、服务方式的智能化应用（异构终端使用、异构网络接入、基于位置和情境的个性化服务）、事务管理的智能化辅助（安全门、智能监控系统等）和资源、服务、技术的共建共享。

（二）构建完善的信息资源保障体系

智慧时代的大学图书馆馆藏资源呈现出多样性和复杂性的特征，既有纸本资源的形式多样性又有数字资源的载体多样性，既有结构化数据的存储又面临半结构化数据、非结构化数据存储和建设的挑战。在资源建设上既有资源获取的复杂多样性又有资源存储编目的复杂性。大学图书馆的馆藏非本地化使得普通大学图书馆能够获得与大型大学图书馆同等量级的馆藏和基础服务的无差别化，图书馆的资源服务若想在众多大学图书馆中脱颖而出，就必须注重自身资源建设，在保证与其他图书馆馆藏无差别化的前提下，扩容自身资源，优化自身资源，建设差别化、专业化、特色化馆藏资源。

（1）明确大学图书馆信息资源体系的建设原则。大学图书馆的信息资源体系建设首先要从自身定位出发，制定适合本校教学、科研发展的信息资源建设方案。其次要全方位完善资源获取和建设方式，充实和丰富本馆资源库。再者须注重特色资源建设，凸显本馆优势和功能。最后要同本校教学、科研部门保持实时关注和密切联系，不断调整、创新和优化资源建设渠道和服务渠道。

（2）拓展和优化大学图书馆信息资源的建设方式。首先加强自身资源的建设，包括馆藏纸质资源建设的优化采购和数字化以及原生数字形式资源的建设。其次建立图书馆联盟，寻求区域合作，加强与其他大学图书馆之间的资源、技术和服务的共建共享，共同构建共享平台（资源发现系统、资源获取系统、原文传递系统等）。再者推进与第三方机构的协同合作，寻求资源、技术和专业人员方面的支持与合作，达到效益最大化，服务最优化的目标。最后要加强和注重网络资源的补充建设，最大限度挖掘符合用户需求的各方面的网络信息资源，包括 OA 资源和非营利性机构的网络免费资源等。

（3）构建大学图书馆网络平台与数据中心。搭建基于云计算的数据服务平台和存储中心。信息技术的发展对大学图书馆的网络存储容量提出了挑战，图书馆的资源存储和网络容量需要云计算技术的支持。应用云计算技术扩容图书馆的数据存储空间，通过语义 Web 技术、本体技术、网格技术，对海量信息进行挖掘、抽取、关联、整合，实现图书馆数字资源从数据库走向数据海，建立起智慧的云服务。

（4）优化资源发现渠道。资源发现渠道的优化能够帮助用户直观了解图书馆的信息资源，直接找到所需的信息资源。构建一站式的资源发现系统和知识服务平台，使得用户能够在最短的时间发现和获取符合自身需求的信息资源，包括馆藏纸质文献、电子书、电子期刊、数据库、多媒体资源、网络资源、商业资源以及其他大学图书馆、第三方机构的资源。创建学术资源或者知识导航系统，直观揭示大学图书馆的现有“馆藏”和馆外资源，便于信息资源的推介和用户查找所需要的资源，弥补了现有资源分类相对简单、宽泛的不足。在大学图书馆中较常见的有学科知识导航系统的构建、数据库导航系统的构建以及一站式学术资源导航系统等。资源导航系统的构建不仅要揭示本馆馆藏资源的分布，而且还要覆盖网络资源、联盟图书馆资源，甚至更广范围内的其他图书馆、第三方机构资源。完整的资源覆盖率才能保证用户获取最直接、最全面的资源信息。

（5）建立资源利用分析模型。对馆藏数据资源进行有效的分析可以直接了解馆藏资源的利用情况、用户访问资源的情况、用户感兴趣的资源情况，在此基础上调整和优化资源建设和服务策略。分析的数据应当包括用户访问各个数据库页面的数量、原文传递的数量、检索的数量、RFID 管理系统下图书资源的借阅率、访问率、阅读率等。

此外随着移动网络技术的发展以及移动图书馆服务的逐渐推广，大学图书馆在采购数字资源方面应该兼顾移动平台建设的需求，使其所购买的的数字资源能够最大限度地在各种移动终端得到使用。

（三）构建以创新型人才为依托的人员体系

大学图书馆的服务创新不仅是在服务内容与方式上的创新，同时包括服务主体的创新。在智慧时代背景下，大学图书馆应该注重新时代馆员形象建设、价值理念建设、能力建设以及职业素养建设。图书馆的主体是图书馆员和图书馆用户，图书馆服务的来源和关键在于图书馆馆员智慧。通过馆员智慧吸引用户，将潜在用户转化为当前用户，传播和推广信息、知识，塑造服务品牌，实现图书馆的功能创新和角色创新，承担图书馆伟大使命，实现图书馆可持续发展和创新。为了适应快速变化的现实环境，图书馆馆员不仅要能胜任对现有体系和服务的执行和管理，还应具备卓越的洞察力和执着的献身精神，能时刻关注所在大学的用户有哪些信息需求，了解如何通过建设新信息源来提升服务质量，并聚焦那些能有效传播信息的新技术。

大学图书馆的人员体系宏观上应从服务理念、服务技能上进行建设。智慧时代的大学图书馆服务创新不仅是服务方式和服务手段上的创新，更应该是服务精神和服务理念的创新，体现出“以用户为中心”“注重用户价值与参与”“可持续发展”的理念，图书馆员需具有卓越的洞察力，关注和发现用户的信息需求，掌握提升图书馆服务的建设渠道，在此基础上，接受新技术，学习新技术，为智慧时代的图书馆服务创新做足思想、理论、技术上的准备。

从微观上，针对大学图书馆信息服务的特征和用户需求，大学图书馆服务创新的人员体系建设应该着重从以下 5 方面进行。

（1）建立图书馆馆员行业准入制度和资质认证制度，注重馆员素养和技能培训。大学图书馆馆员的综合素质是决定图书馆创新服务能力和水平的核心因素。建立图书馆馆员行业准入制度和资质认证制度，注重馆员培训，对于大学图书馆整体服务水平的建设有着重要的作用。例如上海交通大学图书馆承建的 CALIS“馆员素养培训与资质认证”子项目，通过远程与现场渠道，结合多种方式，采取访问、巡讲等形式，委托省中心承办覆盖面和影响力较强的综合业务培训，促进国内大学图书馆培养具有实干能力与创新精神的馆员队伍的建设，为我国图书馆事业可持续发展提供了恒久动力。

（2）建设创新型的学科馆员队伍。学科服务是大学图书馆知识服务的重要内容，建设创新型的学科馆员队伍，提升学科馆员对学科信息服务建设的整体驾驭能力，从多个维度开展学科服务建设的内容，构建学科服务平台，创新服务项目，优化服务方式，为大学师生提供无缝、全方位的学科服务，有助于提升大学图书馆知识服务的整体水平。

（3）打造图书馆服务研究与推广团队。大学图书馆的服务创新需要一支专门探讨和研发服务的专业团队，图书馆的服务才能更加专业、系统，更具核心和品牌价值。需要强调的是智慧时代的大学图书馆员不仅需要具备创新的服务理念，新型的服务素质、服务技能以及职业素养，还需要具备促使政府、企业、用户对图书馆的重要性的认知，让他们了解图书馆对于社会、城市发展的积极意义，以激励他们对图书馆的支持和贡献。这就需要图书馆员强化对外沟通技能、公关技能、品牌推广技能等市场营销知识，打造一支充满活力、开放、正能量的图书馆服务团队，以提高社会、公众对于图书馆的认知度。

（4）组建“知识工作者社区”。指的是通过知识工作者（图书馆员、大学教师和学生、其他信息机构人员、政府人员、企业人员、科研人员、专业社会团体人员等）组成的具有信息技术能力和知识开发能力的团体，旨在通过智慧协作，应用知识，开发知识产品，提供知识服务，实现知识创造和创新，形成决策方案，提供和共享智慧服务。

（5）引入个人图书馆员。个人图书馆员的引入是对参考咨询服务的拓展和深化。图书馆根据学科设置参考咨询室，个人图书馆员针对到馆咨询的用户以及网络参考咨询用户提供咨询服务，最大程度实时解决用户的信息需求。针对用户复杂、专深的信息咨询问题进行汇总和分类，同时提交专门学科馆员或者咨询团队，进一步制定信息解决方案，以最快速度为用户提供最优质量的信息服务。

二、大学图书馆服务创新的主要运行模式

（一）以引导自助型服务为基础创新模式

智慧时代大学图书馆的自助服务主要是基于以用户为中心的建设理念，提供满足用户个性化信息需求的服务模式，体现用户的主体地位与个性需求，保护用户隐私，以期加强用户的自主意识，鼓励用户参与。大学图书馆的常规化服务和基础服务将主要通过图书馆的统一门户、自助服务平台或者用户自身的终端设备实现和完成。根据用户的兴趣爱好、信息需求特点、信息行为习惯自行利用图书馆提供的各种资源和服务，通过用户自主式参与实现自助服务，无须人工干预。湖南大学图书馆于 2012 年 5 月正式启动“读者服务系统”，该系统由面谈式服务模式、网络虚拟式服务模式以及读者自主式服务模式构成，检索的内容包括借书、咨询、查新、阅览、自习、平面图六大部分，向在校师生提供图书馆馆藏与服务信息的检索与查询。

引导自助模式的目标是实现用户的自主化参与服务，最大限度地提升图书馆服务的智能化、高效化、便捷化，实现大学图书馆资源的优化配置，构建以自助服务为导向的现代化大学图书馆。

大学图书馆的自助服务体系主要包括自助检索系统、自助借还系统、自助文印系统、自助缴费系统、自助座位管理系统、研读空间自助预定管理系统、基于 RFID 的自动定位系统、网络自助服务和移动自助服务。

（1）自助查询系统：包括图书馆馆藏书目的查询、电子资源的查询、座位与空间的查询以及图书馆的服务模块和流程查询等主要内容，通过自助查询终端一站式获取用户需要获取的信息和服务。

（2）自助借还书系统：主要是指基于 RFID 的自助借还服务，支持实现的设备包括自助借还机和 24 小时自动还书箱，可以实现多册图书的同时借还。用户只需要将所需要借的图书拿到自助借还设备指定的区域，阅读器将自动识别统一认证的校园“一卡通”，读取图书信息，便可轻松完成借阅。而还书流程更是简便，只要将要归还的图书馆放置指定区域读取，然后放入还书箱，便可完成还书。

（3）自助文印：包括自助打印、自助复印和自助扫描。大学图书馆通常采用校园一卡通作为自助文印的身份认证方式与扣费手段，用户持卡便可在图书馆的任何自助文印点进行打印、复印和扫描。例如北京大学图书馆为了方便用户使用，推出了基于校园一卡通的自助文印与扫描服务，用户只需凭借手中余额大于 0.2 元的校园一卡通，便可轻松自如地在图书馆的各个自助文印服务点进行自助打印、复印和扫描。

（4）自助缴费：指的是用户通过自助缴费设备完成的自助缴罚款的服务。用户可在校园内任意一台自助服务一体机上，使用校园卡完成缴费功能。

（5）自助座位管理系统和研读空间的自助预定管理系统：用户可以通过在线查询预约图书馆座位和研讨空间，也可以通过图书馆的座位管理或者研讨间管理系统实现自助查询和预约，还可以通过电话查询与预定。

（6）基于 RFID 的自动定位系统：能够自动定位图书存放的位置，通过 OPAC 查询到图书信息之后，可以详细查看图书的馆藏精确位置，还可以通过在微机终端或者用户的移动终端显示最优路径信息，结合导航地图，引导用户自主、迅速找到所要查询的文献。

（7）网络自助服务：用户通过访问图书馆网站，借助自助服务平台完成的自助服务。主要有网上自助查询、电子资源检索、利用与获取、网上预约和续借、虚拟参考咨询、网上书刊荐购、自助网上馆际互借、在线阅读、流媒体服务等，通过登录个人图书馆，进行个人账户管理和个人收藏、借阅、书架等的管理。

（8）移动自助服务：指的是基于移动设备终端的自助服务，包括图书馆信息的查询、资源检索与获取、电子书服务、基于位置与情境的信息服务、流媒体服务、参考咨询等服务。

大学图书馆自助服务实现需要自助服务支持环境的支撑和图书馆服务人员的引导。自助服务支持环境的支撑包括有线与无线网络环境的支持、统一的用户认证系统、随处可见的参考咨询服务、随处可用的自助设备和辅助设施以及自助服务使用指南。例如清华大学的人文社科图书馆为了方便用户查询和指导用户，在馆内建立了电话咨询系统，在每一个信息查询终端都配备了一个咨询电话，摘机即通，用户不需要进行任何操作，拿起电话便有馆员接听，如果占线，将自动转接到下一位咨询馆员，用户可以在图书馆内的任何位置随时随地得到馆员的帮助和指导。

据统计国内目前使用 RFID 技术实现自助服务的大学图书馆已经达到 55 所，实现图书馆的自助借还服务、导航服务、感知的 OPAC 系统服务以及一定程度上的自助事务处，实现从办理读者证到借还书等一系列服务流程的一站式、一体化、全方位的服务，这些看似无人值守的自助服务，通过前端服务机与后台强大的管理系统和集成服务，实现用户与图书馆馆员、图书馆资源与服务的互联互通。

（二）以整合共享服务为核心创新模式

大学图书馆、各类图书馆系统及信息服务平台都有数量众多的特色文献资源和数字资源，但绝大部分信息都处于沉睡状态，既不共建共享，也不互通互联，甚至服务也处于有限开放状态，使得信息资源的获取很不便捷，这就需要打破界限，整合大学图书馆信息资源库，共建共享信息成果。

整合共享服务模式是大学图书馆信息资源服务与未来发展的需要。图书馆的数据库以及建立在人工智能基础之上的知识库是图书馆信息资源服务区别于其他信息服务机构的取胜之道。其以专题性、深入性、学科性、知识性的主要特征成为图书馆作为主要信息资源中心的支撑之一。然而由于管理体制、方式上的障碍以及各方面的因素，大多大学图书馆的知识库、数据库无法得到有效整合，成为“知识孤岛”。在智慧时代泛在互联以及大数据的环境下，大学图书馆知识库、数据库的整合，乃至社会专业性机构、全球信息服务机构间的有效协作共享是未来图书馆服务发展的趋势和重要支撑。

大学图书馆整合共享模式的目标是实现资源集成共享和服务集成获取，以实现跨平台的服务集成、跨时空的资源共享、跨部门的深度整合、跨馆际的物流传递，使用户在使用图书馆的过程中可以一站式获取所需要的信息资源和服务，主要是通过集群与协同两种模式促成资源与服务整合共享。

集群服务模式包括基于平台的服务集群和基于空间的服务集群。基于平台的服务集群是指通过建立一个服务集成的平台或系统，将Web服务的一站式检索、资源获取、信息导航、个性化定制与推送、移动服务、空间服务、参考咨询、网上虚拟社区互动等集成一个平台，向用户直观地揭示图书馆的资源与服务；而基于空间的服务集群则是指在将图书馆的资源、服务、设备集成于同一个空间，以实现用户在图书馆空间内可以一站式获取图书馆的信息资源和服务，便捷使用图书馆的设备设施，而不需要跨空间跨部门获取。图书馆通过集群化的综合服务模式实现资源的共建性整合、集约性显示、无障碍转换和跨时空传递。图书馆的集群化发展趋势将表现为三大特征：整合、集群、协同。在保证各个平台和空间独立运作，履行各自职能的基础上，实现数据的同步交换，资源的整合共享以及保证系统的安全性。

协同服务模式主要分为用户协同、行业协同、地区协同、国家协同以及全球协同等。

用户协同是智慧时代协同服务模式的重要特征，是指集合用户智慧共同创建图书馆服务的行为，例如图书馆“知识工作者社区”的构建。行业协同指的是通过与其他第三方机构的协同合作，实现共建共享。地区协同包含：①本地大学图书馆之间的有效合作；②与本地其他各类型图书馆的合作；③跨地区的大学图书馆之间或者与其他各类型图书馆之间的合作。国家协同主要指国家与国家之间的大学图书馆战略合作。而全球合作的形式通常是由国际性的行业组织或者图书馆机构牵头合作，为共同促进某一个项目、达成某一个目标或者实现某一个宗旨而形成的全球范围内的合作。比如联合国教科文组织推出的“世界图书馆”项目，力求实现全球范围内的知识财富和数字资源整合，包括手稿、珍本书籍、录音、乐谱、电影、建筑图纸等珍贵资源的整合，以实现全球范围的知识共建共知共享。

集群协同需注重用户参与。集群协同的着力点在于用户与用户、馆员与用户、馆员与馆员以及图书馆与图书馆、图书馆与其他社会信息机构的交互信息、服务共建，突破传统的封闭式、分割式、自治式的体制和管理方式，实现基于智能信息技术之上的服务协同，创建读者参与互动式的自主式服务与管理。智慧技术的使用应该融入大学图书馆参与式的用户管理和服务中去。协同模式是大学图书馆服务从分散走向集群，异构趋向统一，自治走向分布的信息协同服务机制。

大学图书馆应努力拓展与其他图书馆、行业机构以及非营利性的社会信息服务机构的合作、融合渠道。通过行业联盟、图书馆联盟或者发展总分馆制使得大学图书馆能够获取其他图书馆、行业机构的文献信息资源，实现最大范围内的文献信息聚合，让用户能够以最低的成本投入获取最需要的信息资源。

（三）以个性开放服务为重点创新模式

智慧时代大学图书馆服务最主要的特征是针对用户个性化信息需求的面向此时此地此情境的信息服务，是根据用户环境，指向特定用户特定需求的个性化服务，是无障碍接入、无障碍沟通、无障碍交互的开放性服务。个性开放模式将用户在虚拟环境与图书馆实体环境下的信息行为结合，将馆藏文献信息与用户信息结合，建立能系统、真实、全面反映用户个性特征和需求特征的用户模型，自动识别和感知用户的当前位置及其所从事的工作、学习、研究内容，实时、主动地为其推送关联信息并提供全方位、一站式的个性化服务。泛在互联的智慧技术使得大学图书馆在服务时间、服务空间以及服务方式上都得到有效延伸，透明度更高，开放性更强。任何用户能够随时随地以任何方式无缝接入图书馆服务。大学图书馆采取个性开放的服务模式是注重用户价值的最佳体现，强调用户的参与交互和价值创造。开放性的服务方式是塑造开放创新空间，鼓励用户参与，整合用户智慧和塑造公共价值的关键。

个性开放模式的目标是体现用户参与互动价值的自主式服务，通过用户分析模型以及用户信息行为分析，使用户的个性化需求满足最大化。

个性开放服务强调个性化信息环境的塑造。用户在这种个性化信息的机制和框架下可以实现个人信息的自由组织，进行无障碍的信息交流，充分满足个人要求，使用户能够高效、安全、便捷地获取信息，利用优质的信息资源服务。在个性化信息环境中的信息资源与信息服务基于用户所处的信息情境，针对用户个体需求，尊重用户的个性化选择，更强调关注用户本身。

个性开放服务的主要模式包括个性化知识服务和个性化的移动图书馆服务。

个性化知识服务由整合集群的个性化知识发现平台、个性化学科服务和个性化定制与推送服务三个主要部分组成。①个性化知识发现平台：不仅能够实现本馆自身信息资源、联盟图书馆信息资源、网络免费资源的一站式跨平台和跨地区搜索，而且还能实现针对用户个人兴趣爱好、信息行为习惯、学科背景和研究重点的知识搜索和查询，实现学科化排序；②个性化学科服务是指针对大学图书馆用户的学科背景和研究领域提供的信息服务。例如个人图书馆员的设置以及针对学科、研究重点向用户主动推送的学科化服务；③个性化的定制与推送服务主要是基于 RSS 技术的信息定制与推送方式，将图书馆的最新动态、电子资源的增减、服务内容的调整、服务方式的变化、用户的借阅情况和预约情况定期实时地向用户推送，结合 RFID 技术下建立的用户分析模型，根据用户阅读偏好、阅读习惯、阅读行为以及通过智能搜索系统获取到的用户检索条件和需求分析，建立用户基本信息数据库、用户需求管理数据库、信息资源数据库和个性化数据库，将最符合用户信息需求特征的信息资源定期实时主动向用户推送。

个性化移动图书馆服务主要是基于位置和情境的移动信息服务，同时也包括移动个人图书馆服务。例如 Solomo 移动图书馆便是利用移动终端设备，基于用户地理位置并结合社交网络（SNS）特点向用户提供信息服务的一种移动服务。Solomo 应用最大的特点是它是通过用户情境信息的匹配，以此获得资源与用户需求兴趣的聚类参数，反过来应用于资源和服务发现与推荐，而不是直接满足用户的信息需求，在社交越是充分的条件下，获取的用户情境信息就越多，就越能体现服务的个性化。用户自发建立交流空间，支持用户在空间中的各类相关活动，实现图书馆虚拟空间和实体空间的立体互联和高效融合。

此外大学图书馆的个性开放还应体现在图书馆建筑与环境设计的人文化、艺术化，体现在图书馆家具设施布局的舒适化和人性化，体现在图书馆空间的开放性和设计的个性化。大学图书馆的个性开放服务应该是融合在图书馆空间与服务中的每一个细微之处，让用户体验到真正舒适的、个性的、贴合他们需求的智慧服务。

第三节　智慧时代下大学图书馆服务创新与实践策略

一、大力促进移动图书馆创新服务的开展

大学图书馆的传统移动服务方式主要是基于图书馆传统服务的内容搬迁，随着移动技术的发展，如先进的触摸屏接口、下一代平台、社交网络、集成的移动社交解决方案、

读者自助服务工具和交互式的通信服务的发展，以及移动用户的增长与新一代移动用户的到来，使得图书馆的移动服务在进一步完善传统服务的基础上，集成新的功能和服务具备了充分条件，图书馆已经从可持续发展的角度和站在一个新的视觉来促进和鼓励移动服务的创新发展。智慧时代，大学的移动图书馆服务使得用户任何时间、任何地点的信息服务需求得到最大化满足和实现。移动图书馆提供面向用户、面向时间、面向位置、面向情境的个性化服务和集群服务，使得图书馆的移动服务具备了智能的特点，社会化交互更加充分，个性化服务更加准确。

移动智慧化服务实现的要求主要包括四个方面：其一，支持多种终端访问、多操作系统访问移动图书馆服务；其二，无线移动网络的广泛覆盖，支持随时随地的互联网、移动通信网的接入；其三，低资费上网；其四，能够实现基于位置感知的随时随地接入的信息需求。

（一）全面拓展移动图书馆的功能

（1）实现实时的资源获取与移动定位服务。主要包括：①支持移动资源的即时下载获取，支持最大程度、全方位的数字资源服务，包括馆藏书目资源、电子资源、数据库资源、多媒体资源、网络免费资源以及商业移动资源的实时获取与服务。实现在线查询、在线借阅、在线预约和在线即时下载，支持智能邮件的原文传递服务；②支持实时的多媒体资源查询、观看和下载。支持宽带视频点播与流媒体业务，实时播放音频、视频、多媒体等服务，并且不需要在客户端对播放的流媒体文件进行保存。支持有声电子书、多媒体电子书以及系列视频讲座与多媒体数据库的阅读和下载。提供多媒体导引形式的学校、图书馆历史人文介绍与参观服务；③根据用户所在的位置提供附近的图书馆信息与馆藏服务；也可以根据馆藏信息，显示馆藏位置，在移动终端显示图形化线路图的最优路径，帮助不熟悉馆藏位置和排架方法的用户快速找到文献。

（2）拓展强大的检索功能与工具支持。主要包括：①支持各种资源类型的统一检索，实现高级检索。采用统一的检索界面与检索语言，实现跨库、跨平台与跨地区检索，实现资源的有效整合和共享，尤其是图片、音视频等多媒体资源的统一检索是移动图书馆服务的主要优势之一。支持语音检索、二维码扫描以及多字段高级检索，支持自然语言的语义检索，根据用户定制关键词的个性化检索等；②支持移动检索功能的实现。（移动 OPAC）通过移动定位技术，根据用户所在的方位信息，向用户提供附近的图书馆位置信息与所提供的信息服务；也可以显示文献的馆藏位置，确定每一本书的具体架位，同时在用户的移动设备终端显示图形化线路图。

（3）支持全面的信息发布、查询和预约服务。分别包括：①支持实时的动态信息发布。例如美国有些大学图书馆在网站首页实时发布校园天气、校园新闻、校园游览、学校医疗、图书馆最新动态等信息；②支持实时的资源服务动态发布、查询和预约。能够帮助用户即时获取图书馆资源和服务的使用情况和预约，包括学习共享空间的使用情况查询和预约、场馆的使用情况预约、自习室座位的使用情况和预约、讲座动态和预约、计算机使用情况和预约、电子课程预约、新书到馆及预约等服务。

（4）提供全方位的个性化服务。包括：①信息定制和推送服务。根据用户定制，实时推送图书馆最新动态、讲座信息、空间信息、资源信息等内容；根据用户的学科定制，提供馆藏资源的 RSS 实时推送和阅读；图书馆还可根据用户提交的兴趣文档，通过统计分析用户的请求数据，通过远程服务器主动向用户移动设备终端传递文字、声音、图像、数据等各种格式信息；②提供“个人图书馆”管理。能够便于用户随时随地查询借阅信息、借阅历史、检索历史、个人收藏、最近浏览；根据用户设置推送实时的图书到期通知、预约信息、催还通知等服务，提供个性化的用户界面设置、个性化的搜索设置；③提供基于位置、时间、情境、兴趣的个性化信息查询和推送。

（5）优化完善移动阅读功能。主要包括：①支持全文阅读、多种格式文档的阅读和修改、离线阅读，为用户提供离线阅读器。例如书生移动图书馆通过创新的 UOML（Unstructured Operation Markup Language 非结构化操作标记语言）文档交换服务器解决了不同数据存储格式不能通读的问题，并解决了在不同手持设备间实现统一搜索的问题，使得各类手机在不同数据格式交换后均可进行全文阅读，无数据冗余，可灵活扩展；②提供移动设备借阅服务。

（6）拓展虚拟付费服务，支持手机读者卡的使用。主要包括：①支持用手机对与图书馆产生的相关付费进行支付。可通过与移动运营商结合，对图书馆的相关业务对相应账户进行相关扣款，节省读者卡充值、扣款等小额交易产生的不必要麻烦和手续；用户也可以通过开通手机钱包，将手机号码与银行账号进行绑定，使用智能手机内含的数字证书远程连接自己的网上银行对图书馆罚款、复印费、上机费、查新费等进行支付，也可以通过手机账户的预存款进行扣除；②支持手机号码、手机二维码的身份认证方式。手机号码的登录和认证方不仅简化程序，节省用户的登录时间，并且保证了用户身份认证的唯一性，有利于图书馆资源知识产权的保护，有效限制数字资源的恶意传播，用户只能在自己手机上阅读和下载数字文献资源。用户只要将读者卡号与自己的手机号码进行绑定，通过手机号码登录网站，图书馆便可自动识别用户信息。

（二）构建智能化大学图书馆移动门户网站

随着新一代用户对大学图书馆移动服务的期望值逐渐上升以及智能终端功能的日益丰富和完善，大学图书馆需要突破传统移动图书馆门户网站单一的功能化界面，构建智能化移动图书馆门户网站，实现图书馆动态与静态信息的同步发布，实现高效便利的移动信息资源服务。

构建高度集成的大学图书馆移动服务平台。首先图书馆移动服务平台的构建要符合易于操作、实用性强、高度便捷化这一具有显著移动特征的要求，提供学科化强、方便快捷的信息导航服务和统一的检索平台和入口，实现覆盖全方位的数字资源检索，建立交互即时的数字参考咨询体系，应用 Web2.0 技术实现社交充分、交互性强的实时服务。其次还需要能够支持不同访问方式、不同移动终端、不同操作系统的无缝接入，自动识别移动设备，自动调整提供适合用户使用设备阅读的网站版本。

此外，大学图书馆的移动门户网站还需要支持校外访问图书馆的功能。用户在校外访问图书馆资源服务时，不受 IP 限制，并且简化用户的身份认证与识别程序，进行统一认证与识别，使得大学移动图书馆的资源服务能够突破地点范围的限制，直接针对用户进行权限控制，以最小省力法则为用户提供最便捷的服务。

（三）实施“大图书馆”战略

“大图书馆”战略要实现的目标是实现最大范围内与最大程度上的移动图书馆资源共建共享服务，方便用户高效便利获取全方位的符合自身信息需求的文献信息资源与信息服务。

移动图书馆云服务是智慧时代大学图书馆实现“大图书馆”战略的关键和基础。移动图书馆云服务的接入为移动用户获取更全面、更翔实、更稀缺的资源提供有效入口和方式。云图书馆整合了异构资源、异库资源、异馆资源，实现最大范围、最大程度、最广深度的资源整合和共享，图书馆利用云计算平台可以实现信息资源的有效组织、整合、关联、导航甚至可视化服务。用户无须通过短信定制或者访问 Wap 网站获取图书馆服务而只需要使用移动终端设备上的浏览器即可接入“云”端存储器自行选择所需资源。

首先要加强云存储的建设，将不同地区、不同类型的数字图书馆资源整合存储于同一云中，以便用户进行访问，检索和获取；其次加强与图书馆联盟的合作，构建大学移动图书馆联盟，整合大学图书馆资源、技术、人员与服务，实现资源、服务的移动共享；再者加强与网络运营商、移动终端制造商、系统供应商、数据库开发商、网络信息技术公司的合作，制定统一的开发协议与标准，实现移动图书馆服务全方位的“无缝连接”。

（四）开展移动学习战略

移动学习指的是大学图书馆用户于任何时间、任何地点在移动终端设备的支持和帮助下开展的科研与学习。移动学习所使用的移动终端设备必须能够有效地呈现学习内容并且提供教师与学习者之间的双向交流。

（1）构建移动学习空间。用户通过移动终端设备可以获取和预约多种类型的学习资源、教参材料、多媒体资源以及电子课程的预约，构筑在线学习课堂、在线交流社区和在线参考咨询室，实现移动学习空间的构建。例如有些大学图书馆与教务处合作，推出电子教参与在线课堂服务，分别在图书馆首页以及学校首页的显要位置向在校师生推广移动学习，促进在校师生对于移动学习的认知与认可。

（2）构建强大的用户参与交互化平台。首先，注重增强用户交互化的移动阅读体验，提供个性化的移动阅读服务，为大学师生的科研和学习提供帮助和服务。例如在移动阅读界面提供云笔记、原迹手写批注、文献下载、文献共享、论文导航、电子书导航等功能。原迹手写批注功能是指用户在阅读文献的过程中，可以对文献内容进行批注或查看其他用户的批注。云笔记功能则方便了用户在阅读的同时记录自己的读书笔记，并可自动同步到网络存储，不用随时带着 U 盘拷贝或者纸笔记录，极大地提高了阅读思考的效率。其次，构建智能参考咨询平台，提供学科馆员的实时参考咨询服务，实现多样化的参考咨询服务方式，包括视频参考咨询服务、社交媒体网络参考咨询服务等。

（五）发展多种服务模式，实现共存服务战略

在继续深入和优化短信服务模式以及 Wap 服务模式的基础上，探讨和发展 App 服务模式、二维码服务模式等多种服务模式，使各种模式之间相互补充、相互发展、相互提升，共同为移动图书馆的服务提升提供保障。

移动客户端（Mobile Application）最直观的表达就是移动终端设备界面上的图标及其相对应的应用，是运行在移动终端系统平台上，可以下载、安装和删除的软件产品。移动图书馆通过应用 App 的服务模式可以向用户提供整合、嵌入的移动图书馆服务。用户无须访问 Wap 网站，无须下载各种格式的阅读器便可实现统一检索数字资源，阅读数字资源的服务，实现与图书馆的无缝链接。

移动图书馆 App 应用服务主要的服务方式包括：提供与 Wap 网页相同的功能服务；提供涵盖多个学科领域的移动数据库或者移动特色资源库；提供日程管理、文字处理等各类程序的下载，辅助大学图书馆用户的学习研究。

二、构建基于第三空间的大学图书馆创新服务

阿根廷著名诗人豪尔赫·路易斯·博尔赫斯曾经说过“天堂就是图书馆的模样”，图书馆作为第三空间的建设就是对这一理想的阐述和最佳实践。对于大学用户而言，宿舍是他们的居住场所，教室是他们的学习场所，他们需要一个除宿舍和教室之外用于学习、工作、生活、娱乐和社交的第三场所，例如图书馆。大学图书馆不仅要成为学校的信息中心，同时也要成为用户的学习中心、活动中心和集社交、放松、娱乐为一体的多功能中心。第三空间不同于学习共享空间和一般图书馆空间，它包含两者，并且超越两者。打造新型、智能化、综合性的第三空间是大学图书馆功能塑造和角色创新的重要创新模式。构建大学校园第三空间的载体和平台是智慧时代大学图书馆智慧化走向的重要内容之一。大学图书馆第三空间服务的理念是致力于为用户提供集空间、资源、利益相关者为一体的学习、工作、生活、娱乐、社交的多样性、零门槛、零界限的大学的“心脏”。

“一个真正的第三空间”应该具备以下条件：①免费的或者廉价的；②中立的、接近或邻近公众的、易接近、可进入并且具有较强的适应性；③可以获取食品或者饮料，这一点尽管不是必不可少，但却非常重要；④对于经常来访的人产生一定的影响力；⑤必须是舒适的、自由的、放松的和受欢迎的；⑥可以认识和会见新老朋友。第三空间对其成员资格没有设置正式的准入和排除条件，通过由不是最近的或者最亲密的人之间的相互交流和影响来促进人们的思想交流、碰撞及其社会网络的扩张。

（一）树立大学图书馆作为第三空间的建设与发展理念

（1）彰显图书馆使命、文化与社会职能。图书馆第三空间不仅是知识资源储存地和传播媒介，也是大学用户了解历史、文化和社会动向的场所，具有满足用户娱乐和社交需求，为人们的交往需要以及各种事务讨论提供共享空间和服务的职能。

（2）创建大学用户活动“中心圈”。图书馆第三空间构建的目标是形成大学用户的信息中心、发展中心、展览中心、社交中心、文化艺术中心，是大学用户宿舍、教室之外的学习、工作、生活、娱乐和社交的最佳去处。

（3）实现大学图书馆“物理场所”功能再造与创新。发挥图书馆作为“场所”的价值，整合图书馆内外空间，关注、提升、创新图书馆内外空间的价值，形成信息空间之外的多元空间。

（4）注重用户参与。图书馆第三空间不仅要集聚信息资源，而且要集聚人的资源，形成人的知识交流中心，吸引、引导用户参与空间塑造和知识创造，体现用户需求和用户智慧。例如通过学习共享空间的建设来鼓励用户讨论参与。

（5）构建连接馆员与用户、用户与图书馆资源、活动和服务的通道。第三空间连接讲座、报告厅、培训中心、发展中心等场所，馆员通过开展多元化服务与活动将用户与图书馆、用户与馆员、用户与用户之间紧密联系起来，互联互通，交互共享。

（二）合理布局与规划大学图书馆第三空间

图书馆第三空间的建设通常是采用设置一整层楼或者与图书馆其他功能区域相联系与互通的大开放空间，甚至以一整栋大楼为其物理存在形态。

一个环境优雅、气氛宽松、服务周全兼具知识交流与服务的图书馆第三空间需要空间元素的合理布局与规划作为基础。

（1）书库贮存区。制定合理的馆藏密度指标、库藏密度指标、库馆面积比指标，合理布局和规划大学图书馆馆藏资源布局，为空间服务提供资源保障。

（2）学习支持区。主要由学习共享空间组成，包括个人自习区、合作研讨区、参考咨询区以及多元学习中心（例如语言学习中心、写作中心等）组成，配备相应的学科咨询馆员，给学生交互协作的参与式学习、情境教学、个人研究提供环境支持和知识服务支持。其中学习共享空间是大学图书馆第三空间建设的重要内容，与图书馆为大学用户提供学习、科研支持的主要任务紧密结合，同时是情境教学、交互参与式学习的重要实践，与智慧课堂、智慧校园的建设相得益彰，相辅相成。

（3）活动支持空间。由展览区、会议区、演讲厅、多功能厅、影视厅、学术活动厅和活动举办区组成，以开展沙龙、讲座、读者见面会、音乐会、培训课程等项目和活动为主要形式。

（4）全媒体服务与体验空间。集聚流媒体资源和多媒体技术的空间，例如上海图书馆“创•新空间”的全媒体交流体验空间为用户提供了大型创意数字化展示平台，使用20点触控技术，展示设计历史、创意作品，分享各类主题文件，提供动作感应式智能互动功能，向观众提供有针对性的信息，通过智能桌面触摸屏创意台，为用户交流、创意风暴提供多种沟通方式。

（5）泛咖啡空间。泛咖啡空间其实是一个宽泛的概念，引自星巴克服务的主旨和理念，旨在为用户提供一个可以集美食、休闲、放松、社交于一体的生活空间，图书馆还可将休闲式阅读和真人阅读引入咖啡空间，使得用户在放松的同时，获取精神层面的对话和知识共享。

（6）泛空间。存在于图书馆的走廊、角落、台阶、馆内庭院等可以利用的空间场所，设置舒适的桌椅，沙发，通过人性化、富有创意的设计和布局，使人的身心得到放松，使人享受自由空间的服务理念。

（7）艺术与创意空间。集聚艺术资源、艺术、创意人才的展示与交流空间。例如新加坡国家图书馆的 UnLibrary 项目，通过馆员与用户的参与协同与合作设计，创建了超越传统图书馆的新空间。该项目邀请与所创建空间主题相关的专业人员、艺术家和感兴趣的用户，选定场所（图书馆内或者馆外），共同主持创建基于该主题的一个新空间项目，将相关主题资源（包括人的资源、组织机构资源）和用户引进新空间，引进图书馆，走入用户。

要注意的是这些空间元素构成不能以简单的划分区间组成，要注重多层空间的立体性、融合性、渗透性，以开放、自由、融合为原则，以大空间、立体空间为主要模式，探讨融入复合式公共空间的构建，结合用户、效率、美学、环保综合设计，注重低碳环保、绿色生态。例如德国柏林自由大学 2006 年落成的人文图书馆公共空间的设计，没有角落、没有房间，完全开放、自由，被称作“没有角落，没有房间的图书馆”。

（三）优化资源布局，提供技术与设备支持

资源布局的优化包括实体资源布局优化与资源服务能力提升两个方面。首先在资源布局上尝试由以对信息的分类和聚集为核心转变为对空间的分类，与知识、思想聚集为核心，尝试改变以文献的分类或载体，如社会科学、自然科学、数字资源所形成的服务空间或服务区的模式，而是以满足不同用户或群体的多元化需求来聚集服务资源的模式，形成能够整合信息资源、休闲、创意、活动、社交等多元化功能与服务的新型大学图书馆服务空间模式，例如根据书籍的书名和尺寸进行分类排架的方式（美国曼索托图书馆），这种智慧方法占地面积仅为常规书库的七分之一。其次参考咨询服务能力与文献提供能力是第三空间内知识服务和交流的重要支撑与保障，有利于促进空间服务水平与服务质量的提升。知识文化交流空间是大学图书馆作为第三空间的主要部分，应该注重提高参考咨询的质量和文献资源的服务能力，完善学科馆员服务体系，建立馆员知识工作者社区，优化馆藏资源，建设专题服务、多媒体资源服务以及图书馆本地资源的特色化服务，为空间内用户提供无缝一站式的知识服务。

图书馆第三空间技术与设备的支持主要包括多媒体试听、计算机、检索终端、自助文印设备、缩微设备、教学投影仪、有线与无线上网功能等设备以及 RFID 技术、无线移动网络技术和云服务的支持，为用户提供自助、智能、无缝一站式的全方位、高效便捷的服务。新浪播客上有一段名为“荷兰国家图书馆不错”的视频，展现的是荷兰国家图书馆的“椅子部队”（智能椅）。如果要在图书馆开一个小型会议，持卡者只需拿 RFID 的智能卡在每个椅子上刷一下，这些椅子就会在持卡者的指挥下排成一个方阵，通过这个智能化的设计，人们可以随意构筑一个理想化的空间。

（四）注重宣传与营销，培养图书馆第三空间品牌忠诚客户

建设一支第三空间品牌推广队伍，以项目和活动作为推广策略，使第三空间走入用户，将用户引进图书馆，培养第三空间品牌忠诚客户，注重用户反馈，建立用户评价机制。品牌化构建由品牌意识+服务理念+主题+专业团队+品牌服务+项目品牌活动（馆员导向、用户导向）组成，目标是塑造和创新图书馆多元化服务，提升图书馆用户体验。例如将讲座、沙龙、培训的策划和举办系统化、品牌化，还可以将“口述课堂”引入第三空间，既有效保留口述文化，又能鼓励用户参与和交流。

此外还需要注重构建网络虚拟社区，为用户提供网络交流平台，构建除物理场所之外的网络第三空间，注重用户参与，同时也有利于图书馆更好地进行品牌与服务的推广。可以采用“移动图书馆服务”作为用户了解图书馆第三空间服务的重要媒介和平台。图书馆的无线环境以及移动图书馆的流媒体服务和网络社交媒体服务能够为将第三空间服务进行生动、形象的介绍，为用户参与式的互动提供条件，使图书馆第三空间的文化与理念深入人心，提升用户凝聚力。基于位置和情境的移动服务为空间内用户搭建了移动社交平台和社区，使不认识的用户因图书馆而走到一起，交流到一起，对于图书馆第三空间服务的宣传与推广有很好的促进作用。

（五）与第三方机构合作，寻求资源和利益共享最大化

（1）应该寻求与校内文化院系、校外文化机构的合作，将文化资源引进图书馆，同时将图书馆资源推广到校内、校外文化机构中去，共同建成文化共同体。例如与校内美术院系、艺术院系，校外文化馆、美术馆、剧场、剧院等文化机构合作，共同开发品牌化项目和活动，增强和提升图书馆文化影响力和凝聚力。

（2）应该寻求与校园其他服务中心合作，打造综合性的服务场所。图书馆还可以与整个大学城联盟合作，与现代教育技术中心、大学生活动中心、咖啡馆、表演艺术中心等共同构建综合性的服务场所，打造“大学联盟知识生态圈+智慧生态圈+文化生态圈”。

三、开展基于物联网技术的大学图书馆创新服务

基于物联网的大学图书馆智慧服务主要包括两个方面，分别是基于智能馆舍的智慧环境服务和基于 RFID 技术的图书馆服务。

（一）开展基于智能馆舍的智慧环境服务

采用物联网技术架构的大学图书馆馆舍，是一个集故障分析、设备监控、能耗管理、物业管理的智能化平台，能实现对照明、设备、环境、安防等设施的智能化控制及统一管理。分布式的温度传感网络、照明传感网络能够对图书馆室内的温湿度、照明、光亮

进行实时监控和调节，馆内的光敏传感器能够根据室内外光线的强弱自动打开与关闭光源，自动调节灯光亮度和窗帘的开启程度，在实践智慧时代绿色节能发展理念的基础上同时为用户营造良好、舒适的学习氛围、阅读氛围。一个舒适化、智能化的图书馆环境能够使用户身心得到放松和自由，更好地与图书馆空间融合在一起，与图书馆服务融合在一起，大大提高了用户的学习效率，同时图书馆的服务价值和效果也得到更好的提升和利用。

（二）优化与拓展基于 RFID 技术的图书馆服务创新

物联网技术在图书馆的服务创新应用还处于初级阶段，目前主要以 RFID 技术的应用为主，主要可以通过以下几个方面来实现大学图书馆的服务创新。

（1）自助服务。通过基于 RFID 的自助借还书机、24 小时自助图书馆等服务系统，用户可以自主完成图书的自助借还；应用 RFID 技术还能实现对图书文献馆藏位置的精确定位和三维导航，用户只要通过 OPAC 终端或者移动设备终端显示的最优路径，便可轻松找到所需要的图书文献。

（2）个性化服务。通过 RFID 技术可以获取动态的借阅数据，记录文献的利用历史和阅读历史，通过数据的累积，分析借阅量、借阅策略的影响因素以及用户的阅读偏好和阅读行为及习惯，从而合理规划和布局馆藏资源，实现资源建设的动态管理，改进文献流通策略和创新方案，提高文献流通率。

RFID 技术通过对用户的访问内容、停留时间和频率进行感知和分析，提供用户利用文献的统计信息以及大量有关用户及其信息行为的信息，图书馆根据这些信息可以进行用户阅读偏好和阅读习惯跟踪，以此建立反应用户个性特征和需求特征的用户模型，预测用户的信息需求发展趋势，为用户提供实时主动的个性化信息服务；通过数据挖掘和分析，实现服务的智能评估，分析图书馆的服务项目与用户接受度的关联度，进而优化图书馆的服务内容。

（3）资源共享。在区域合作范围内推行 RFID 标签的使用，统一 RFID 标签的使用标准，以实现区域性的资源整合和共享、服务集成和共享、文献流通和传递。例如上海交通大学、清华大学、香港城市大学联合成立的大学图书馆 RFID 技术应用联盟，明确了图书馆之间对于 RFID 的共同需求和规范，通过制定统一的、共同的需求，在此基础上，图书馆可以提出自己的个性化需求，与厂商签署协议，成立研发基地或者研究实验室，从而得到真正符合图书馆自身需求的 RFID 技术和产品。

（4）自动定位和导航服务。基于 RFID 技术开发文献导航定位系统，突破专业索书号和排架方式的限制，帮助用户直接获取文献的馆藏位置，快速找到文献，实现用户自主式的查找和获取文献，并且实现灵活多样的排架，建立个性化图书馆区域。用户轻松利用各种手持设备通过 RFID，Zigbee 自动定位图书的馆藏位置，而不受图书馆错架、不在架的影响，避免了在查找精确文献上耗费大量的时间和精力，并且在用户的微机终端或者移动终端显示到达文献位置的最佳路径，引导用户轻松找到所需书籍。

（5）多维交互服务。RFID 可与智能手机的 SIM 卡结合，提供基于移动智能手机等手持移动终端的智能借阅、查询、定制、账户交易、导航定位的智能移动服务。

四、构筑大学图书馆服务创新“云”

云服务指的是基于云计算技术的各项服务，主要技术支撑是云计算。云服务主要包括三个方面的内容：基于资源（存储空间、网络设施、带宽服务）的云服务、基于软件平台（SaaS、PaaS、API）的云服务、基于动态数据（原生数据、半结构化数据、结构数据的管理、分析、挖掘和搜索）的云服务。国内大学区域性、集聚式的发展格局尤其适合构建大学城或者大学联盟的图书馆云服务模式。

大学图书馆应用云服务模式创新服务的优势主要包括：①实现跨库跨平台的统一检索，有效地克服了不同数据库界面与平台之间的切换检索和内容重复问题；②拓展了图书馆基础设施能力，实现服务器集群，获取海量计算能力与存储空间，提供硬件及应用托管的环境，保证高效、安全、稳定的计算环境和存储环境；③实现用户移动终端设备的无缝高效的资源访问和获取，用户通过泛在的信息服务平台，从云中随时随地按需获取服务；④使图书馆馆员从非核心业务中解放出来，更加专注图书馆服务。而系统的更新、设备的维护、技术的应用则都交由“云”和云服务商的管理人员和技术人员完成；⑤实现信息资源、人力资源、硬件环境、用户服务的共享协同。大学图书馆与商业机构专业技术人才互相联合，通过部署统一的云图书馆基础设施和设备，共同运行和维护大学图书馆云。用户在访问和获取信息的过程中突破了时间和空间的限制、安装软件的限制、终端限制，以及信息资源的多样化格式限制，将所有资源进行互联互通，实现最大化的信息资源共享。

大学图书馆应用云服务主要有三种模式，一是利用互联网搭载模式即利用互联网运行公司，搭载图书馆的某些应用的公有云服务应用模式；二是总分馆模式即基于云计算的覆盖全社会或覆盖某个区域、地区的图书馆服务体系的私有云服务模式；三是混搭模式即利用互联网运行公司的云计算服务、利用资源供应商的专项服务、利用本地门户构造的混搭私有云服务模式。

图书馆云服务包括两个方面的内容，其一是面向图书馆的服务，其二是面向用户的服务。下面主要探讨面向用户的大学图书馆云服务的构建。

（一）构建大学图书馆云数据库

将大量分布在一个地域、一个国家乃至全球的众多大学图书馆信息与资源互联互通，把不同位置上、不同类型的信息（包括纸质资源、电子资源、教参资源、学位论文库、多媒体资源）、不同种类的知识库（个性化知识库、专业知识库、专题知识库、学科资源库、特色资源库），按照统一协议和标准储存、处理、整合与关联，共享网络、服务器、存储及应用软件服务，消除信息孤岛，构建大学图书馆的虚拟资源池。不同图书馆与用户可以通过网络，按需获取信息资源，实现网络虚拟环境下信息资源的最大化共享协同。

（二）开发与拓展大学图书馆的云终端应用功能

大学图书馆的云终端应用功能的开发与拓展应该主要包括以下内容。

（1）建立统一的云检索平台（知识发现平台）。通过建立统一的云检索平台，实现大学图书馆强大的计算能力及数据处理功能，使得海量数据能够在短时间内得到迅速处理并给出反应，用户能够快速、便捷地得到所需要的信息，并且实现统一检索，用户只要一次搜索，便可以快速获得本地图书馆馆藏信息、联盟馆藏信息、网络数据资源以及全球联合目录等信息，还可以参与当地、联盟、区域、全国乃至全球的馆际互借和资源共享服务。

（2）开发统一校外访问软件（例如 OCLC 的 EZproxy）。图书馆的电子资源大多被限制在校内使用，加上现在越来越多的师生开始住在校外，开发统一的支持校外访问的软件平台，能够使他们在任何时间任何地点都可以通过网络使用图书馆的资源。OCLC 的 EZproxy 是一个目前在国内外被广泛使用的实现校外访问代理的软件，仅通过共享一个合法的 IP 地址，便可以使多个用户同时访问因特网，并且动态实时显示并控制正在进行的访问。

（3）实现联合虚拟参考咨询。大学图书馆应该加强合作与共建，为用户提供参与式、协作交互的虚拟参考咨询服务。在云计算技术的推动之下，各大学图书馆可以通过协同的方式合作开展数字参考咨询服务（CDRS），利用实时交互技术，实现最大化的资源、技术、服务和专家共享。例如 CALIS 三期项目中的 CARS 参考咨询子项目。大学图书馆的联合虚拟参考咨询可以借鉴 OCLC 的 Question Point 项目的服务模式，分为前端服务系统与后台支持系统。主要通过 Web 界面来回答、管理和跟踪用户提出的问题，对于用户提出的无法回答的问题，则启动虚拟参考咨询系统中的用户管理器自动转发给其他成员馆回答，并且提供项目使用的统计与分析功能。

（4）创建图书馆的云门户界面。建设大学图书馆统一的云门户，实现大学城或者大学联盟的统一身份认证、统一检索平台、馆际互借与原文传递服务以及联合虚拟参考咨询服务，整合图书馆自身的馆藏、设施、人员、用户资源以及外部资源包括出版商、数据加工商的数据库等。首先实现图书馆馆际资源的整合，进而实现与出版商、数据库加工商的资源整合，形成规模化的大学图书馆资源池。

（5）开展知识型服务。通过多种渠道挖掘用户对图书馆资源与服务的使用偏好及其潜在需求，对海量的用户使用记录进行实时准确的跟踪和挖掘，提升图书馆云服务的动态数据处理能力，高效满足用户显性知识需求，主动挖掘隐性知识需求。

大学图书馆在应用云计算技术构筑图书馆“云”的过程中，由于图书馆自身资金、人力的限制，以及当前云计算技术本身发展尚未完善，同样会遇到应用物联网技术实现服务创新过程中所面临的问题，包括资金问题、技术问题、规范与标准问题、安全隐私问题以及相关政策问题，因此图书馆在制定云服务战略的过程中，需要结合自身条件，综合考虑以上问题，因地制宜地制定与开展相关战略与计划。

第六章 智慧时代下图书馆数字阅读推广

第一节 数字阅读概述

一、什么是数字阅读

对数字阅读的定义，不同学者或机构有不同的理解。

狭义的数字阅读定义，将阅读内容限制于以语言符号为主的文本内容，如姜洪伟认为，数字阅读是阅读的数字化，即使用数字设备阅读以语言符号为主的数字化文本内容。肖雪认为，数字阅读是利用数字阅读设备（主要是电脑、手机和电子书阅读器）来进行的，通过网络在线或离线方式接收和获取文本中信息、知识、内容的行为，具体包括浏览网站的网页信息、论坛帖子、邮件信息、文献数据库、电子书、演示文档、手机短信、数字化报纸期刊等内容。

中观意义上的数字阅读，除文本内容外，还包括静态的图像、表格、地图等，如艾瑞咨询认为数字阅读包含两层含义：一是阅读对象的数字化，阅读内容以数字化方式呈现，如电子书、网络小说、电子地图、数码照片、博客网页等；二是阅读方式的数字化，即阅读的载体——终端不是平面的纸张而是带屏幕显示的电子仪器，如 Pad/MP3/MP4、笔记本电脑、手机、阅读器等。

广义的数字阅读，内容更具发散性，除电子文本、图片外，音视频等立体、动态媒体也位列其中，广义的数字阅读是以数字化形式获取或传递认知的过程，不论载体、场合、形式，可以是任何数字化终端（如网络浏览器、电子书阅读器、电子纸或音视频设备），可以是任何格式（各种文本、图像、音视频），可以通过任何技术手段（脱机的、联网的），可以是交互的、跨越时空的社会性阅读，也可以是私密的个人阅读。

数字环境下，知识信息愈发具有鲜活性、流动性，人作为信息的生产者和接收者，随时随处都在与外界交换信息。传播学领域有一种所谓“电子人（Cyborg）”的提法，将社会个体形象地描述为网络节点，即“手持各种电子媒介，随时发布信息并被众多电子媒介信息所浸没，成为媒介化社会电子网络节点的新人类”。由此，认为数字阅读是以数字化形式获取或传递认知的过程似乎更合适，但为了避免定义内容的无限度扩张以致难以把握，本章将讨论的重点限定为中观意义上的数字阅读，即传统阅读对象和阅读方式的数字化。

数字阅读相较于传统阅读呈现出其自身特征。

1.阅读形态多元化

多种阅读设备如计算机、平板电脑、手机、电子书阅读器、MP3、PSP、MP4等可供读者自主选择；各种格式、长度及体量的文本、声音、图像、动画等，通过单一或组合的方式提供给读者，带给读者多元化的内容体验。

2.阅读模式多样化

读者可以根据自己的阅读偏好，自主调整字体、字号、背景颜色、亮度等。根据阅读环境或习惯的差异，选择在线浏览或离线阅读、翻页或滑动阅读、横屏或竖屏阅读、默读或听读、顺读或跳读，甚至通过检索匹配的查询式阅读。此外，除主动获取感兴趣的内容外，还可接受阅读推送等。

3.阅读内容交互融合

读者在线上阅读的认知过程中，通过阅读社会化交互，包括内容分享、转发、评议、回复等，实现互动参与、社会交往。在此过程中，用户既是数字内容的创建者也是读者；数字化内容之间相互引证、内外链接，读者可以根据需要拓展或延伸阅读内容。此外，传统的以文本为主的平面静态阅读逐渐发展为文、图、声、像结合的动态、多维、立体式阅读；数字化阅读设备通过对阅读内容、阅读标记、用户评价、浏览痕迹等的记录和计算，推荐读者可能感兴趣的内容等。

4.读者对象成群集聚

数字环境中，相同阅读兴趣的用户可以通过主动或被推荐方式快速结识抱团，将个人阅读变成公共阅读的团体行为，在小团体内交流心得、分享体会，共同参与团体发起或组织的活动，并将线上交往延伸到现实生活，如豆瓣小组、QQ群、微信群等。此外，数字化设备能通过记录读者个人或阅读内容的相关信息，对用户进行包括性别、年龄、职业、阅读兴趣、阅读习惯等在内的多维度分类、分组，并针对不同类别的用户群开展个性化服务。

数字阅读有着无可争议的诸多优势，如使用便捷、检索快速、储存海量、动态立体媒体、跨平台交互、用户参与内容创建、价格低廉等。与此同时，也存在诸如阅读设备系统不稳定、蓝屏、中断响应、闪退、电池易消耗等缺陷，而且即便是先进的电子墨水技术也无法避免对人的视力造成伤害。但无可争议的是，它已然成为信息时代人们的一种生活方式。不论是为了避免孤独感、无聊感的消遣阅读，还是为了探索新知、消除不确定性的求知阅读，它充斥在乘车、等待、休息、工作、学习等各种过程之中，也出现在书房、卧室、餐厅、沙滩、草地等各种环境之下。数十年前，北岛在诗中将生活比喻为一张网，而当下已成为“电子人”的我们，正是被因特网这张无形之网网罗其中。

二、数字阅读——开“机”有益

数字阅读入驻信息时代，掀起阅读革命，分割传统图书市场并向教材发起冲击，其迅猛发展之势显示其在当下的强盛生命力。如国外已经有很多学校在寻找合适的数字工具和课件，帮助学生更好地阅读。数字阅读能迅速适应用户需求、收获大批读者，其优势毋庸置疑。利用现代技术服务与引导市场需求，共享人类科技盛宴，也是顺应历史发展趋势的表现。

营造泛在阅读环境，即创造一种无处不在、无时不在的阅读。移动阅读设备的诞生和发展使阅读突破时空限制，随时随处为人们创造阅读便利。网络基础设施的完善，再加上移动阅读设备的发展，极大提高了阅读的可及性和便利性，一旦用户开机启动，即可进入数字阅读世界。阅读与工作、学习、生活时时处处发生关联，已然成为一种生活方式，渗透到人类认知活动的各个环节。阅读不再受到场所、时间、光线等外在条件影响，更不需要收拾心绪、正襟危坐，完全可以充分利用空闲或零碎时间，进行公开或私密的阅读，不断完善人类认知体系、减少不确定性，进而提高人们的生活品质。

移动设备轻巧便携且存储量大、功能丰富，海量、多样、鲜活、免费的信息内容可以通过移动设备快速传送到用户眼前。正如上文提到的，中国网页数量已达将近 1900 亿个，内容涵盖法律、金融、医疗、交通等各个行业，覆盖民生、政治、人文、娱乐等各种主题，通过文艺作品、新闻报道、学术论文等各种体裁进行组织呈现，并以包括文字、图片、视频、动画等多格式面向读者。作为开放交流、自主互动的平台，互联网上每时每刻都有大量信息进行传递和互换，用户连通网络即可沟通全球，得知最新、最快的资讯。互联网上的大量信息成为公共资源，利用网络共建共享、免费传递、自由传输信息的想法和观念被大家普遍接受和认同。

以数字技术为实现基础，满足用户多样化的阅读习惯。利用智能检索、结果排序、分类浏览等为用户快速查找目标信息提供帮助；用户可以自主设置阅读界面，包括调节亮度、颜色、字体、字号、行间距、页边距等；可以在阅读的过程中画线标记、插入书签或保存笔记，甚至将内容分享到其他社交网站；屏幕可显示阅读进度、所在章节信息，并提供滑动、翻页等阅读模式；提供简单的电子书分类整理功能，可将不同电子文档进行归置；利用电子墨水技术做仿真纸质书，减少对视力造成的损害；甚至可以提供词典查词和原文朗读功能等。

交互式阅读体验，开启人人皆读者、人人皆创作者的阅读盛宴。网络环境下，用户作为自媒体，既可以关注他人、接收资讯，同时也可以拥有听众、发布信息。即时对获取的信息进行点击、评论、转载（分享）、收藏等，并获得他人回复。这种互动参与式的阅读模式一方面增进了人与人之间的交流互动，聚集有相同兴趣的用户，另一方面可以促进信息的流通传播。这种方式甚至被一些娱乐产业利用，如《纸牌屋》第二季，就是通过收集第一季观众的评论反馈，分析观众偏好、更改剧情走向的。

个性化、智能化的阅读方式要求人们探索、开发新的阅读服务。比如：可提供不同文本主题的订阅功能，定时将用户咨询传递到用户界面；根据用户的浏览记录和阅读习惯，结合文本内容和其他相关用户的浏览数据，主动推送用户可能感兴趣的阅读内容；告知用户其他关联信息，帮助其开展延伸阅读等，极大节省用户的查找和阅览时间。

三、数字阅读的隐忧

（一）“面饼人”之忧思

美国剧作家理查德·福尔曼曾这样形容：“鼠标一击，人人都联上那个巨大的信息网络，结果大伙都成了泛而薄的‘面饼人’（Pancake People）。”数字环境无疑会催生人类阅读的行为、偏好和习惯的改变，移动互联网的大受追捧印证数字时代人们阅读时间的碎片化，而与此对应的阅读内容碎片化、知识结构扁平化、读者思考浅显化等问题也不能不令人担忧。

海量、快速、互动、流通着的数字阅读内容适应了城市发展的快节奏，却消解了传统阅读中的专注、思索与深刻。随处可击的链接、方便灵活的跳转，还有猝不及防的弹出广告，以及读读停停的阅读状态，隐约透露着一种喧嚣与浮躁，分割了原本应该连续、完整的阅读。在浏览数字化内容的过程中注意力难免被分散，以至于常常有“走得太远，而忘了当初为什么出发”的迷失感。法国哲学家卢梭曾在反对设置大众剧场时指出，大众剧场是销蚀人类精神独立的介质，而真正伟大的思想和艺术需要的乃是一种孤独的状态。虽然这样的观点在今天看来略显偏执，但它揭示了传统阅读的厚重感是数字阅读无法比拟的。

传统的出版模式中，一本优质图书的内容组织、呈现和表达常常有其内在逻辑框架和思想深度，只有进入这一逻辑框架，慢慢品味，细细思索，才能成为阅读。然而在网络环境下，为了能在有限的时间里找到最符合需要的信息，读者往往利用网络搜索引擎之便，获取各种格式、形态各异、不同来源的相关信息，网络成为公众获取知识信息的重要工具。所谓“知之为知之，不知百度（谷歌）之”。面对海量、分散且凌乱无序的检索结果，能够理清头绪、正确甄别、鉴定挑选已属不易，更遑论自发进行深入思考，而形成系统化的知识体系简直是天方夜谭。

此外，2006年美国研究网站可用性的著名网站设计师杰柯柏·尼尔森在《眼球轨迹的研究》报告中提出，大多数情况下浏览者都不由自主地以“F”形状的模式阅读网页，这种基本恒定的阅读习惯决定网页呈现“F”形的关注热度，即细读页面前几行，后面就竖着略读。这种快速、跳跃地浏览网页的习惯也深刻影响了数字阅读。我们的大脑和肌肉一样，有记忆和适应能力，给它什么刺激就会发展成什么样的模式。当在信息轰炸下的人们习惯于滑动页面，习惯于快速、跳跃地浏览信息时，就难以适应传统阅读的慢速、品味和思考的阅读方式。此外，传统的循序渐进的选择性关注、理解和记忆的人脑记忆机制也会被这种“强力浏览”方式破坏，即扼杀阅读记忆。无怪乎越来越多的科学研究正在为“数字阅读会让人变傻”寻找证据。

（二）阅读生态百相

阅读内容良莠不齐、鱼龙混杂，而读者往往信以为真，不会仔细求证，从而形成错误的认识或价值取向。网络虚拟世界，各种声音自由表达，而又不受时间、地域等的传播限制，持相同价值观点或立场的人集结阵营，如时下的“水军”“某某粉丝”等，以集体行为发出声音、制造舆论。此外，随着人工智能技术的发展，甚至出现了机器代替人来进行文稿撰写、绘制图像等工作，如谷歌利用人工智能，借助人工大脑神经组成的数字造梦机器，经过“初始化”处理技术，创作出了一系列幻觉化的图像。因此，数字内容的读者应在阅读过程中仔细分辨和思考，多一分沉静和推敲，少一丝浮躁与轻信。一方面减少虚假信息的肆意传播，另一方面在复杂的网络环境中拥有自己的坚守。

信息过载问题令人担忧，信息过载不仅是信息量的增加，更重要的是由于信息噪音化和信息平庸化（信息贫瘠和过剩）而导致信息降级。随着信息量的增加、知识的增长，人类对信息的选择也会增多，当人们为找寻目标信息进行大量筛选、甄别工作时，对大量重复、冗余信息的排除很容易令人产生厌烦或不满情绪，无法有效整合、组织、内化所需要的信息，以至于影响到人们的工作、生活及人际关系。信息时代下，信息在交流过程中出现内容重复、行话、陌生符号，信息与需求不匹配，信息内容纷繁复杂，通信拥挤，缺乏反馈，不同人对相同信息的理解差异而导致信息对一部分人形成噪音。虚假信息、信息数量和内容超过人脑接受程度等问题，使得人们必须接收大量无用信息后才能找到真正满足需求的信息。这种信息过载带来的危害众多，不仅影响工作效率和质量，使人产生信息焦虑、迷惑，信息处理负荷，甚至会威胁读者自我教育能力，造成与其他社会成员的疏离感等。

当今功利主义盛行，人们“消费”阅读的倾向日显。古时书不易得，古人对待字纸常怀敬畏与珍重之心，读书之前焚香净手，阅读之时则会正襟危坐，而古人读书之功用，多为修身养性、陶冶情操。现如今，文化生产与使用都呈现物化倾向，人类的情感、需求、欲望、本能都被当作商业资源进行开发，阅读的审美意识形态逐渐疏离传统高雅趣味，越发体现其现实目的性、实用性、指导性、娱乐性等，而经典作品却渐渐淡出人们的生活。虽然将阅读推向市场、扩大受众群体本身无可厚非，阅读之于个人社会的功能原本并非单一，也无须纯粹高尚，但在功利性、目的性之外，也需稍稍为心灵腾出空间，接受高雅文化的洗礼与净化。

（三）安全隐患与伦理困境

2015 年央视“3·15 晚会”上，黑客现场演示虚假 WiFi 如何盗取手机隐私，让不少观众瞠目结舌。随着数字化浪潮的入侵，人们在享受技术便利的同时，对诸如信息安全、个人隐私保护等信息伦理问题头疼不已。

信息伦理是指“信息开发、信息传播、信息管理和利用等方面的伦理要求、伦理准则、伦理规约，以及在此基础上形成的新型伦理关系”。它包括：①侵犯知识产权，利用知识产权保护界限模糊不清的状况，侵犯知识产权所有人的正当权益，如未经许可将个人创作翻制上传网络并从中牟利等行为；②侵犯个人隐私，利用网络获取、挖掘个人隐私，进行信息欺诈等不法行为，甚至延伸到现实生活中来，如采集网页浏览者浏览痕迹、停留时间、笔记记录等推测个人的生活习惯、兴趣偏好、社交网络等，个人隐私遭受严重威胁；③制造和传播网络病毒、攻击和入侵各类信息系统，威胁信息安全，如 2014 年底，12306 网站被曝用户个人信息泄露，大量用户账户、密码、身份证、邮箱等敏感信息无法得到保护；④发布和传播虚假有害信息，信息滥用造成的信息污染，滋生大量信息垃圾等，2014 年 10 月，最高人民法院司法解释明确利用自媒体等转载网络信息行为的过错及程度认定问题，规范自媒体上信息传播的问题。

网络环境下，由于信息的不对称性，信息拥有与信息共享之间产生矛盾冲突，而网上信息形式多样且又易于被窃取滥用，导致信息的非法使用和传播。相关的法律法规又相对滞后，尤其是知识产权保护的缺席、权责界限不明晰，侵犯知识产权的行为屡见不鲜。对此，应加强信息立法、确定相关法律条文，制定信息伦理准则，约束个人信息行为；提升技术手段和防范意识，保障信息及系统安全；注重以“慎独”为特征的道德自律，信息伦理需要每一位参与者的自觉恪守。

四、数字阅读内容的生成、利用与保存

数字阅读，读什么？从图书馆的角度来讲，我们关注的是数字阅读内容（即数字文献）的生成、获取、利用与持续保存。数字文献是一种以电子介质为载体的特殊的“书”。我们对这种“书”究竟了解多少？

“书”是图书馆开展好服务的基础。图书馆界长期盛传这么一句话：“为人找书，为书找人。”此话可作为此行业最简明最精辟的表述。问题是，什么是书呢？

（一）数字文献的来源与局限

数字文献是如何生成的？数字阅读的内容从何而来？它又有哪些局限性？这是我们深度揭秘数字阅读的关键问题。

1.数字文献的来源

一般而言，数字文献的来源主要包括两大类：一类是“数字的”，即那些最初以电子文本或电子录像等数字形式生成的事物；另一类是“数字化的”，诸如把纸张或胶卷等其他媒介扫描复制或转化为数字形式的事物。“数字的”文献来源广泛，包括通过电脑手机键入的文字，用数码相机拍出的图像，通过电子合成的音乐、视频，各种电子出版物（电子期刊、报纸、杂志等）和电子邮件，等等。这些形态不一的数字文献，按照一定的组织方式，分布在各种数字图书馆、数据库、知识库当中，连接起来就形成了庞大的网络信息资源。

毫无疑问，由各种机构创建的数字图书馆是数字阅读的重要来源。范并思先生在《20世纪西方与中国的图书馆学》中曾写道：“数字图书馆是社会已经较清楚地了解了一般网络信息服务的优点与缺点以后才出现的，它是人们有意识地将网络信息服务技术与现有图书馆的基础体制和核心能力(包括信息处理技术与信息服务精神)结合起来的产物。”数字图书馆中的信息内容，经过相关专业人员有效地分类组织与优化控制，与互联网上庞杂的数字信息相比，它的准确性更高，稳定性更强。

2.数字文献的局限

数字图书馆出现的时间较短，与源远流长的纸质文献世界相比，它的信息含量比较单薄。现有信息中，只有少部分是以电子形式存在的。印刷型文献经过了数百年甚至数千年的积累，绝大多数保存在图书馆、档案馆、博物馆、政府机构或私人手中，它们中很多并没有进行数字化。互联网上的信息，没有多少是与图书馆等机构收藏的内容重复的。所以，数字文献的知识沉淀是不足的。

在互联网世界里，文献的生成摆脱了纸张的束缚，早已变得面目模糊，让人难以辨

别。文献内容被数字化成比特，文献中的每一个字节被互相耦合、链接、引用、摘录、排序、分析、注释、混合、重组，形成了一张错综复杂的网络。

当今科技的发展趋势，正在逐步迈向“智能制造”时代。智能机器人的出现，也许会再一次颠覆未来的阅读景象。一旦智能机器人具备人类独有的读写能力，那么以后我们所读到的文献，很有可能就是它们的产物。可以预见，未来以智能机器人和算法为基础的自动化写作服务将会日益完善，机器人“写作”将会渗透到人们生活中的各个角落。就像马丁·斯科塞斯执导的电影《雨果的巴黎奇幻历险》中展示的那样，机器人能写、能画……这样的景象，离我们并不远。

数字时代的到来，让很多网民振奋不已，互联网世界掀起了一场“集体狂欢”。

就拿维基百科来说，这个基于维基技术的全球性多语言百科全书协作计划，因其允许任何人通过浏览器对内容进行浏览或公开编辑，促进了用户的广泛参与共建、共享，被称为“自下而上的草根百科全书”。其内容创建可谓用户集体智慧的结晶。严格的内容审查使维基百科上的文章具备相当高的准确性，因此有人将它比作《大英百科全书》，但是，也有一些专家对维基百科表示质疑。例如，戈曼就把维基百科等称为“新联机集体主义”。作为资深的图书馆学家和书目界的权威，戈曼对知识的理解和认知也许更为透彻，他深谙其中的差异，用他的话来讲：“印刷出版的学术作品与互联网的无政府主义明显不同，不同之处在于，前者是确信的、固定的，因为有权威的认证；而后者则缺少这样复杂的权威与专业认证过程。”戈曼虽然惹来了网民的集体“围攻”，但他的观点值得我们深思。

的确，鱼龙混杂的互联网信息，正如戴维·温伯格的著作《新数字秩序的革命》一书所言——“一切都是零碎的”（Everything is Miscellaneous）。在一个人人“自造”的时代，信息泛滥成灾，信息内容的准确性、权威性、安全性，我们都有理由怀疑。不过，信息知识倘若没有经过充分的表达与博弈，又何来真假的辨别呢？

（二）影响数字资源利用的关键因素

数字文献生成以后，如何才能通过网络世界有效地实现信息获取呢？一般来说，影响用户信息获取的关键因素包括以下几方面。

1.信息基础设施

信息基础设施有一个形象的比喻，叫“信息超级高速公路”，又称“信道”（Infobahn），它是数字信息流动的渠道，包括电网、因特网，以及电话系统和诸如光缆、卫星电视之类的相关技术逐渐发展起来的远程通信“智能网”。这是信息资源获取的基础。如果信息基础设施匮缺或者条件太差，对于远程数字信息的访问与获取，便是相当困难，甚至是完全无法实现的事情。

2.数字阅读终端硬件设备

数字信息以比特的形式存储在一定的数字媒介上，人靠肉眼是看不见的，必须借助特定的硬件设备，如电脑、手机、电子书阅读器等，才能实现读写。

3.数字阅读软件平台

一般来说，绝大多数内容提供商，会针对各自的产品与服务，推出相应的阅读软件。有的供应商出于利益考虑，还会在阅读权限上进行一些限制，比如要求用户注册登录访问、限制 IP 字段访问等。此外，电子书格式是否具备兼容性、资源是否支持跨库检索、平台界面设计是否友好等，这些因素都会影响到用户使用。

4.数字资源组织方式

相对于印刷型文献来说，数字文献的组织方式较为混乱、无序，其突出优点在于人们生产新的文献种类可以提供搜索、分类、显示、文献之间的超链接，以及引用文献与相关全文之间的链接。尤其是网络文献，类型与形式多样，具有很大的不稳定性，加上版权状况复杂等因素，我们对其进行元数据的组织与描述显得较为困难。印刷型文献的分类组织，一般呈线性树状型结构，而网络文献呈无序的网状结构，每个数字节点之间相互连接，在增加信息可见度的同时，也带来信息冗余甚至“信息超载”问题。字节之间的链接层数越多，发现信息的困难就会越大。

5.经济因素

很多人认为互联网上的一切资料都是免费的，其实不然。许多真正有价值的信息资源的获取，是要付费的。“天下没有免费的午餐”，即便是读者在公共图书馆阅读数字图书馆上的资源这样的事，看似对读者免费，但实际上数字资源的建设费用已转嫁到图书馆机构身上了。奥德里兹科曾提醒我们注意一种现象——“学术出版领域存在着不合理的动机”，它使营利性的出版商可以掌握对知识产权的控制权。某些出版商（商业性和学术性兼有）正在寻求国内和国际方面的法律变革，以便使之对知识产权有更多的控制权。如果他们的努力取得成效，电子出版与今日的印刷式出版相比，对于学术人员、图书馆和期刊读者来说，其价格可能会更加昂贵。各种知识库、数据库，在销售环节上也存在着许多“不透明”的现象，在定价问题上也不易确定。电子出版的经济因素极其复杂，它是影响人们公开地获取信息的关键性因素。

6.用户的信息素养

用户是否具备基本的互联网知识，是否具有使用各种终端设备的学习能力，是否熟悉各种检索工具与检索技巧，是否具备涉及多语种信息获取的外语能力，用户的信息甄别评估能力，等等，这一切都制约着数字资源的利用。

此外，还有一些诸如政治、法律、文化冲突等方面的因素，同样会影响到全球范围内数字资源的获取。一些国家和组织机构出于风险、安全的考虑，对数字信息进行内容的管制、审查或过滤等。最明显的一个例子：谷歌退出中国大陆，中国网民要想自由阅读国外的数字化图书，就没那么容易了；科学技术人员要开展国际性的项目研究，在信息获取上毫无疑问会受到相当程度的影响。曾经在网络上大范围开展“清网”行动之后，许多网民发现百度盘、新浪爱问等原来可供阅读的电子书资源突然间无法访问了。

由此可见，数字资源的利用，存在着许多不稳定的因素。

（三）数字文献保存的挑战

数字文献除了在内容生产、组织利用等方面存在着一些局限性之外，更为困难的是数字文献的长期保存与持续性检索问题。这个问题涉及存储格式、管理流程、管理系统、数据交换、安全机制、应用模型、元数据等诸多复杂因素。

信息技术的快速发展，对数字文献的保存形成了巨大的挑战。

1.保存介质与硬件设备淘汰速度快

保存数字文献的介质与实现内容读写的硬件设备，老化淘汰的速度越来越快。例如，之前，人们把一些音乐录制在黑胶唱片上，需借助特定的 LP 洗碟机，才能实现音乐播放。后来，随着磁带、CD、VCD、DVD 的兴起，黑胶唱片逐渐淡出了人们的视线，留声唱机成了文物一般的稀有物品。多年前流行的 5.25 英寸和 3.5 英寸的软盘，今天已显得过时，我们已经难以找到相应的设备来读取这些媒介。更别说 Betamax 录像带和卷式影带了，那种播放设备简直是凤毛麟角！介质老化、硬件淘汰，毫无疑问是影响数字文献长期保存的一大难题。直至今天，我们还没有任何证据能够证明数字媒介的保存时间能超过 100 年。所以，我们必须每隔几年就要对磁性介质（计算机软盘、录音带、录像带和数据磁带等）进行复制，才能确保文献内容的可读性和完整性。

2.格式不兼容

一个最明显的例子就是 Word2007 生产的文件如果在一台只安装了 Word2003 的电脑上就没办法实现读写。格式多样的电子书，需要安装相应的软件才能阅览。不同格式的数字文档，如果涉及跨库、跨平台检索等时，格式不兼容现象会明显降低检索效率。

3.元数据描述上的困难

互联网网页更新速度快，信息动态多变，元数据的提取、描述本来已属不易，加之知识版权状态复杂，这在很大程度上制约着内容的存取。如何判断、选择合适的动态网页来进行保存，这也是个难题。

4.安全风险

互联网是一个庞杂的开放式网络，它将不同组织、不同地域范围、不同国家，甚至同一地区的不同层次的网络相互连接起来。网络结构日益复杂，网络安全成了日渐突出的问题。连接在网络上的数字文献，有可能受到出于各种目的的黑客攻击，越是价值高的数字信息，遭受攻击或窃取的可能性就越大。随着网络信息的指数式增长，光靠单一组织机构的存储设备，已不堪重负，许多网络信息被分散存储在"云端"设备，但即便是云技术的应用，也不能保证数据不被入侵。此外，数据管理上人为的疏忽或错误操作，也可能会导致数字文献被永久性删除。

总之，数字资源的长期保存和持续检索，还有很多问题尚待解决。目前，国内外已经有相当多一部分人在从事这方面的研究，初步形成了一些阶段性的成果。比如，2003年3月，联合国教科文组织发布的《数字遗产保存指南》，从理论与技术等多个层面对数字遗产保存的问题进行了阐述。但总体来看，涉及数字文献长期保存的相关标准为数不多，关于这方面的完善工作还有很长一段路要走。

五、数字阅读用户的行为特征

数字文献的生产、组织与保存，最终目的都是方便用户使用。所以，我们谈到数字阅读，没有理由忽视用户的存在。用户的数字阅读行为包括诸多方面，比如阅读动机、阅读使用设备、阅读内容、阅读频率等。这些问题，需要进行广泛深入的用户调查，才能有一个基本的了解。

由于用户的阅读行为涉及的内容较多，我们不可能一一兼顾，所以这里仅探讨用户数字阅读行为的主要特征，包括阅读分享趋向社群化、阅读内容呈现碎片化、阅读体验注重个性化等方面。

（一）阅读分享趋向社群化

互联网时代，文字和图片以低门槛的方式在网络上四处泛滥，搜索引擎的出现让阅读的主动权逐渐倾斜到读者手中。特别是社交网站的兴起，更加速了读者的群体化倾向。社交网站一般都会为个人用户提供群组功能，用户可以与他人进行内容分享、合作、创建虚拟社区。在美国，"脸书"和"聚友"是两个受欢迎的社交网站。而在中国，受欢迎的社交网站是"新浪微博"、腾讯"微信朋友圈"。通过这些社交网络，阅读内容可以进行广泛分发，并且针对性极强，人群定位更为精准。"脸书""推特"等社交网络的崛起，很大程度上改变了人们获取内容的方式——人们更多是通过分享而不是搜索去获取内容。Buzz Feed 就是这方面的一个突出的典型。作为一个新闻聚合网站，Buzz Feed

从数百个新闻博客那里获取订阅源，通过搜索、发送信息链接，方便用户浏览当天网上的最热门事件。据介绍，Buzz Feed 有超过 50%的流量来自“脸书”。而据张小龙透露，中国用户在微信上的阅读偏好是：80%从朋友圈里发现内容阅读，20%从订阅号里挑选内容阅读。可见，社交网络对人们的阅读方式影响之大。

（二）阅读内容呈现碎片化

在日常生活中，我们经常可以看到这样一些场景：公交车上、地铁站里，大家低着头玩手机或 iPad，有的人在上网，有的人在读电子书。这种利用“零碎”时间进行断断续续的阅读，人们通常称之为“轻阅读”或“碎片化阅读”。

通过观察，我们可以发现，“碎片化阅读”这种阅读方式通常具有以下几项特征：一是阅读的内容一般比较简短、零碎；二是读者多数选择跳跃式阅读，快速浏览，再快速抛弃，跳转速度非常之快。

由于人的大脑认知需要一定的时间进行信息接收与反馈，快餐式的“碎片化阅读”没有给大脑留下充分的思考时间，这可能会影响人的思维能力。在传统的纸质阅读过程中，文本的排列是呈线性分布的，内容具有较强的内在逻辑性。而在网络数字阅读过程中，文本的组织形式是超链接的，内容杂乱、零碎、无序。一个人如果长期习惯于“碎片化”阅读，那么他的思维也有可能呈“碎片化”趋势。

因此，我们对于数字阅读碎片化倾向，应当保持一种警惕。我们需要在快速获取资讯和深度阅读思考之间取得适度的平衡。

（三）阅读体验注重个性化

很多人都说，现在是体验为王的时代。各种产品和服务，为了赢得用户的支持，需要不断丰富、提升用户的体验，让用户感觉到“爽”。这一点对于数字阅读而言，也不例外。

数字阅读一方面在技术实现上需要考虑用户的需求，另一方面在内容服务上也应注重用户的个性化体验。在技术实现方面，比如利用移动智能设备检索书目信息，利用二维码扫描下载电子书，允许用户定制个性化显示界面，用户自主添加标注（Tag），用户参与内容创建，跨平台（PC 机、笔记本、手机及各类终端）访问，随时随地阅读、分享，等等。内容服务方面，利用大数据分析技术，了解特定读者的阅读倾向，选择关联性较强的数字内容进行推送，帮助用户过滤干扰信息或嵌入式垃圾广告，这样优质的内容服务会提高用户的黏性，用户对数字资源的利用忠诚度也会提升。

第二节　智慧时代下的电子书阅读器

一、电子书阅读器的兴起

目前，电子书阅读器没有一个统一的名称，比较常见的名称还有电子阅读器、手持阅读器及电纸书等，简称为阅读器。简单说来，它是指用来阅读电子文档的手持终端设备，现在特指以电子墨水技术为核心应用的产品。阅读器和很多科技新品一样，并非粉墨登场后便大红大紫，而是经历了一段默默无闻的时期。电子墨水技术的发展及亚马逊 Kindle 的出现，使得阅读器真正进入了普通读者的视野。在十年左右的发展历程中，阅读器从最初的爆炸式增长，到现在的稳步前进；从最初的价格较高，到现在的平民之选；从最初的原生诟病，到现在的技术更新……阅读器经受住各种市场考验，没有出现像索尼 MD 之于音乐市场、BP 机之于通信市场那般的昙花一现。

阅读器的主要优势在于它利用电子墨水技术，给读者以纸本书的体验，这是其他电子产品所不能比拟的，同时它功能的单一性使得读者能够专注于阅读。2010 年，上海图书馆赵亮先生曾撰文将阅读器的发展分为三个阶段：1998 年到 2004 年的开创期，2004 年到 2009 年的电子墨水技术发展期和 2009 年以后成熟期的早期阶段。

1998 年，火箭电子书出现，被认为是第一台阅读器，连同此后的软书（Soft Book），它们成为阅读器的先驱。与此后的阅读器最大的不同点在于，第一阶段的阅读器是基于液晶显示技术，而彼时的技术环境造就了液晶屏只能是过渡产品的事实，其缺陷主要表现在对液晶屏的供电时间不长、内存较小、稳定性不够，这对于一个需要携带的移动设备来说，很难赢得市场。

2004 年，索尼公司在日本推出了 Librie 电子书阅读器。这是全世界首个大规模量产采用电子墨水技术的商业化产品，它标志着整个阅读器行业进入了一个新的时代。这主要表现在：近似阅读纸张的感受；非常省电，使得待机时间较长；重量轻，这对于移动设备来说是至关重要的。

虽然之前电子墨水技术已经出现，但没有造就革命性的产业发展，最大的原因在于它缺少一个发展的契机，一个能够让它融入以图书为主导的信息生态平台。2007 年，转机出现了。

2007 年 11 月，成立于 1994 年的美国亚马逊公司推出了基于电子墨水技术的 Kindle 阅读器，一经上市，便赢得了绝对的市场霸主地位。2008 年的圣诞节期间，Kindle 甚至供不应求，市场出现断货，一时之间，它成为亚马逊卖得最好的圣诞礼物。

2009 年，是阅读器发展中的一个分水岭，其标志为阅读器的产品众多，销量激增，中国的阅读器产品开始发力，大众市场开始建立。

此去经年，Kindle 牢牢地占据着阅读器销量第一的地位，无人能撼动，而且这种趋势仍将继续下去。本节虽然介绍的是阅读器，但主要是以 Kindle 为主，原因也在于此。

二、Kindle 带来的阅读器变革

马丁·路德推动了欧洲的宗教改革，其中一个重要原因是古腾堡印刷术的发明，使得《圣经》得到了广泛印刷，连普通老百姓都可以比较容易地看到，这带来了民众思想的解放，进而慢慢影响到对宗教的看法，加速了中世纪的结束。

Kindle 对于阅读器的变革犹如马丁·路德对于欧洲宗教发展的作用。没有古腾堡印刷术，马丁·路德没有思想影响的物质基础；没有之前的电子墨水技术，Kindle 也很难出现。马丁·路德改变了基督教的历史发展，进而影响到了近代的西方文明；Kindle 建立了前所未有的出版生态，也直接引发了出版业革命性的变化。

索尼电子阅读业务部门总裁史蒂夫·哈珀说：“我们不仅要拯救出版业，还要去拯救文化。”索尼没有做到，亚马逊却比任何机构和公司都领先了一步。

（一）以“器”带“容”，重建出版生态

Kindle 二代的上市，在一定程度上可能会改变目前的出版格局，甚至为我们带来一场文化变革。除了为人们提供阅读器的硬件设备，它更提供了一种新的阅读服务方式——通过硬件平台的支撑，用“软件即服务”的理念，为读者阅读空间的扩展和时间的节省提供了有效的帮助。

Kindle 将会逐步转换到产业链的上游，并随着市场的变化重新定位。它搭建的是一个数字出版平台。Kindle 只是一块探路石，亚马逊可以通过这个平台慢慢预热，继而将整个数字出版产业做大做强。毕竟硬件设备的投入相对较大，且利润并不高。但数字出版的运营成本较低，亚马逊通过与作者和出版商利润分成的方式合作，将会绕开传统出版的发行商，随着与作者的合作越来越多，甚至有朝一日也会将出版商一脚踢开，实现利润最大化。

到目前为止，不到八年的时间，亚马逊取得了美国电子书业务最大的市场份额。2007 年，Kindle 上市之初，它的电子书只有 8.8 万种；而通过亚马逊主站查询到 2015 年 3 月 30 日～4 月 29 日近 30 天的新入电子书就达到了 8.65 万种，总数已经超过 340 万种，中国区的电子书也已经有 20 多万种。

阅读“器”这种硬件，改变了内“容”的生产和传播，并且取得了很大的成功，这是亚马逊重建出版生态最大的突破和革命性的贡献。

（二）技术更新，永远的 Beta 版

目前技术的更新已经达到了不错的体验效果。Kindle 问世之初受到最大的诟病便是反应速度慢、分辨率不高，但随着 Kindle 版本的更新，特别是在 2014 年秋，亚马逊发布的 Kindle Voyage，Carta 屏幕已经实现了 300PPI（PPI，全称 Pixels Per Inch，即每英寸所拥有的像素数目。数值越高，代表显示的密度越高，拟真度就越高）的显示效果，相比之前的 Kindle Paper white 的 212PPI 提升近 50%，这便是基于更精细的电荷控制技术带来的进步。而且其反应速度也提升了不少，在翻页和进行其他操作时并没有出现早期版本较慢的刷新速度。同时，它的背光可以根据光源环境而变化，有利于保护视力，而早期版本均未有背光。

目前 Kindle 已有七代产品，从最初的按键、全键盘设计到现在的触屏操作，它给用户带来的体验越来越好。在软件开发上，它也是更新不断，并在各大操作系统上都可使用。

（三）价格亲民，摩尔定律的佐证

2007 年 Kindle 问世之初，它的价格是 399 美元。对于用户来说，高昂的价格在亚马逊出色的数字出版和发行平台，以及 Kindle 的诸多优势面前变成了“木桶理论”中的短板，如何将价格降下来是 Kindle 发展必须面对的问题。这也是出版业发展历史上要面临的问题之一：除了技术支撑下的生产方式和介质革命性的变化，借由经营方式的变化带来相对低廉的价格同样重要。从另一方面讲，知识技术积累到一定的临界点，新技术就会跟裂变反应一样爆发，并剧烈扩展，被称为临界质量（Critical Mass）。只要达到临界质量，阅读器的价格就会大幅降，摩尔定律也在一定程度上证明了这种可能。

显然，阅读器的技术更新和价格下降并没有达到很多人希望的那样，但已经取得了不少进步，目前价格最低款只售 79 美元，价格仅是七年前的五分之一左右，美国人以买几本精装本图书的费用便可以购买到一部 Kindle。而通过 Kindle 购买一本电子书的价格可能是一本精装本的一半或者更低。

（四）多种计划，多种选择

亚马逊在针对 Kindle 所做的推广方式上是多方位的。它同时在出版源头、借阅和购买方式上都有所创新，在此列举三个事例。

1.Kindle Singles

2010 年 10 月，亚马逊实验性地推出“Kindle Singles 计划”，吸引作者在 Kindle 平台发布篇幅介于短篇和长篇著作之间的“小册子”。在传统出版的模式下，这种篇幅的作品并不常见，而 Kindle 的此次举措正是适应用户阅读习惯变化的一着妙棋。而且，这是自出版的一种方式。

2.Kindle Unlimited

2014 年 7 月，亚马逊发布“Kindle Unlimited 计划”，用户每月交纳 9.99 美元，即可无限量地阅读 80 万种电子书和收听数千种有声书，并提供 30 天的免费试用。而这种类似图书馆的借阅功能早已经适用于亚马逊的高级会员，当时的借阅规则是会员可以在一个月内从 60 万种电子书中挑选一本免费阅读，而 Kindle Unlimited 的功能则更近一步，使用户范围更广，资源量更多。但也有专业人士指出，这些图书中，大多的价格都在 2.99 美元以下。

3.Kindle Matchbook

针对用户对纸本和电子图书想同时拥有的需求，亚马逊适时推出“Kindle Matchbook 计划”，用户在亚马逊购买纸本图书后，可以 2.99 美元或者更低的价格购买电子版。

2010 年 4 月，苹果公司推出 iPad，希望用 iBooks 来挑战 Kindle 的电子书市场。虽然 iPad 的销量不错，但并没有让 Kindle 停止它前进的步伐。亚马逊公司的报告显示，2010 年第二季度，亚马逊的电子图书的销量首次超过精装本图书销量，每卖 100 本精装本图书就能卖出 143 本电子书。关于这个数据，总裁杰夫 • 贝索斯说：“想到购买精装书的亚马逊顾客还没买电子书的多，我真的很惊异。我们卖精装书 15 年了，卖电子书的时间却只有 33 个月。”图书的种类大大增加，从最初的 8 万多种到三年后的 70 多万种，而且涵盖了《纽约时报》畅销书榜上的绝大部分图书。在内容建设上，将 iPad 远远地甩在身后。

调查显示，2014 年，美国 32%的受访者表示拥有电子阅读器。虽然此报告并未发布 Kindle 的占比，亚马逊也未发布过具体的销量，但 Kindle 确实已经进入到一个平稳发展的阶段。

三、电子书与阅读器发展中的困境

亚马逊通过 Kindle 改变了美国的图书市场，并影响了全世界。我们在为其叫好之时，也要看到亚马逊对于出版行业的负面影响。

（一）如何处理好与出版商的关系

2014 年 2 月，《纽约客》刊登了一篇《廉价的文字》（Cheap Words）的长文，提出了一个“亚马逊对读者有好处，但对书有好处吗”的疑问。

作者在文章中尖锐地抛出对亚马逊的质疑：在许多出版从业者眼中，亚马逊是个残忍的掠夺者。它声称在打造一个更有文化的世界，将拯救书业于困厄，但接下来却提出很多个人要求，很直接地利用渠道优势让出版商俯首称臣。最终，当出版业意识到控制权和利润都落入亚马逊之手后，才开始怀疑亚马逊当初的“如意算盘”。

作者所言并非是毫无根据的臆断，亚马逊之所以能以如此强硬的态度与出版商谈条件，原因在于亚马逊已经成为图书销售的主要渠道。就美国市场而言，亚马逊纸质书销量占行业总额的1/3，电子书销量占市场60%份额，而苹果公司在美国电子书市场占有20%的市场份额。

对于出版商来说，不合作对自身不利，合作又要受到其各方面政策的挤压。如何有效地处理好与出版商的关系，如何促进书业的良性发展，是亚马逊会一直面临的问题。

（二）如何面对自出版带来的信息泛滥

自出版在亚马逊的份额中占有很重的比例。2014年的一份数据显示，亚马逊图书销量排行榜中的25%是自出版图书，这不免让美国五大出版商感到不安，也让人有了深层的思考:没有编辑参与的文字如何保证质量？信息泛滥中如何大浪淘沙？是否会存在“劣币驱逐良币”的后果？

其实，这种问题早在古腾堡印刷术出现之初就存在。1500年左右，人文学者开始哀叹商人利益为先，印刷出许多不重文本质量的手稿和大量新书，从而分散了读者的注意力，使最有价值的古代经典被忽视。

（三）如何保障电子书永久拥有

电子书通过阅读器的存取非常便捷，这是传统图书所不具有的优势，但拥有电子书后如何能够像纸本书那样得到保障又是一个现实问题。原则上，当用户购买电子书之后，可以永久地保存在云端账号中，随时取用。但在2009年，亚马逊自行将英国作家乔治•奥威尔的《1984》和《动物农场》从用户的购买书单中删除，这成了当时热议的焦点。在数字时代，这种情况并非亚马逊一家独有的，不能不引发我们的关注。

（四）如何避免版权纠纷

在互联网时代，版权是任何电子书发行机构一个无法回避的问题。这在某种程度上也制约了电子书的发展进程。国内阅读器风生水起之时，曾经出现过中华书局和汉王公司的版权官司。

2010年6月30日，中华书局起诉汉王公司一案开庭审理。中华书局认为汉王公司未经许可，擅自在其制作发行的《汉王电纸书D20国学版》中收录了中华书局享有著作权的点校本“二十四史”和《清史稿》，这侵犯了中华书局对作品享有的署名权、复制权、发行权、获取报酬权等权利。面对中华书局的指控，汉王公司则辩称2008年与北京国学时代文化传播公司合作，并得到了授权。最终，汉王公司胜诉，但案件历时近两年。

我国的电子书行业之所以进展缓慢，一个重要原因是盗版横行，政府监管不力，继而制约着传统出版数字化的脚步。另一方面，出版机构也要对版权有更加谨慎的理解和认识，以防止出现版权上的纠纷。

四、阅读器在图书馆的应用情况

随着信息技术的高速发展，图书馆也积极地应用相关的技术，这已成为图书馆提供服务的新举措。而机遇与挑战并存的互联网时代，阅读器在图书馆的应用也顺势而为。

2007 年 12 月，美国新泽西州的斯巴达公共图书馆在 Kindle 问世后不到一个月即提供外借服务，成为美国第一个提供 Kindle 借阅的图书馆，借期一周，并为每位用户提供一本书的免费阅读，产生的费用由图书馆来支付。

2008 年 9 月，国家图书馆成为我国第一家进行阅读器借阅服务（只提供内借阅，不提供外借）的图书馆；2009 年 2 月，上海图书馆率先开展阅读器外借服务；同年 9 月，国家图书馆开始实行外借服务。2009 年 5 月，北京大学图书馆也进行了阅读器借阅服务。当时国内图书馆提供的阅读器都是诸如易博士、汉王等本土品牌，而随着 Kindle 于 2012 年入华销售，之后 Kindle 占据了很大的份额。

我国图书馆在阅读器的应用中几乎与美国同步，也与我国阅读器的产业发展同步，但经过数年的使用，中美两国走了截然不同的两条道路。

以外借阅读器最早的上海图书馆为例，从 2009 年 2 月开展外借服务伊始，阅读器内载有大量电子书刊。读者试用后的意见反馈表明：超过半数的读者认为电子阅读器外借服务方便读者阅读、符合服务新潮流，并能有效提高文献使用率；同时也有近半数的读者认为，上海图书馆目前的网上读者认证、借书和电子阅读器等系统和设备均不完善，要在读者中推广电子阅读器的使用有一定难度。

几年过去了，上海图书馆出借的阅读器更新换代，硬件部分得到了很大的提升，出借数量已经超过 1000 部，远远领先于国内的其他图书馆，但之前存在的问题并没有得到有效解决。这既不是上海图书馆一家的问题，也不是中国图书馆界的不作为，而是因为受制于中国的出版生态。

一言以蔽之，我们提供的阅读器如何兼容图书馆可提供的数字内容？很多图书馆无论是自建数字资源还是购买的数字资源服务都已经达到了非常可观的级别，而能够应用到阅读器上的内容却少得可怜。主要原因有三个：一是国内阅读器厂商已几乎全军覆没，而执牛耳的 Kindle 在中国没有开展与图书馆的合作；二是阅读器单一的平台难以匹配不同的系统和资源格式；三是国内阅读器无论是现在还是早期风生水起之时，阅读器厂商始终没有提供可与之匹配的强大内容支撑。

反观美国，早在2011年9月，亚马逊和电子书提供商Over Drive合作，为图书馆用户提供电子书借阅服务，目前已经有超过1.1万家图书馆为读者提供此项服务。其借阅方式非常简单：登录图书馆的账号后，查找Over Drive提供的Kindle格式的电子书，关联自己的亚马逊账号，下载的电子书便出现在自己的Kindle中。和传统的图书借阅类似，也有借阅期限。

由于美国阅读器的占有率较高，出借阅读器已不是特色，而图书馆提供亚马逊的电子书才是关键。虽然用户在选择的电子书种类、副本量和借期上还有局限，但经过几年的发展，图书馆已经通过Over Drive找到了这种良性发展的服务方式。

对于我国的图书馆来说，短期内Over Drive模式很难复制，却是未来的发展方向。目前，我们能够做到哪些方面呢？就目前所提供的普及推广服务而言，图书馆还可以做得更多。阅读器作为一个阅读的新兴终端，为用户提供了不一样的阅读感受，它是传统阅读的延伸。图书馆作为人类终身学习的课堂，尽可能地为读者提供新技术下的服务模式，并引导公众认识阅读器，对于阅读器厂商的产品改善和这个产业的发展都有一定的促进作用。同时，这对于图书馆吸引更多用户、进行品牌建设也有很大的益处。

在此方面，北京大学图书馆和上海图书馆分别成为高校图书馆和公共图书馆的代表。北京大学图书馆专门开辟出数字应用体验区，该区有各种各样的阅读器和平板电脑；上海图书馆的“创•新空间”更是集合了多种形式的数字产品体验。

国内阅读器早期发展阶段，在“容”和“器”匹配方面做了很多尝试，也取得了一定的成效。比如，国家图书馆用户通过易博士阅读器可以下载方正电子书；上海图书馆与盛大合作，盛大的“云中书城”为其Bambook阅读器提供内容推送；北京大学图书馆提供的汉王阅读器也预装了“汉王书城”的电子书。比较遗憾的是，随着绝大多数国产阅读器品牌的退市，“器”之不存，“容”将焉附？

Kindle在美国与图书馆的合作，已通过Over Drive建立起来。Over Drive也已经开始在中国推广，但目前还没有出现较为成功的案例。由于我国的出版和发行机制与美国有着较大的差异，可以预见的是，短期内很难有突破。

无论是国家政策层面还是民间氛围，全民阅读如今成为热门的文化议题。阅读器是图书馆进行阅读推广的有效工具和宣传手段，即使没有更多更新的内容提供，但可以让更多的用户了解阅读器、喜欢阅读器，从而更加热爱读书、热爱图书馆。据统计，上海图书馆2009年2月份推出数字阅读器外借体验服务一个月，上海图书馆的中文电子图书的使用量大幅提高。

第三节　智慧时代下的移动阅读

一、移动阅读的产生与发展

随着移动互联网技术的迅速发展，人们的交流和沟通方式在悄然改变，阅读方式也在发生着变化，移动阅读正成为广大读者追求的一种时尚。移动阅读从电子书阅读器、PSP、MP4到智能手机、平板电脑，因其便携性、移动性，内容的丰富性、社会性、互动性及环保成本低等优势，被越来越多的用户所青睐。

（一）那些年曾经风靡于世的电子书阅读器

兴起于20世纪90年代的电子书阅读器曾经风靡一时，涌现出诸如索尼公司的索尼Reader、汉王公司的电纸书、亚马逊公司的Kindle等产品。

电子书阅读器的成熟与推广很大程度上得益于电子墨水的广泛应用。这种显示器技术重点在于模仿在纸上印刷、书写的视觉观感，而耗电量极小。不同于一般的平板显示器以发光达成显示功能，使用了电子墨水技术的电子书阅读器如同普通纸一样，依靠环境光照亮，所以理论上阅读起来较舒适；而且其显示的影像在阳光直照下仍然清晰可见，可视角极广，理论上为180度；其对比度比其他显示技术高不少，大致和报纸印刷效果相同，甚至更好，能在没有电源的情况下显示原先的图片和文字。

随着LED技术的成熟，大量的触屏移动设备涌现在市场上，电子书阅读器产品功能单一、娱乐性较差的缺陷逐渐凸显。当然，各家厂商也在寻找自己的出路，如亚马逊公司推出了Kindle Fire系列，涉足平板电脑领域，巴诺书店逐步通过与谷歌、三星公司等合作，力求打破困局。

未来，电子书或有着三个发展方向：一是更“软”，部分设计以塑料背板和有机电子零件构成柔性电子纸，在部分信息技术展会上已出现该类概念产品的身影；二是更出“彩”，彩色电纸已经商业性投产，能显示4000种颜色，现阶段，生产商正向视频播放方向发展，样机已能播放每秒30格的黑白视频，或许不久的将来我们也能看上《哈利·波特》电影里的动态“魔法报纸”了；三是更“平板化”，电子书阅读器与平板电脑越来越靠近，我们可以在苹果iPad上看iBook，也可以通过Kindle Fire进行娱乐活动，你中有我，我中有你。

（二）从功能机到智能机——手机的新时代

1.功能机与智能机的对对碰

功能型手机（Feature Phone）是一种移动电话的类别，在iOS、安卓、Windows、Phone等智能移动操作系统面世前，很多非“掌上电脑”（PDA，Personal Digital Assistant）类型的手机都统称为功能型手机。它的运算能力无法媲美智能手机，但能够大致满足某些族群的消费者要求。有些功能电话的应用，亦比纯粹只能用来打电话及收发短信的一般手机多，譬如能够照相、播放音乐、上网，还有地图等功能。如同智能手机，在功能型手机上可以执行一些应用程序，但多数为 Java 语言的程式，这些程式多半是基于 Java ME 或 BREW，这与 Java 的跨平台能力有关：功能型手机能够应用的应用程序接口比智能手机少。

智能手机（Smart Phone），指具有独立的移动操作系统，可通过安装应用软件、游戏等程序来扩充手机功能、运算能力，其功能均优于传统功能手机的一类手机。“智能型手机”这个说法主要针对“功能手机”而言，是对那些运算能力及功能比传统功能手机更强的手机的集合性称谓。智能型手机拥有超大高清触摸屏，能随时调用键盘来进行触摸手写，能进行多任务操作，并且拥有强大的多媒体、收发邮件、上网功能，能完全替代像 MP3、MP4 和 Pad 这样的传统便携式设备。智能型手机能替代个人电脑处理办公事务和其他事务，能与网络保持实时的无缝连接，能随时切入网络，并且能与台式电脑、笔记本电脑等其他设备同步数据。

2.热闹而沉寂的时代

2005 年以前的智能手机市场可以说是一潭死水，技术与应用难以进步，智能手机非常无趣。那个时代手机操作系统的“春秋五霸”分别是微软的 Windows Mobile、诺基亚的塞班系统（Symbian）、RIM 的黑莓、Palm 及 Linux，它们在移动市场各自占据一块地盘。而塞班系统凭借诺基亚强大的市场优势，无疑是这一时期的霸主。塞班公司最初于 1998 年由诺基亚、爱立信、摩托罗拉和 Psion 合资成立，随后索尼、松下等公司陆续加入。自 2000 年首款基于塞班操作系统的手机上市后，塞班曾发展出多种针对不同硬件平台的界面，其中塞班 Series60 一度是应用最广、市场占有率最高的界面产品。

3.命运的对决

给这个市场带来微妙生机的是始于谷歌的一场收购行动。2005 年，谷歌收购了安卓公司，并让“安卓之父”安迪•鲁宾继续担任安卓项目的负责人。这笔交易被评为“谷歌历史上最成功的交易”，仅花费了谷歌 5000 万美金。最初，谷歌对安卓也没有多大把握。为了增加成功的砝码，在接下来的几年里，谷歌做了大量的储备工作，开始跟上下游、厂商、运营商沟通合作，并积极筹备成立联盟，但此时的谷歌看起来是低调的，他们对外很少宣传。

直到 2007 年 11 月 5 日，谷歌高调发布安卓移动平台系统，开启了一个新手机系统的辉煌时代。当天，谷歌也同时宣布“开放手机联盟”成立。第一批联盟成员就有 34 家，涵盖了手机产业从上游到下游的所有企业。安卓是一个具有整合意义的移动软件系统平台，与当时手机系统最大的区别在于它具有开放性。谷歌开放安卓平台的手机源代码，并允许手机厂商加入开发，免费使用。

出于利益和技术封闭的考虑，当时智能手机操作系统如塞班等都是封闭的，被各大品牌厂商严格控制，这也使各种应用开发速度非常缓慢，不具有核心技术的手机厂商和第三方开发商难以进入这一市场，这在一定程度上阻碍了智能手机的发展。谷歌宣布开放安卓平台，使得原先不具有技术优势的手机厂商和第三方开发商群体为之振奋，开放性、免费性两大王牌使得安卓迅速站稳脚跟并扩展领地。

同在 2007 年，苹果公司前首席执行官史蒂夫•乔布斯发布了第一代 iPhone，它搭载苹果公司研发的 iOS 操作系统。在 2007 年 6 月 29 日美国正式发售当天，全美的苹果公司销售商店外有数百名苹果粉丝为了抢购而提早排队，由于刚推出的 iPhone 上市后引发热潮及反应热烈，部分媒体称其为“上帝手机”。从第一代 iPhone 到目前的 iPhone6，尽管 iOS 长期被诟病开放性不足，但 iPhone 在争议中已经走过了七个年头，有过 iPhone4 的辉煌，也有过 iPhone5C 的尴尬，但不变的是，以 iPhone 为代表的 iOS 与以三星为代表的安卓之间的对决仍在进行。

（三）平板电脑的峥嵘

谈到平板电脑，很多人的第一反应可能是以 iPad 为代表的系列产品：它们操作简单、应用丰富、小巧便携，或许在人们眼中，iPad 已经成为平板电脑的代名词。2014 年 10 月 16 日，在美国加州库比蒂诺总部市政大厅举行的新品发布会上，苹果公司首席执行官库克宣布苹果 iPad 总销量已达到惊人的 2.25 亿台。可是，iPad 并不是平板电脑的开创者，在它之前已经有了无数倒在路上的前辈，而它诞生之初也并不被人们所看好。

1.早期的平板电脑产品：混沌时代的先行者

20 世纪 60 年代末，来自施乐帕洛阿尔托研究中心的艾伦•凯提出了一种可以用笔输入信息的叫作 Dynabook 的新型笔记本电脑的构想。然而，施乐帕洛阿尔托研究中心没有对该构想提供支持。第一部用作商业化的平板电脑是 1989 年 9 月上市的 GRiD Systems 制造的 GRiDPad，它的操作系统基于 MS-DOS。另外一部 Go Corporation 公司制造的 Momenta Pen top 平板电脑于 1991 年上市。1992 年，Go Corporation 公司推出了一款专用操作系统，命名为 Pen Point OS，同时微软公司也推出了 Windows for Pen Computing。跟“Think Pad”这个词暗示的一样，IBM Think Pad 系列的原始型号也都是平板电脑。这些早先的例子都失败了，那令人诟病的手写识别率根本就不符合用户的需求，并且居高不下的价格和重量也很成问题。譬如说，Momenta Pentop 平板电脑重量约 3.2 千克，并且价格高达 5000 美元。

2.Tablet PC：昙花一现的悲情英雄

论资历，微软公司平板电脑的历史远远早于苹果的 iPad。2001 年，微软推出了一款基于 Windows XP Tablet PC Edition 操作系统并为业界所认可的商业化平板电脑产品 Tablet PC。简而言之，Tablet PC 其实就是配备了旋转式触控屏幕且预装了 Windows XP Tablet PC Edition 系统的笔记本。在 Tablet PC 时代，最具代表性的产品就是原 IBM（现联想）旗下的 ThinkPad X Tablet 系列，并且这种旋转触控屏幕的机身结构一直延续至今。盖茨当年曾放出豪言："这是一个毫无界限的 PC 理念，我相信它将在五年内成为美国最热门的 PC 产品。"

可惜，Tablet PC 从诞生伊始就注定要以失败告终。原因很简单，就连时下微软公司最新的 Windows8.1 对触控操作的优化都不够好，对十多年前的 XP 系统而言，人性化操作基本是个遥远的梦想。此外，这种旋转触控屏幕与机身连体的设计形式，也注定它不会很轻薄，再加上"绝对高端"的市场定位，Tablet PC 从未被普通消费者所认可。

作为 Tablet PC 计划的推动者，"Wintel"（Windows 和 Inter 的英文缩写）联盟也认识到了这种大块头在便携性和成本方面的缺陷。于是自 2006 年起，"UMPC（Ultra-Mobile PC）"和"MID（Mobile Internet Device）"的概念孕育而生。严格来说，UMPC 才算是"平板电脑"的雏形，它采用了 7 英寸或更小的触控屏幕，搭载英特尔超低压版处理器，并预装 Windows XP Tablet PC Edition 系统（后期 Vista 系统也内置了 Tablet PC 的组件）。UMPC 和 MID 虽然解决了便携问题，但仍然存在性能孱弱、触控体验不佳的缺点（电阻式触控技术），因此在很长一段时期都仅仅是时尚达人手中的玩物。作为最广泛的消费群体，普通用户只能在电影里看到此类设备大放异彩。于是，一股被压抑很久的"平板情结"开始萌动，等待着一个爆发的时机。

3.iPad 和它的时代：异军突起的闯入者

2010 年 1 月 27 日，当乔布斯正式将 iPad 展现在世人面前时，业界并没有太看好，毕竟连强悍的"Wintel"联盟都在这一领域败下阵来。

可是，市场的反应让业界吃了一惊：消费者被压抑许久的"平板情结"终于被乔布斯和他略显玩闹的 iPad 引爆了。iPad 解决了 Tablet PC 和 UMPC 所面临的诸多麻烦：用电容式触控技术解决操作难题、用 iOS 系统替换 Windows 实现易用体验、ARM 架构芯片和超大电池不再担心续航缺陷，而 499 美元的上市价格，更是将素以"土豪专用"自居的 Tablet PC 和 UMPC 们打回了原形。

可以说，iPad 重新定义了平板电脑的设计形态及操作思路，并在价格上首次向普通消费者示好。随后，借助谷歌安卓系统的东风，安卓平板电脑则以更亲民的姿态呈现在了我们面前：iPad 的成功告诉了我们一个道理，没有 Windows 系统的设备也能叫"电脑"，无须有键盘鼠标也能“好玩”。

在 iPad 发布之前，“上网本”正在传统 PC 领域大杀四方，凭借小巧身材和低廉的售价，让用户忘记了还有 Tablet PC 和 UMPC 的存在。然而，随着 iPad 和其他安卓平板的上市，上网本也如明日黄花般迅速衰败。没有笔记本性能强，不如 iPad 好玩，“上网本”死得并不冤枉。

4.iPad 和它的竞争者们：群雄割据的时代

平板电脑市场的火爆引发了以苹果、微软和谷歌为代表的平板军团内战，iPad 尝了“头啖汤”，但竞争者们也找到了自己的生存之道。

（1）更“亲民”的平板。虽然我们知道 iPad 好，但价格始终是个问题。反观谷歌，玩起了众人拾柴火焰高的游戏，依靠安卓开放的优势吸引了以前卖电脑的、卖家电的、卖 MP4 的、卖手机的等无数企业涉足，从 299 元至 3999 元的价位区间都有安卓平板的身影。无论是让 iPad 引以为豪的视网膜屏幕、素以高端自居的四核处理器、曾经让人羡慕不已的超大内存，乃至标榜身份的高速联网，这些当初的新酷技术都被国产安卓平板消化吸收，并以千元左右的价格“挑逗”每一位消费者的欲望神经。

（2）更“专业”的平板。2012 年，微软公司推出了 Windows8 操作系统，并发布了 Surface 系列平板电脑。相较于 iPad 被广泛地看作娱乐平板产品，Surface 一直被宣传成可以替代笔记本电脑的平板电脑，或者称之为平板、笔记本二合为一的设备，力图打造高贵冷艳的高端角色。但目前从价格、体验性上并不具备太大的竞争优势，毕竟人们对在工作电脑和娱乐平板之外是否还要加一个中间产品并未达成共识。

（3）更“小”的平板。曾经，9.7 英寸的 iPad 销售量遥遥领先。为避免自身产品相互冲突影响，苹果为安卓留下了生存的一丝契机，那就是 7 英寸平板电脑。这个被乔布斯称为“见光死”的产品，经过几年的萌芽，阵营已经愈发壮大：三星 Galaxy Tab、黑莓 Play Book、戴尔 Streak7、亚马逊 Kindle Fire 均为 7 英寸产品，而安卓阵营的缔造者谷歌也推出自有品牌的 Nexus7。面对越来越多的小“7”，苹果公司又不得不推出了 iPad mini。

二、移动阅读时代的实现方式

在传统阅读时代，读者可以通过图书馆借阅、书店购买、邮购等方式获取阅读资源。相对应的，进入数字阅读时代，我们可以通过各类图书馆移动客户端、文学类 App、听书类 App 及各类设备自带资源实现阅读。

（一）指尖上的图书馆——数字图书馆类 App 引荐

在人们习惯于纸质阅读的时代，图书馆是一个重要的阅读场所和资源提供者。进入了移动数字阅读时代，数字图书馆通过各类 App 形式走进了人们的视野，并逐渐成为人们的重要阅读途径。

1.超星移动图书馆

超星移动图书馆是专门为各个图书馆制作的专业阅读平台，拥有百万册电子图书、海量报纸文章及中外文献元数据，为图书馆用户提供了方便快捷的移动阅读服务。在此基础上，依托集成的海量信息资源与云服务共享体系，为移动终端用户提供了资源搜索与获取、自助借阅管理和信息服务定制的一站式解决方案，具有突出的特点和技术优势。目前，国内多家公共图书馆、高校图书馆均选用了该平台进行二次开发。

2.图书馆 App

国内图书馆移动服务起步较晚，始于基于短信、WAP 手机平台的移动服务。近年来，随着手持终端的兴起，国内一些大型图书馆开始尝试利用 App 等工具为用户提供移动服务。例如，2005 年上海图书馆在全国首先推出了“手机图书馆”，并陆续推出了手机二维码应用和移动客户端，将图书馆服务的桌面终端延伸到移动终端。值得注意的是，目前仍只有少数图书馆尝试利用 App 等新技术手段提供服务，并且其中大多是传统业务的延伸，服务的内容、形式比较单一。同时，除了上海图书馆、苏州独墅湖图书馆外，大多数公共图书馆 App 均以超星移动图书馆为原型进行二次开发应用。以下为部分公共图书馆 App 服务相关情况。

（1）上海图书馆移动客户端。上海图书馆作为国内首个推出移动客户端的公共图书馆，积累了较为丰富的开发和服务经验。目前，平台功能包括：书目检索——可通过题名、著者、扫描条形码和其他（ISBN、ISRC、主题等）方式检索上海图书馆书目信息，囊括上海市中心图书馆 250 多家馆的馆藏信息；读者服务——读者可查看已借图书信息并续借，借阅历史情况，办理读者证功能查询与续证；上图信息——可查看上海图书馆开放时间，阅览室服务形式，座位数具体位置等；分馆导航——定位上海市中心图书馆 250 多家分馆，选择身边最近的图书馆。目前支持安卓和 iOS 手机下载。

（2）广东省立中山图书馆移动客户端。广东省立中山图书馆推出的移动客户端除了保留馆藏查询、续借、“我的图书馆”等常规功能外，增加了部分特色功能。如“摇一摇”功能使用户了解短时间内借阅书籍名称，形式新颖；扫码借阅，通过扫描二维码轻松借阅电子书。客户端通过通用的 RSS 订阅器和电子图书阅读器，支持 RSS 源自定义、OPDS 书源自定义，实现电子图书自主导人（ePub、TXT、PDF 等多种格式）。目前，设有 iPhone 版、安卓版、iPad HD 版、安卓平板 HD 四个版本。

（3）东莞移动图书馆。东莞图书馆移动客户端设有馆藏查询、馆情公告、读者服务、馆址导航等基本功能。此外，通过个性化开发，实现了部分特色功能，如馆藏查询中包括“每日一书”推荐，读者服务中包括乘车指南等贴心服务，基于馆址导航中立足于总分馆服务体系对总馆、少儿馆、镇（街）分馆、流动服务进行了介绍。

（4）苏州独墅湖图书馆。苏州独墅湖图书馆在移动客户端建设服务方面也有着丰富的创新经验。如书目建设功能中包括了新书列表、畅销书列表等推介方式，个人中心（“我的图书馆”）中有财经历史、图书荐购等功能，馆情信息中囊括了志愿者活动相关信息公布。

（二）掌上书屋——文学类 App 盘点

现如今，在前往公司、学校、家里的地铁或公共汽车上，随处可见形形色色、老老少少的“低头族”，除了看新闻、刷“朋友圈”之外，很多人还沉浸在文学阅读世界里。那么，移动设备上有哪些值得推荐呢？本书做了简单整理以飨读者，见表 6-1。

表 6-1　文学类 App 及其功能一览表

App 名称	功能简介
书旗小说	集合在线、本地阅读、书包下载、自动书签、智能搜索、阅读设置等功能，支持 Wi-Fi、支持本地 SD 卡中 ePub、TXT、UMD 等各种格式文件阅读
唐诗宋词	提供唐诗三百首、宋词四百首、元曲两百首、名句两百句，诗词中还带有详细解释，新版本提供增加、修改、删除、收藏功能
云中书城	收录并同步更新盛大文学旗下起点中文、红袖添香、潇湘书院、小说阅读网、榕树下等网站的全部原创小说，拥有智能推荐、新书推荐等多种推荐方式
百阅	内含数十万本图书、杂志、每天更新的连载系统，独创的书摘笔记系统可选取书中内容加批注本地保存，联网上传分享给百阅好友和微博粉丝；设有木质书架及六套养眼主题界面，并有下面线和隔行换色模式
墨香搜书	每日推送起点、17K、京东、当当、亚马逊等主流网站小说及实体书店排行榜，自有 1000 万余册电子书，书籍自动关联豆瓣书评、京东当当购书评论，自带用户行为分析引擎，推荐符合用户口味的书籍
多看阅读	该阅读软件支持 TXT、ePub 阅读格式，拥有免费图书搜索，个性化分类智能书架，还有智能提取章节目录、全文搜索、快捷书签特色功能
掌阅书城	支持 ebk2、TXT、UMD、PDB、CHM、ePub 等全主流阅读格式，和各大出版社进行了深度合作，拥有较多精品书籍
安卓书吧	自身带有在线书店功能，可以提供各种类型的书籍在线、下载阅读，对下载书籍提供管理界面和操作说明，可对 SD 卡导人的 TXT 文件进行智能搜索，查询远程服务器书籍
安卓读书	拥有较多阅读资源，智慧流量技术能够节省数据流量，独有的 DIY 个性界面可实现字体任意选，还可以免流量听书

（三）叫醒你的耳朵——听书功能 App

目前，听书功能 App 可以说是五花八门，不仅有专门的听书类 App，音乐播放类 App、广播类 App 也纷纷开启了跨界发展模式。这里选取了这三类中的代表分别做简单介绍。

1.酷我听书：音乐 App“捞过界”

酷我音乐作为一个比较成功的音乐软件，自 PC 时代起就在数字服务领域占据了一席之地，进入移动互联时代也大放异彩。然而，你知道不安分的它也“捞过界”开发了“酷我听书”这个小弟吗？

酷我听书依托五万部有声小说，三万段相声小品，1800 档电台栏目，百万正版音乐，数十万部儿歌及儿童读物、笑话段子、名家书评、英语学习、培训资料、健康养生、文学名著等，通过最精细完美的分类、最小有声播放应用，实现省流量、无广告的免费听书体验。同时，酷我听书也着力发展自有特色资源，如袁阔成系列、酷我自制、脱口秀、百家讲坛。

2.懒人听书：专注服务“懒人”书迷

懒人听书支持安卓、iOS、Web、WAP 等平台，提供免费听书、听电台、听新闻等有声数字收听服务，是国内较受欢迎的有声阅读应用，具有有声数字内容的录制、发行与传播的完整生产链，主要包括三个功能分区。

（1）有声书城。PGC 频道，以提供海量精品书籍类有声读物收听服务为主，书城内的有声读物通过懒人听书录制、购买版权、联合运营等方式更新。

（2）听吧社区。UGC 频道，汇聚大量国内主播上传分享的网络电台，以脱口秀、心情讲述、笑话段子、健康养生、广播剧为主。用户可关注主播、订阅节目，分享交流资源。

（3）开放平台。内容合作频道，提供主播招募、机构合作、作家合作、资源合作等服务，为主播、作家、有声资源版权机构等提供发布渠道。功能特点：海量资源、节目上传、下载收听、交流社区、云端同步、睡眠模式、文本同步。

3.蜻蜓 FM：广播听出精彩

蜻蜓 FM 是一款电台收音机 App，一方面提供 3000 多个国内外电台每天 24 小时不间断直播，另一方面还包含新闻、音乐、小说、综艺等 13 个分类内容。

其功能特点：节目预约，准时开启收听心仪节目；录音回放，24 小时内任意回听；电台闹钟，将内容设为起床闹钟；离线收听，节省有限流量。

（四）其他移动阅读方式

沉浸于各类阅读 App 应用的同时，我们也应该发现并利用各类数字移动设备自带的预置阅读功能，即设备制造商或移动通信运营商在设备内置的 App 应用，在特定设备上一般享有使用上的便利或数据流量方面的优惠，在享受高质量阅读体验的同时或许还能节省一笔可观的费用。

1.苹果公司的 iBooks

iBooks 是苹果公司推出的一套专用于苹果公司设备上的电子书阅读软件。iBooks 最早于 2010 年 1 月 17 日与 iPad 一起发布，并于同年 4 月份与 iPad 同时面世。iOS4 发布时宣布支持 iPhone/iPod touch。iBooks 于 2010 年 5 月在中国大陆的 App Store 上线，而 iPad 在中国大陆开始销售则在 4 个月之后。在 iOS8 正式版发布后，iBooks 预装在该系统内，用户无须另外在 App Store 购买并下载安装。

最初，iBooks 只支持 ePub 格式的电子书。iOS4 发布的时候开始支持 PDF 格式。用户可以在苹果官方的 iBook store 购买并下载 ePub 格式的电子书，也可以将自己下载或制作的电子书通过 iTunes 同步到 iOS 设备上。

iBooks 拥有华丽的特效，如类似真实书籍的翻页过场效果，甚至让翻开的书页随着用户翻页的手指移动。不过一些特效在 iPhone 的版本里被删掉了，而阅读 PDF 的功能里则干脆没有任何特效。iBooks 还可以通过 iPad 里内置的 Voiceover 功能朗读 ePub 格式电子书的全文或选定的段落。此外，用户还可以在自己的不同 iOS 设备间通过 iCloud 同步 iBooks 的书签等信息。iBooks 亦支持书签、字体类型和大小调整、亮度调整和全文搜索等功能。

2.Kindle 电子书

Kindle 电子书是亚马逊公司为支持 Kindle 系列设备及不同操作平台上的 Kindle 客户端而推出的网上书城。据其官网显示，目前在售电子书内容涉及现当代小说、英语有声读物、儿童图书、青少年读物、进口原版等图书类型，并提供读者星级评价系统（最高 5 分）。

目前，三星公司部分移动设备含有预置 Kindle 客户端，并为三星注册用户每月提供一本精选免费图书。

3.DIY 电子书

iBooks Author 是 2012 年 1 月 20 日由苹果公司发布的免费的电子书制作工具，制作出的电子书可以在 iBooks 上下载，在 iPad 上阅读。任何人都可以通过 iBooks Author 提供的诸多模板自建电子书，插入包括音频、视频、3D 物件等在内的多媒体内容，同时还可以利用到 HTML、Javascript 等技术。使用 Multi-Touch Widgets 可以添加互动式照片库、影片、Keynote 演示文稿、3D 项目及更多元素，并可以随时在 iPad 上预览正在制作的电子书，完成的作品可方便提交到 iBooks Store 供人免费或付费下载。

三、另类的移动阅读：数字影音与网络交互

在移动阅读世界，我们阅读的内容不仅仅局限于文字，通过各类数字影音、网络交互网站，我们也能享受到另类的阅读体验。

（一）随身的音乐厅：打造自己的移动音乐库

目前，数字移动设备主要用两种方式获取并组织音乐资源，一是通过预置软件如苹果 iTunes、三星 SamsungKies 等同步或直接购买音乐资源，二是通过安装第三方音乐 App 进行在线试听、下载。

1.预置软件加载音乐

苹果的 iTunes 作为一款一站式解决方案的应用成功赢得“苹果粉”的钟爱。在此我们对使用苹果产品的读者提出两个小建议。一是解决歌词和专辑封面问题。从网络上获取的音频资源一般是免费的非正式发售音乐，不附带歌词，没有转机封面，更没有完整的歌曲信息，体验效果较差。为此，建议使用谷歌或百度的音乐搜索，或在相关音乐论坛上下载歌手的整张专辑，可较为容易地获得带有详细歌曲信息的资源。二是关于同步。“同步”的过程是让移动设备与电脑资源库一致，容易发生的“事故”是用户将自己的手机连接到别人电脑来获取音乐，这会抹掉手机上的所有音乐，而之后同步自己的电脑资源库时又会抹掉移动设备上的音乐，需要注意。

2.第三方音乐 App 面面观

目前，App 市场上的第三方音乐 App 数不胜数，下面选择几个为读者介绍其功能特色。

（1）酷狗音乐。酷狗丽音音效，由蝰蛇（VIPER）专业打造智能均衡环绕音，并设有多种预设音效，让同一首歌有不同味道；融合酷狗收音机，包括音乐、新闻等不同类型资源；自带手机 KTV 功能，包括录音棚、KTV、音乐厅、演唱会等音效；互动社区功能，按距离定位身边好声音，结交歌友。

（2）QQ 音乐。多终端音乐同步，通过登录 QQ 账号实现电脑、手机、Pad 音乐云同步；融入社交功能，可以点歌给 QQ 或微信上的好友，并可分享到朋友圈、微博、QQ 空间；独有部分音乐版权，如“我是歌手”专题系列资源。

（3）百度音乐。依托全球最大中文搜索引擎使得音乐资源量有保障，包含脱口秀、

晓辉、电台等有声节目频道。

（二）移动设备看视频：好片及时看

目前数字移动设备基本均内置视频播放器，同时读者也可根据自身使用习惯自行下载第三方播放软件，无须联网即可感受观影乐趣。同时，诸如优酷视频客户端、土豆视频客户端、奇艺影视等视频网站客户端也是不错的选择。

此外，目前数字视频格式五花八门，面对主流的 AVI、RMVB、FLV 等格式的视频，苹果移动产品却不支持。因此，下面介绍两种较为常见的转码工具。做好视频格式的转换也是一件必要的事情。

1.Meida Coder

一个免费的通用音视频批量转码工具，它将众多来自开源社区的优秀音视频编解码器和工具整合为一个通用解决方案，操作简单，通过少量参数设置即可达到高质量转换。

2.WinMEnc

操作简单，不需要分辨率、FPS 和声音设置，轻松转换，支持批量转换和外挂字幕，转换速度快。

（三）自媒体时代的网络交互

随着信息技术的发展，互联网逐步从单向传播为主的格局进入到每个人都能成为生产者的自媒体时代，而数字移动设备技术的成熟、价格降低、移动网络传输速度的提升，使得人们能更为便捷地享受到网络交互的乐趣。

1.微博、微信及其竞争者

2009 年 8 月 14 日，新浪借鉴 Twitter 和 Facebook 推出新浪微博，用户可以通过网页、WAP 页面、手机第三方应用程序等，将看到的、听到的、想到的事情写成一段 140 字以内的话，还可以配上若干图片，通过数字设备发布随时随地和朋友分享、讨论。随后，新浪微博大打名人牌，通过一批大 V（知名的认证账号）的号召力迅速风靡全国，以致腾讯、搜狐公司等也跟风推出各自的微博产品加以应对。彼时，人人都以玩微博为时尚，很多人都喊出微博是一场互联网革命的口号。但 2013 年，微博突然遭遇寒流，无论活跃度、吸引力都大大降低。很多投入微博营销的企业也意兴阑珊，他们把注意力迅速转移到另一个新兴的微应用：微信。

微信是腾讯公司开发的一款主要基于手机等移动数字设备的多功能移动通信工具，用户可以文字短信、语音短信、视频短信、实时视频和图片等进行交流，同时“朋友圈”也实现了类似微博的图文分享功能，此外又增加了“扫一扫”、游戏中心、支付功能等。2011 年 1 月发布微信 1.0 测试本。自推出以来，借助 QQ 用户数量的优势（支持 QQ 账户绑定登录），微信的用户数量在极短时间内迅速增加。2012 年 3 月 29 日，腾讯公司总裁马化腾发微博称："终于，突破一亿。"这标志着微信进入里程碑的"亿"时代。随着微信从 1.0 升级到当前的 7.0.0 版本，尽管有米聊、陌陌、易信等类似竞争产品的出现，但微信凭借着三亿人的用户群造就了后来者难望其项背的移动互联网神话。

2.网上社区及论坛

社交网站是 Web2.0 的重要应用之一。进入移动数字时代，除了上文提及的微博等信息发布式应用、微信等即时通信应用广受热捧外，拥有虚拟交互性质的各类社区、论坛平台逐步被接受并深刻影响人们的日常工作、生活。下面就其中较为常用的平台加以介绍（见表 6-2）。

表 6-2　网上社区及论坛平台

平台名称	功能特色
豆瓣	豆瓣创立于 2005 年 3 月，提供关于书籍、电影、音乐等作品的信息，无论描述还是评论都由用户提供。目前的平台包括读书、电影、音乐、小组、同城、豆瓣 FM、东西等栏目，用户可以搜索别人的推荐，所有的内容、分类、筛选、排序都由用户产生和决定，看似评论网站，但像一个集博客、交友、小组、收藏于一体的新型社区网络。目前除 PC 网页浏览外，支持移动界面浏览及移动客户端接入
知乎	知乎是一个社会化问答网站，社区用户围绕某一问题分享着彼此的专业知识、经验和见解，由于依托"赞同""反对""没有帮助"等功能特点，能提供较高品质的答案内容。依托该平台还产生了知乎日报、知乎周刊、圆桌会议等衍生产品。目前平台可通过网页、安卓/iOS 移动客户端接入，并支持微博、QQ 账户登录
天涯社区	天涯社区创办于 1999 年 3 月，经过十多年的发展已经成为以论坛、博客、微博为基础交流方式，综合提供个人空间、相册、音乐盒子、分类信息、站内消息、虚拟商店、来吧、问答、企业品牌家园等系列功能服务，以人文情感为核心的综合性虚拟社区和大型网络社交平台，并衍生出天涯日报等 App 应用。目前天涯社区支持 PC、移动设备页面浏览方式接入，并提供移动客户端下载

3.自媒体时代的图文分享

目前，数字移动设备基本具备了较为出色的摄像头、先进的背部照度传感器、自动白平衡功能、理想的色彩保真度和面部识别功能等，这意味着生活中的每一个人都能成为"摄影师"。在使用过程中，一方面读者可以使用设备自带的参数设置功能如曝光度、对比度、拍摄模式等进行个性化设置，另一方面一款有趣而实用的照片处理 App 也是必不可少的。

（1）美图秀秀。这是一款广受欢迎的免费图片处理软件，尤其为“自拍爱好者”所青睐，凭借着操作简单及独有的图片特效、美容、拼图、场景、边框、饰品等功能，每天更新的精选素材，可以使用户一分钟内做出“影楼效果”。

（2）足记。作为一款结合电影与地点的创新图片社交应用，它可以使用户轻松拍出电影效果图片，并用电影与字幕的方式记录生活，发现当地拍摄电影、发生的故事，在实际场景中拍摄出有趣的“穿越照”或对比图，并能通过微信朋友圈、微博等渠道发布给朋友们。

第四节 智慧时代下的网络阅读资源

一、网络百科全书

（一）大不列颠在线百科全书（www.britannica.com）

大英百科全书公司 1994 年推出了不列颠百科全书网络版（Encyclopedia Britannica Online），是因特网上的第一部百科全书。

不列颠百科网络版力图保持其纸质版的权威性、专业性及适度的时效性。其内容脱胎于 32 册不列颠百科全书，囊括了对各个重要学科知识的详尽介绍。网络版已被世界各地的高等院校、中小学、图书馆及政府机构等普遍使用。时效性方面，除印刷版的全部内容外，网络版还收录了最新的修订和大量印刷版中没有的文字，可检索词条达到 10 万多条，并收录了 2.4 万多幅图例、2600 多幅地图、1400 多段多媒体动画音像等丰富内容。

结合近年来手持移动终端有取代固定终端大部分功能的趋势，不列颠百科再次加入创新的浪潮，陆续推出多媒体终端版以增加客户使用的便捷性和黏性。目前已设计出与智能白板、平板电脑、智能手机、电子阅读器等兼容的数字化资源，广泛应用于学校和研究机构。

（二）维基百科（http：/www.wikipedia.org）

维基百科是吉米·威尔士与拉里·桑格于 2001 年 1 月 13 日在互联网上发起的站点服务，并于 1 月 15 日正式展开的网络百科全书计划。同时，它也是一部用不同语言写成的网络百科全书，其目标及宗旨是为全人类提供自由的百科全书——用他们所选择的语言来书写而成的，是一个动态的、可自由访问和编辑的全球知识体。

截至2014年7月2日，维基百科条目第一的英文维基百科已有454万个条目，全球所有282种语言的独立运作版本，共突破2100万条目，总登记用户也超过3200万人，总编辑次数超越12亿次。除了传统百科全书所收录的内容，维基百科也收录了非学术内容及具有一定媒体关注度的动态事件。

维基百科最大的优势在于开放性和分享性，这与人类知识本身的无国界、无疆界理念契合，吸引了广泛的参与。主要的缺陷在于缺乏权威性、客观性。权威性指在缺失传统审查和专家撰稿的背景下，难以保证大众自行编纂条目内容上的准确度、专业性，缺乏客观性是指对有争议的人或者事物，其评价难以做到不偏不倚。

（三）百度百科（http：//baike.baidu.com）

百度百科是百度公司2006年4月20日发布的开放式网络百科全书，是一部由全体网民共同撰写的百科全书，是全球最大的中文百科全书。每个人都可以自由访问并参与撰写和编辑，分享及奉献自己所了解的知识，从而共同编写成一部完整的百科全书，并使其不断更新完善。

百度百科于2008年4月21日推出正式版，当时已收录约110万个条目，截至2014年11月，收录词条数量达1000万个。其词条有相当大的比例并非原创，其用户存在抄袭其他百科全书词条的现象，涵盖530余万条词条，绝大部分条目内容和图片来自其他网站或出版物。

百度百科最大的优势是与百度贴吧、百度知道建立了三位一体的服务，共同构筑了一个完整的知识搜索体系，成为网页搜索的有益补充，更好地提升了读者的搜索体验。

（四）其他百科全书网站

如果你想拥有更开阔的眼光，请不要局限在以上百科全书网站，来看看别的百科全书。

互动百科（http：//www.baike.com/）：是全球最大中文百科网站之一，创建于2005年7月18日，致力于为数亿中文用户免费提供海量、全面、及时的百科信息，并通过全新的维基平台不断改善用户对信息的创作、获取和共享方式。

中文维基百科（http：//zh.wikipedia.org/）：是维基百科协作计划的中文版本，繁简同站，大部分内容由世界各地的华人一起合作完成。2015年5月19日，中文维基百科被关键字屏蔽和DNS污染，而其他语言的维基百科暂未受到影响，可以正常访问。

哥伦比亚百科全书（http：//www.bartleby.com/）：各门学科都有涉及，内容比较全面，而且操作方便。但读者如果希望深入一个专题调查的话，可能会略感不足。

百科全书（http：//www.encyclopedia.com/）：被誉为“没有围墙的大学”，概要记述人类知识门类或某一知识门类的工具书，在规模和内容上均超过其他类型的工具书，供人们查阅必要的知识和事实资料，其完备性在于它几乎涵盖了各种工具书，囊括了各方面的知识。

二、文学网站

（一）起点中文网（www.qidian.com）

创立于 2002 年 5 月，是国内最大的原创网络文学网站，长期致力于原创文学作者的挖掘和培养，取得巨大成果。根据艾瑞咨询公司推出的网民连续用户行为研究系统 iUser Tracker 最新数据显示，2015 年 1 月，起点中文网日均覆盖人数达 179 万人，网民到达率达 0.7%，位居第一。可以说，起点中文网是国内网络文学网站中当之无愧的“大佬”。

起点中文网作为国内最大的原创网络文学网站，其作品内容多元，将作品题材分为玄幻、奇幻、武侠、仙侠、都市、职业、历史、军事、游戏、竞技、科幻、灵异等类别，其中玄幻、武侠、都市、历史、军事、游戏、竞技、灵异、科幻等小说题材均具有极大影响力，适合各类用户群。网站页面设置上，充分重视用户的舒适度与便捷性，网站页面以红色与白色为基调，文字则主要采用绿色与黑色，对比清晰、醒目。

2003 年 10 月，起点中文网首创“在线收费阅读”服务，成为真正意义上的网络文学盈利模式的探索者。此后，起点又率先推出了作家福利、文学交互、内容发掘推广、版权管理等机制和体系。

（二）晋江文学城（www.jjwxc.net）

成立于 2003 年，是全球最大女性文学基地，经过多年发展，吸引了众多女性文学写手与读者。根据艾瑞 iUserTracker 最新数据显示，2015 年 1 月，晋江文学网有效浏览时间达 1345 万小时，占总有效浏览时间达 9.6%，位居第一。曾多次荣获“十大最具影响力文学网站”等奖项，是业内公认的品牌文学网站。

目前，晋江文学城拥有在线作品 65 万部，包括穿越、言情、影视、都市爱情、职场婚姻、青春校园、武侠仙侠、耽美同人、玄幻、网游、传奇、奇幻、悬疑推理、科幻、历史、散文诗歌等多种类型。拥有注册用户 700 万，注册作者 50 万，签约作者 12000 人，其中有出版著作的达到 3000 人。以每天近 1 万新用户注册、每天 750 部新作品诞生，每天 2 本新书被成功代理出版的速度飞速增长着。

可以说，晋江文学城在国内文学网站中成功建立起了自己的品牌，吸引了大量读者与优秀作者驻站写作，盈利模式也日益成熟。

（三）17K 小说网（http：//www.17k.com/）

2006 年 5 月 22 日正式成立，隶属于北京中文在线文化传媒有限公司，是集创作、阅读于一体的国内领先在线阅读网站。据艾瑞咨询公司推出的网民连续用户行为研究系统 iUser Tracker 最新数据显示，2015 年 1 月，17K 小说网在国内垂直文学网站日均覆盖人数排名方面位列第四，仅次于起点中文网、晋江文学网和小木虫，日均网民到达率为 0.3%，用户有效浏览时间位列第六，月度有效浏览时间达到了 429 万小时。曾获得“十大最具影响力文学网站”等奖项，是业内公认的顶尖文学网站之一。

目前，17K 小说网拥有作品 37 万部，分主站和女生网两个站点。主站拥有作品近 27 万部，其内容针对男性作者，分为玄幻、奇幻、仙侠、武侠、游戏、竞技、都市、历史、军事、科幻、惊悚等种类。女生网拥有作品近 10 万部，类型主要有古装言情、都市言情、幻想言情、穿越重生等类。目前网站拥有网络作者超过 40 万人，知名作家 2000 余人，出版机构 500 余家，日均访问量 3000 万。

（四）其他文学网站

2015 年 1 月，腾讯宣布正式成立阅文集团，统一管理和运营原本属于盛大文学和腾讯文学旗下的起点中文网、创世中文网、潇湘书院、红袖添香、小说阅读网、云起书院、QQ 阅读、中智博文、华文天下等网文品牌，除上文介绍的三大文学网站，我们还将给大家介绍阅文集团的其他文学网站。

创世中文网（http：//chuangshi.qq.com/）：成立于 2013 年，是由网络文学业界资深团队精心打造的，集阅读、创作、互动社区、版权运营于一体的全开放网络文学平台。作品储备近十万部，涵盖玄幻/奇幻、武侠/仙侠、都市/职场、言情、历史/军事、科幻/灵异、游戏/竞技等分类，并已吸引数百位人气网络作家加盟，新书独家连载。

潇湘书院（http：//www.xxsy.net/）：创建于 2001 年，是最早发展女生网络原创文学的网站之一，也是最早实行女生原创文学付费的网站。潇湘书院用户数量与日俱增，访问流量在国内文学类网站中名列前茅。

红袖添香（http：//topic.hongxiu.com/aboutus/）：创办于 1999 年，是全球领先的女性文学数字版权运营商之一。涵盖小说、散文、杂文、诗歌、歌词、剧本、日记等体裁的高品质创作和阅读服务，在言情、职场小说等女性文学写作及出版领域具有巨大影响力。

小说阅读网（http：//www.readnovel.com/）：成立于 2004 年，是全球领先的文学综合版权运营商之一，主要提供都市生活、婚恋职场、古言穿越、历史军事、青春励志、悬疑幻想等体裁文学作品的线上阅读、手机无线阅读、线下出版、影视改编、游戏改编、动漫改编服务。网站拥有海量原创作品、签约作家、签约编剧及用户群。综合数据在全球中文小说阅读领域独占高地。

QQ 阅读（http：//book.qq.com/）：是一款隐藏在 QQ 邮箱中的软件。创新上线的

QQ 阅读采用了类似杂志的阅读版面，网友可以通过自定义设置，打造个性化的电子杂志，不仅有好友日志，博客、报纸、杂志，甚至腾讯微博的最新内容都能第一时间阅读，与线上好友即时分享。

书香中国（http：//www.chineseall.cn/）：致力于为全世界华人用户提供优秀的电子图书读物，以帮助读者养成良好的阅读习惯为宗旨的网络运营平台。

三、科普网站

（一）科学松鼠会（http：//songshuhui.net/）

科学松鼠会产生在新的媒体融合时代的环境下，成立于 2008 年 4 月，是一个致力于在大众文化层面传播科学的非营利机构。会聚了当代最优秀的一批华语青年科学传播者，旨在“剥开科学的坚果，帮助人们领略科学之美妙”。

科学松鼠会主要的活动范围是在网络上。它拥有一个群博客，同时在豆瓣建立了科学松鼠会小组，亦在新浪微博安家，后两者都是目前互动性最高的网络社区。积极发展基于网络的线下活动——小姬看片会和达文西行走中队，不定期地举办讲座、沙龙，承办“首届科学嘉年华”，出版了由网上文章合集而成的图书。

如今，科学松鼠会的博客、微博在公众中具有较高的知名度，并得到了官方的认可和媒体的广泛关注。例如，“科学松鼠会蹿红”入选 2008 年度“中国科普十大事件”，《人民日报》、中央电视台等权威媒体都报道过该组织。

（二）果壳网（http：//www.guokr.com/）

果壳网是于 2010 年 11 月上线的网站，定位是以科技为核心的社会化媒体。

果壳网是开放、多元的泛科技兴趣社区，并提供负责任、有智趣的科技主题内容。在这里，你可以根据兴趣关注不同的主题站和小组，阅读有意思的科技内容；在“果壳问答”里提出你所困惑的科技问题，或提供靠谱的答案；关注各个门类和领域的果壳达人，加入兴趣讨论，分享智趣话题。

果壳网的创始人是姬十三，它与科学松鼠会在运营上完全独立，后者是 NGO 哈赛中心旗下公益科学传播项目。

（三）其他科普网站

除松鼠、果壳两大科普网站外，还有一些知名度比较高的科普网站。

知乎网（http：//www.zhihu.com/）：知乎网是一个中文问答社区。知乎上的问题和回答水平是很高的，这在论坛式灌水之风盛行的中文互联网中实属不易。

未来光锥（http：//guangzhui.org/）：2011 年 12 月 12 日，“未来光锥”正式启用。

主题富有多样性和前沿性，嘉宾的讲解带有故事性，问题的呈现具有现场感。它将远不是一场简单的“讲座”，而是一场传播新知的“表演”。

四、购书网站

（一）当当网（http：//www.dangdang.com/）

当当网是国内领先的B2C网上商城，成立于1999年11月，以图书零售起家，已发展成为领先的在线零售商、中国最大图书零售商、高速增长的百货业务和第三方招商平台。

当当网在线销售的商品包括图书、音像、服装、孕婴童、家居、美妆和3C数码等几十个大类，在库图书超过90万种，百货超过105万种，其注册用户遍及全国32个省、市、自治区和直辖市。2015年1月13日，当当发布了《2014当当中国图书消费报告》。报告显示，2014年，当当平台的图书消费量高达3.3亿册。

当当于2012年推出自主研发的都看阅读器，可媲美亚马逊的Kindle，配备6英寸的电子屏幕，阅读更加轻松自如。

（二）亚马逊中国（http：//www.amazon.cn/）

亚马逊中国前身为卓越网，之后叫卓越亚马逊，它是一家中国购物网站。2004年8月19日，亚马逊以7500万美元收购卓越网。该网站成为亚马逊第七大本地化网站。2007年6月5日，其域名joyo.com改为amazon.cn，并把卓越网名称改为卓越亚马逊。2011年10月27日，卓越亚马逊变更为亚马逊中国。

作为一家在中国处于领先地位的电商，亚马逊中国为消费者提供数百万种独特的全新、翻新及二手商品，类别包括图书、影视、音乐和游戏、数码下载、电子产品、家居和园艺用品、玩具、婴幼儿用品、杂货、服饰、鞋类、珠宝、健康和美容用品、体育、户外用品、工具、汽车和工业产品等。

亚马逊中国除了能实现纸质图书数字化订阅，还提供电子书网上购买，通过支付一定金额，将该书电子版本下载到亚马逊Kindle阅读器上进行阅读。Kindle电子书店品类齐全、价格优惠，还有数千本免费电子书，包括众多的中外经典名著。

（三）京东商城（http：//www.jd.com/）

京东成立于1998年6月，是中国最大的自营式电商企业。

它提供丰富优质的商品，品类包括计算机、手机及其他数码产品、家电、汽车配件、服装与鞋类、奢侈品（如手提包、手表与珠宝）、家居与家庭用品、化妆品与其他个人护理用品、食品与营养品、纸质书籍、电子图书、音乐、电影与其他媒体产品、母婴用品与玩具、体育与健身器材，以及各种虚拟商品（如国内机票、酒店预订等）。

京东商城于2012年推出一款可用来在线购买电子书的软件——京东商城客户端，可以让你实现海量的电子书刊在线阅读，还能随时随地找到你需要的电子书，并以安全快捷的方式进行在线支付。

（四）其他购书网站

看书可以充实我们的头脑，让我们更多地了解外面的世界。不过书店购书价格稍贵，所以如果想选购书的话可以到网上购买，除了当当网、京东商城、亚马逊中国等知名购书网站，还有以下网站。

淘书网（http：//www.taoshu.com/）：是一家有多年书业运营经验的图书电商网站，以经营书店和出版社的库存特价书为特色，低于正常折扣（甚至亏本）销售。

孔夫子旧书网（http：//www.kongfz.com/）：全球最大的中文旧书网站，汇集了全国9万家网上书店与书摊，展示多达5000万种图书。

澜瑞外文（http：//www.lanree.com/）：是国内最大的专营原版进口图书的电子商务网站，于2011年4月正式上线。通过与国内多家图书进出口公司合作，澜瑞外文网站目前已汇集了包含建筑、艺术、时装、时尚、旅游、餐饮、健康、体育、经济、管理、历史、文学、儿童等种类的超过1000万种的外文原版图书和4000多种国外专业期刊。

香港商务印书馆（http：//www.cp1897.com.hk/）：是香港网上书店，可购买港版书籍，邮递费用为140元港币起。

第七章　智慧图书馆视角下的大学图书馆阅读推广模式

第一节　智慧图书馆建设原则与内容

一、智慧图书馆建设的原则

（一）标准化和规范化原则

智慧环境下，图书馆信息的采集和加工，传播和利用，都是以网络为依托的。“无处不在”的互联网，对于图书馆建设的便利性是不言而喻的，但若要形成全国范围内的图书馆事业体系，甚至全球范围内的共建共享，统一的标准和建设规范是必不可少的。由此可知，标准化和规范化会直接影响智慧化建设的成败。例如国际上通用的数据格式标准规范，统一的网络通信协议，符合行业标准规范的设备等，统一的标准、规范、协议，以及可兼容的软硬件，在数字资源系统建设、技术平台构建、信息服务系统开发等过程中，都是至关重要的，在图书馆系统互联互访到其他系统的智慧化建设中，发挥着不可替代的作用。换句话说，智慧图书馆的未来建设，及其功能服务更好地实现，必须建立在统一的标准、规范基础之上。

（二）开放性和集成性原则

未来智慧图书馆的发展，将为读者提供智慧化程度较高的个性服务，同时，读者能够互动式或自主式的参与图书馆的服务与管理。在移动互联网的基础上，信息的创建和处理，传输和搜索，都会达到难以想象的高效和便捷，图书馆员不再是唯一的信息制造者和发布者，读者也将成为信息数据的创造者，使得信息的扩散更加迅速，信息在“图书馆—读者”之间的流动更加快而直接。智慧图书馆为用户提供的微信互动、微博分享，网上联合知识导航站，以及电话预约、就近取书等服务，降低了图书馆的进入“高度”，使馆员与读者，读者与读者，馆员与馆员之间能够自由互动、协同参与，在图书馆的管理和服务中，读者可直接或间接地发挥作用。

智慧图书馆是在云计算技术、物联网技术的基础上，实现各个文献信息机构之间，不同类型文献之间，实现跨系统应用集成，跨部门信息共享，跨媒体深度融合，文献感知服务和集群管理。上海图书馆的“同城一卡通”，使读者对可用一卡通借阅的文献的存储和流通状态，能够跨时空、实时获取，在237个总分馆中，跨空间的实现各个单一集群系统的互通互联。通过知识信息的共建整合，无障碍转换，跨时空传递等，实现集约显示、便捷获取，依靠集群化综合服务平台，使知识资源的视角不仅仅局限于点，而是扩展到条、面、区域，从而达到条线的交流，块面的联系，区域间的互动，实现智慧化运作。图书馆要实现服务创新，就必须依靠新技术的智慧化应用。

（三）共建性和共享性原则

全国范围智慧化图书馆体系的建设，一个图书馆的力量是有限的，短时间内很难完成智慧资源建设。几个图书馆之间的信息共享，通过共享人力、物力，可短时间内丰富馆藏资源，最大化的满足用户需求。由此可知，作为个体的图书馆，若想要尽快实现泛在化、智慧化建设，必然需要与其他馆合作，通过共建共享，贡献自己力量的同时，也获得更多其他馆的馆藏资源。

为实现信息资源共建共享，图书馆个体可以相互联盟，如国际上的OCLC（Online Computer Library Center，联机计算机图书馆中心），以及国内的CALIS（China Academic Library & Information System，中国高等教育文献保障系统）等，一方面，一定区域内的图书馆形成统一体，以联盟的形式采购图书、数据库等，从书商、服务商处获得较低的采购价格，不仅节省资源，也可扩大资源利用率；另一方面，各个图书馆之间可以共享技术、平台资源等，在数字化建设过程中，避免资源重复开发、节约成本，还能有更多的资源用于读者服务，促进图书馆的智慧化建设。

（四）智慧性和泛在性原则

图书馆的智慧化、泛在化主要体现在：①服务时间和服务空间：无线网络技术的发展，更加智能的自动化服务系统的出现，实现在网络所覆盖的地区，都能体验到的图书馆服务，且连续7×24h的服务。图书馆用户通过终端设备，可以不受时间、地点限制地享受数字资源、服务。②服务对象和服务模式：移动通信技术的发展，图书馆的服务模式势必要发生改变，为所有连入网络的用户主动推送资源、服务，不再仅限于到馆用户，每个人都能公平地获取所需资源和服务，真正地扩大图书馆服务对象的范围。③服务内容及服务手段：泛在环境下，图书馆之间资源的共建共享，使得图书馆用户可获得资源服务，不再仅限于本馆的馆藏，而是整合不同平台的资源，如共享资源中心、互联网和开放知识库等，同时，对信息加以归纳整理、去伪存真，然后供用户使用，如通过网站、WAP平台拓展数字化资源的利用率。

由此可知，时代背景和技术环境的变化，图书馆的建设发展务必要遵循智慧化、泛在化的原则，才能真正体现图书馆的社会价值。

二、智慧图书馆建设的内容

随着社会的数字化、网络化发展，各种挑战接踵而至，图书馆就要不要转型、如何转型，一直面临着各方面的压力。换个角度，社会的发展，也为图书馆开创了一个前所未有的时代，包括传统的馆舍、资源建设以及服务创新、合作共享、数字平台建设，阅读推广等等，都是图书馆的崭新成果。移动互联网、物联网的出现，平板电脑、智能手机及可穿戴设备等载体的应用，使用户需求发生了巨大变化，不再是以往的简单获取文献，而是直接获取知识、享受智慧服务，随之而来的是图书馆服务模式的与时俱进。

（一）图书智能分拣、盘点系统

RFID 标签的使用，改变了传统的图书馆工作流程，配合 RFID 设备的使用，图书馆管理数据流的业务流程为：采编—分拣—盘点—借阅。图书进入图书馆后，要先进行分类编目、标签工作，后由自动分拣系统分配上架，供读者借阅。读者通过自助借还设备归还图书，分拣系统对归还图书进行整理，后直接分配、上架。另外，由于每本图书都有专属的 RFID 标签，图书的清点工作便变得简单，可通过 RFID 读写装置自动清点，并实时更新图书的存放位置，清楚图书的在架情况。目前，国内图书管理系统研究较成熟是深圳市远望谷信息技术股份有限公司，具备不同功能的 RFID 设备，在全国三百多家图书馆投入使用。

（二）馆内自助系统

1.自助借还一体机

自助借还一体机是射频识别技术的一种应用，通过自助借还系统，读者不再局限于服务台办理图书借还，而是读者自助进行操作的一种设备。拥有图书馆智能卡的用户，借书时只需将智能卡片、待借图书放在各自的感应区内，由自助设备自动扫描识别，读取卡片上用户的个人信息、书籍信息，然后用户核对信息并确认借阅，即完成整个借书过程。相对于借书过程，读者的自助还书过程更加简单快捷，只需点击自助设备显示屏上的“还书”，后将所要归还图书放置感应区，然后确认信息并归还，无须出示借书卡。另外，可同时借还多本图书，自助借还系统可 24 小时连续服务。自助借还设备的使用，不仅方便读者，减少馆内工作量，更提高了图书的流通速率、图书馆的服务品质。

2.座位预约系统

座位预约系统同样是 RFID 技术的一项应用，实现了图书馆内用户与设备的互联。在每个椅子中植入重量传感器，通过馆内的无线网络，发送是否空闲的信息，控制中心汇总所有信息，在显示屏上以图像形式展示，读者可到馆预约，也可通过“我的图书馆”

在手持终端预约，座位自助预约系统是图书馆智能化、人性化的体现，用户可根据喜好预约。但对于恶意预约用户，通过限制预约权限、减少借阅数量等形式进行惩罚，以杜绝此行为的出现。

3.图书馆多媒体终端机

读者自助操作，进行图书馆导航，以及书目检索和报纸期刊的阅读，还能用来宣传展示图书馆。

4.自助打复印一体机

用户可根据需要，进行自助打印、自助复印，也可将自己需要的纸质图书资源，自助扫描到自己的邮箱，并可通过网络，完成异地打印。

5.触摸屏阅报机

馆内配置多台触摸屏阅报机，供读者阅读报纸、期刊，并能够进行图书馆 3D 全景地图导航。

（三）智能管理和安全系统

1.综合能耗管理系统

在智慧城市的大背景下，智慧图书馆的建筑主体务必要达到环保、节能的标准。综合能耗管理系统，是在图书馆内部相关设备内嵌入传感器，以便实时控制整个图书馆的内部环境，包括空调、照明、给排水等，在确保读者人身安全的同时，为其营造舒适的阅读环境，并对馆内设备进行在线监控，确保其最佳运行状态和最低能耗。并根据图书馆所处的地理环境，选择绿色环保的建材，充分利用气候因素，实现智慧图书馆的安全、节能。

2.图书安全防盗系统

图书安全防盗系统包括 RFID、磁条双重防盗系统。合法借阅的图书，需满足三个条件，即 EAS 防盗位，EPC 编码字段中的标签类型位，消磁。联网状态下，对图书实时监测，如有不合以上三个条件的图书，系统将进行声光报警；脱机状态下，此防盗系统可以实现离线报警。北京超讯科技公司开发的，适用于大型图书馆或书店的 EM-2005 电磁波防盗系统，灵敏度高，盲区小，功耗低，寿命长，并能实现多通道联机使用，各通道之间，可实现单独报警。采用全数字调制技术，配合微电脑控制技术，具有较强的抗干扰能力，因此，能够很好地避免金属干扰引起的纠纷。

3.智能门禁系统

智能门禁系统一般由门禁控制器和门禁读卡器，门禁管理软件、电控锁和开门按钮，以及管理电脑和门磁等主要部件构成。具备联网功能的智能门禁系统，在集成安保系统的同时，还能集成报警系统。当图书馆内因为异常发出火警警报，门禁系统自动打开消防门、其他安全出口。另一方面，消防门上的电控锁，能够实现火灾时断电，为馆内人员提供逃生路径。

（四）移动服务建设

进入21世纪后，随着互联网和信息技术的发展，移动服务方式，从短信服务发展到网站服务，再到移动App服务；服务载体，从普通手机到智能手机，电子阅读器、平板电脑等，使用户可以随时随地，接受或访问图书馆的数字化服务。总地来说，移动服务，是图书馆事业上的一次移动革命。

智慧图书馆广泛互联互通的特点，使其能够实现手机、阅读器、IPTV（互联网协议电视技术）等之间的无缝对接。以手机、平板电脑等移动设备为载体的手机图书馆，通过无线上网进行信息的双向传播。基于3G、4G手机高速浏览网页的功能，图书馆与数字图书馆之间可实现连接；借助移动短信咨询平台、移动阅读和交流平台，以及网络信息浏览平台，为读者提供书目查询服务，图书的续借、预定和到期提醒服务，参考咨询、读者荐购、个性化定制及移动阅读等服务。读者可以使用手机进行操作，随时随地进行书目检索、图书预约续借和到期查询，获取图书馆的公告信息和讲座预告信息，简单方便。通过相应接口的开发，利用数字图书馆与数字电视的交互，实现二者的互联。用户只要在家通过电视，就能对图书馆的图书进行预约、续借，查询借阅信息，阅读馆藏电子书刊，观看视频公开课资源。

（五）智慧空间重构

互联网时代，以安静的阅览室为主体的图书馆结构，已经不能适应用户的需求。在世纪之交，开放获取运动应运而生，由此，不仅推动了信息的开放和共享，也促进了图书馆管理与服务的转型，催生了信息共享空间（Information Commons，IC）的发展，这对于图书馆来说，无疑是一次转型的机遇。全球范围内，在信息共享空间的引领下，出现了图书馆空间再造的热潮。1992年，美国的艾奥瓦大学，第一个将电脑室、视听室、阅览室结合在一起，以讨论和交流为主要功能的信息共享空间出现。于是，各种形式的信息共享空间，便如雨后春笋般发展起来，如学习空间，创客空间，联合办公室等。

信息共享空间是一种创新服务模式，以促进图书馆用户交流、学习、协作和研究，培育用户信息素养为目标。美国北卡罗来纳大学Charlotte图书馆IC前负责人Donald Beagle，从两方面进行解释：①一种独特的在线环境。该环境下，用户可通过网络工作站上的搜索引擎检索馆藏及其他数字资源；同时，通过用户界面，便可获得多种数字服务。②一种新型物理设施和空间。它是一种新的信息环境，可以是图书馆的某个部门，或某一楼层，或独立的物理设施；在数字环境下，整理管理工作空间、提供服务，并在第一种模式的基础上，增加了图书馆员的服务。浙江大学图书馆信息共享空间建设相对较成熟，于 2012 年 9 月正式对外开放，在原有电子阅览室基础上改造而成，主要包括 8 个功能区：多媒体空间、知识空间，学习空间、研究空间，文化空间、系统体验空间、创新空间、社交空间。

（六）泛在智慧服务建设

图书馆文献服务，是以文献载体为主；图书馆信息服务，是以信息传播为主；图书馆智慧服务，是以知识传播为主；相比之下，图书馆智慧服务，以用户的智慧生成过程为中心，以智慧创造为目的，培育用户运用、创新知识的能力，根据用户的需求偏好、心理认知，为其提供个性化服务。例如，图书馆用户进行资源检索时，图书馆不仅能反馈原始信息，还能快速分析检索结果，组织成综述、研究报告，供用户参考使用，并能按照用户需要的格式，从多种形式的用户终端导出。

泛在网络环境下的图书馆，一改传统服务模式的局限，使服务定位从用户的角度出发，进行服务拓展，使信息资源占有力、信息检索效率得到重点提高，更重视用户的个性化需求。智慧图书馆将服务融入学习和科研中，通过移情感知，获得用户的原始数据，利用数据挖掘技术，获取隐性知识，主动为用户提供个性化、集成化的泛在服务。

情景感知服务。移动环境中，通过智能终端，使用移动传感设备，例如 RFID、蓝牙、GPS 等，采集读者的原始情景信息；通过读者登录时的账号，感知和捕捉其所处位置，借阅记录和偏好等的动态信息，并进行分类和过滤处理。

订制服务/聚合服务。订制服务（RSS 服务），是基于 RSS 即信息聚合技术开展的个性化服务。RSS 具有过滤信息，聚和信息，推送信息的功能，因此在图书馆的具体应用有：新书通告，电子期刊 RSS 服务，读者个性化信息的定制服务等。

推送服务。根据用户信息需求，智能分析用户请求，通过数据挖掘等分析技术，实现主动推送。基于图书馆泛在云平台，通过语义关联技术，依据用户的历史访问记录，记录用户的关注领域，进而推断其喜好特征，建立需求预测模型。通过电子邮件和 RSS 等手段，向用户推送动态科研信息。

预约服务。包括纸质资源和数字化资源的预约，自习座位、研讨室等其他移动设施的空间和设备预约，以及培训预约等。

（七）智慧机器人

按照系统功能的不同，图书馆智慧机器人服务大致可分为以下五种。

（1）自助图书馆，其智能化程度较低。最早出现在美国，是一种迷你型图书馆，能够提供24小时图书借还服务，但局限于面向少量读者。近年来，服务方便快捷的自助图书馆，在我国各地陆续出现，如首都图书馆北门、香港科技大学的自动图书馆等。

（2）机器人与立体仓库的结合应用系统，用于提高大型图书馆的自动化处理能力，如自动存取中心（Automated Retrieval Center，ARC）概念、机器人堆叠书库管理系统等，主要用于完成图书的存取。ARC系统存在缺陷且造价昂贵，虽然工作效率和自动化程度非常高，但很难推广。截至目前，我国图书馆中还没有这类设备。

（3）图书搬运机器人系统（AGV），具代表性的是：德国洪堡大学图书馆的AGV系统，可以完成图书的分拣、上架，但该系统成本为38万欧元；日本大阪市立大学图书馆的AGV图书馆机器人，价格低廉，工作效率高，但只能完成图书的搬运、放置等简单的重复性工作。

（4）全自主智能图书存取机器人系统，能够自动完成图书搬运与存取，上下架、整理等一系列操作，智能化、自动化程度较高，目前尚处于研究探索阶段。

（5）智能参考咨询机器人，大致可分为：数字参考咨询软件，IM（即时通信）软件，用户定制软件。IM软件，如清华大学图书馆的智能“小图”、上海交通大学图书馆的“小交”，因其成本低廉、交流便捷、用户基础广泛等特点，一经推出便倍受欢迎。

第二节　智慧图书馆知识服务延伸与资源情境建构

一、智慧图书馆知识服务延伸

（一）智慧图书馆知识服务延伸的目标

智慧图书馆知识服务延伸要从过去的资源驱动型，向服务主导型转变。具体表现在资源建设上，从以图书馆为中心的资源拥有，向以用户需求为导向的资源获取上转变；在资源形态上，表现在从以纸质资源为主向纸电（纸质和电子）资源合理搭配、空间资源再造和人力资源再造上转变。表现在服务内容上，从简单提供文献和数据向提供信息、知识和智慧的服务转变；从单一的文献提供向立体式的创客空间、学习平台提供的转变；从整册文献的借阅服务向碎片化知识的获取转变。智慧图书馆知识服务延伸涉及的过程从保存和提供研究成果扩大到提供信息、参与分析研究过程的转变。智慧图书馆知识服务延伸功能从以文献提供为主的服务向以信息输送、数据挖掘、空间再造、知识发现、智慧服务功能为主的“以人为本”的服务功能转变。因此缩小用户个性化、多层次的知识需求、感知体验与实际使用状况之间的差距，即也是智慧图书馆知识服务延伸的目的，需分别升级优化智慧图书馆知识服务的互联情境、资源情境和服务情境的易用性、有用性、激励性等功能，实现从平台技术、资源内容、服务程度的关注跃迁到对用户的关注。总之，智慧图书馆知识服务延伸的最终目标是提高智慧图书馆知识服务能力和水平，满足用户日益丰富的多样化、个性化需求。具体来说，智慧图书馆知识服务延伸是利用物联网技术实现资源的数据化，应用元数据收割，建立数据仓库；在数据互联的基础上进行大数据的存储与计算，形成第一手可靠的信息资源；在信息采集的基础上，对资源进行重组，通过资源再造，建立知识库体系，实现信息的知识化；在情境感知的基础上，构建精准化服务平台，提供个性化的知识服务产品，实现知识的智慧化，并最终利用大数据分析工具，进行机器学习，挖掘用户偏好，推荐个性化知识产品，实现精准化服务。

互联情境是智慧图书馆知识服务情境功能的技术保障，互联情境的无障碍化联通与普及取决于物联网的支持性情境技术及知识服务平台的易用性与受众感知。资源情境是智慧图书馆知识服务的物质基础，为提高资源内容质量而进行的资源重组及资源再造关系着用户知识挖掘、知识联想、知识利用与知识创造等活动的顺利开展。特别是人力资源又成为智慧图书馆知识服务延伸的第一资源，是应用新兴技术于知识服务过程中并进行资源再造、知识创造和智慧服务的关键所在。服务情境是在技术互联情境与资源情境联合作用下联通智慧图书馆知识服务场域各要素的融合，服务个性化和精准化适配激励功能体现智慧图书馆知识服务的最终绩效。互联情境、资源情境和服务情境在智慧图书馆知识服务延伸机制中交叉融合与相互作用，共同影响并决定着知识服务水平及用户的感知体验与满意度。

综上所述，在新的技术环境下，以关注用户的需求为导向，具体实现以下几个方面的目标。

（1）关注平台与技术升级。平台与技术升级就是要对用户需求变化及体验感知完全实现无障碍互联且以提高用户的感知易用性为目标。在互联情境构建中着力提升智慧图书馆知识服务平台对不同类型互联终端、不同地理空间环境、不同区域时段的交互支持力度，以满足不同类型和不同层次用户在任何时间、任何地点的信息交互需求，提升互联场景的易用性功能。设备的易用性指的是用户在使用知识服务平台时感知的易操作性以及平台的兼容性、流畅性、反应速度以及安全性等，各种互联设备的操作界面设计更加符合人性化要求，感知易用和美观并符合用户的使用习惯，保证服务平台支持系统的可维护、可拓展和可修复性，提升知识服务多平台的数据切换与共享以及保障资源组织的科学合理。

（2）关注资源建设质量实现资源再造。资源质量的保障主要通过对资源采购与组织活动进行监管，实现资源内容的精细化重组与语义化情境再造，从而提高资源利用过程中用户的感知有用性与针对性。资源情境构建中，既要保证智慧图书馆知识服务应运中资源的更新速度，以满足用户前沿的信息需求；又要保证信息资源的专业化水准、内容的契合程度，以满足用户精准的信息需求。在资源再造情境构建中，要通过语义化情境再造完成以资源内容的精细化重组，保障用户信息获取的标准化、知识化和可视性，有必要促进平台信息描述、符号价值和意义的统一，确保信息表达与组织的结构性、系统性、直观性、多维性与融合性。

（3）关注人力资源的培养、开发与利用。专业馆员服务能力和要求的转变，应该以其职能的转换升级为导向，以馆员能力培养为依托。在智慧图书馆知识服务中馆员的能力至关重要，起着首要作用。馆员能力不仅可以激发服务对象的潜在需求，协调馆员与用户之间的关系，提高管理水平，而且主导着图书馆服务的广度与深度，因此加强专业馆员人才的培养就显得尤为迫切。知识服务馆员能力要求逐步从简单到复杂，从单学科到多学科，从数据、信息服务到知识、智慧服务，所要求的专业技术水平不断提高，知识服务所要求的专业馆员朝着专业化、集成化、学科化和技术化方向发展。因此提出具有竞争激励机制的制度安排和符合实际的培养方案，是图书馆知识服务迈向成功的保障。

（4）关注服务激励与适配性。服务的激励是指通过服务资源情境的优化、互联情境的升级吸引和带动知识服务主客体以更加热情的态度投入到智慧图书馆知识服务的实践中去，从而完善和发展知识服务的内容和功能。为此要从两个方面着手。一方面，应扩大知识服务的柔性机制，为用户着想减少其时间、精力投入，使其以最小成本便利、快捷地获取信息，保证服务过程的流畅性、友好性与安全性，以实现服务流程的标准化；另一方面，服务过程应能够根据用户个性情境进行“私人定制”，平台发布信息的数量应考虑用户的接受能力以使用户的信息诉求得到快速的响应，也就是要提供服务情境的个性化，根据协同创造的要求在知识创造、协同利用、共建共享中保证服务的舒畅与融合，最终实现各服务功能与服务情境内容的个性化。

（二）智慧图书馆知识服务延伸的原则

智慧图书馆知识服务的受体是用户，以用户的需求为导向是图书馆知识服务的根本原则，因此一切知识服务活动都应该围绕提高用户的满意度和改善其感知体验进行，这也是提高智慧图书馆知识服务延伸质量的关键。具体应遵循以下设计原则。

（1）用户需求导向原则。这是智慧图书馆知识服务延伸的根本原则。用户是智慧图书馆知识服务的受体（或对象），是智慧图书馆知识服务的接受者、体验者和评价者，是智慧图书馆开展知识服务活动的内在动力来源。所谓用户需求导向原则就是要以用户为中心，想用户之所想，挖掘开发其需求，尽图书馆的能力解决用户的现实问题，此外还应该充分发挥用户的能动性，促使其参与到智慧图书馆知识服务中来，配合图书馆资源情境建构与服务平台的推广应用，对服务绩效进行反馈与改良建议等。总之知识服务延伸一定要调动用户对智慧图书馆知识服务参与的主动性和积极性，激发用户的持续使用意愿。

（2）包容性原则。智慧图书馆知识服务是新兴事物，在服务流程尚未标准化以前出现这样或那样的问题都是难免的，因此需要各方都有一种包容性的态度，允许出现部分不完善甚至错误，只要是出于对用户知识服务负责的态度，抱着解决问题发展服务的心思意念，任何的出错都是可以谅解和消除的。

（3）互联情境的易用性原则。智慧图书馆知识服务所依赖的技术情境也是不断发展构建的，用户对智慧图书馆知识服务平台的利用不再局限于一家图书馆或一个平台等物理空间，而是实现突破时空限制的泛在层面的利用，是期待智慧图书馆知识服务应用能更人性化和便捷化，突破时间、地域空间、物理设备支持的局限，可以随时随地实现跨平台与多情境的信息资源共享、协同创造与开发，因此智慧图书馆知识服务应努力提高互联情境的易用性。

（4）资源重组与资源再造的有用性原则。提高信息资源的利用率，发挥资源情境功能在知识服务中的作用，这是提高智慧图书馆知识服务绩效、降低服务成本的重要手段，也是智慧图书馆知识服务得以顺利开展的重要途径。图书馆各种资源既是智慧图书馆知识服务开展的根基，也是智慧图书馆知识服务成效实现的依据。智慧图书馆知识服务资源情境建设与资源再造升级是否成功，关键看其利用率与有用性功能的发挥，这是衡量智慧图书馆知识服务绩效的重要内容，用户在资源情境中的获得与感知体验取决于资源建设情境的权威性、准确性、专业性、新颖性和时效性，以及资源再造情境后碎片化重组的关联性和语义化知识的专业性，使资源情境中的信息或再造资源更具知识性、专业性、智慧性以及可视化。

（5）服务的适配性原则。服务适配可以激发用户持续使用的兴趣，也是智慧图书馆知识服务流程标准化和情境内容个性化、精准化的发展方向，是实现智慧图书馆知识服务绩效的重要保障，体现在知识服务整个过程的及时性、适量性、针对性、协调性、适应性和有效性，其总体适配程度是衡量和影响智慧图书馆知识服务绩效的关键性因素。

（6）情境功能的拓展性原则。知识服务过程中的信息交互是智慧图书馆知识服务延伸的必要程序，信息交互行为可以减少知识服务过程中的磨合与无序行为、增强服务的愉悦性与自适应匹配功能，促进用户在智慧图书馆知识服务情境中的良好感知生成。因此，从互联情境、资源情境到服务情境进行交互拓展性功能设计，可以提升智慧图书馆知识服务延伸的丰富性和可能性。互联情境要以易用性、便捷性和可用性为重点进行服务平台设计，资源情境要以有用性、专题性为重点进行内容甄别、筛选，实现情境再造与整合，服务情境则要以激励性为重点，实现服务流程的标准化和情境内容的个性化配置。

（三）智慧图书馆知识服务延伸优化路径

在智慧图书馆知识服务延伸的动力反馈机制分析的基础上，将对互联情境的易用性、资源情境的有用性和服务情境的激励性功能进行延伸路径的探讨。

1.互联情境易用性延伸优化路径

互联、智能化特征是智慧图书馆的基本特征之一，而这些基本特征都来源于智慧图书馆知识服务平台建设的互联情境的易用性。围绕着智慧图书馆知识服务场域空间的时空利用限度、平台技术支持度、终端兼容性、设备易用性等影响互联情境的易用性因素，智慧图书馆知识服务情境交互易用性功能的提升可以分别从技术手段（物联网技术、云存储、云计算、人工智能等）提升路径和物理设备（平台、空间、物联网设备等）的改进路径进行。

智慧图书馆知识服务延伸易用性的提升可以从技术手段的易用性和物理设备的易用性开始，逐步细化到子级指标，从而可以促进不同情境功能的优化，达到总体上优化智慧图书馆知识服务互联情境的易用性功能。延伸路径从以下两个方面入手：①智慧图书馆知识服务的平台建设与内容创新离不开新技术与新方法的支撑。通过物联网技术使用户端延伸和扩展到了任何物品与物品之间，进行信息交换和通讯，提升用户位置感知度和时间灵活度，以实现智能化识别、定位、追踪、监控和管理，为用户提供全方位感官的智能化融合，增强互联情境的便捷可用、易用性功能。合理运用智慧图书馆 MVS 知识服务平台架构、云存储、大数据和云计算等技术实现由互联客户端、WAP 站点、RSS 源、微信公众号平台、官方微博、App 等智慧图书馆知识服务交互平台的数据共享、交换和系统集成，延伸了互联情境的易用性功能。②为了减少时空限制和空间再造，知识服务平台在及时、灵敏地捕捉用户的空间位置时可借助红外感应器、全球定位系统、射频识别（RFID）、激光扫描器等信息传感设备，增加系统粘附性和交互性以及用户角色互换等，获取用户实时状态。以 Android 和 iOS 等系统的知识服务互联设备，其情境的拓展性和易用性在开发权限下得以实现文字、图片和控件弹性等形式的资源的顺畅交换，增强便捷性，延伸了物理设备的易用性功能。

2.资源情境功能有用性延伸优化路径

资源情境功能的有用性是智慧图书馆知识服务延伸的基本要求。在智慧图书馆知识服务中，如果资源利用率低说明用户的使用意愿低，会负面影响用户的满意度，也会严重阻碍智慧图书馆知识服务工作的开展与推进。因此要重视智慧图书馆知识服务资源建设、资源再造有用性功能的延伸。资源建设的有用性体现在资源的特色、新颖、可靠和全面上，这些要求应该从信息资源的采购上加强监管，要更新速度并保障第一手资料的客观性和真实性，在信息客观性上进行资源建设，从而在资源建设有用性功能延伸路径上达到智慧图书馆知识服务延伸的目标。资源再造或重组的有用性以元数据化、语义化、情境化和知识化为衡量标准，建立这些标准可以从语义化信息描述、聚类、整合、关联、归拢和可视化技术的应用方面进行功能延伸路径的设计。

为了保障智慧图书馆资源情境的有用性功能，从资源建设有用性和资源再造（重组）有用性优化升级资源情境的有用性功能。智慧图书馆资源情境的延伸路径如下：①资源建设情境有用性功能延伸路径。用户对智慧图书馆知识服务使用意愿和兴趣受到资源内容的全面性和新颖性的影响，智慧图书馆应及时更新资源、丰富扩充资源库、增加投入等手段提高自身的全面性、凝聚力、新颖性、吸引力、黏性，便于用户掌握前沿动态。智慧图书馆还需从客观角度保障资源的权威性、可靠性、准确性和特色程度等客观性，为了资源内容的客观性，应严谨把关第一手资料并甄别、考证、评估其来源和内容，保证质量和专业需求一致性。另外，通过建立专题库、机构库等知识库来形成每所智慧图书馆独有的资源特色以提高智慧图书馆知识服务交互信息的特色、准确程度和有用性。②资源再造（重组）情境有用性功能的延伸路径。用户信息检索、数据分析、知识利用和个性化推荐离不开资源再造，资源再造的内容精细化重组涵盖了元数据化归拢和语义关联，以及为了信息知识化和可视化建立情景化资源库。可以通过可视化归拢、聚类算法进行资源内容的整合加工保证资源内容精细化、个性化重组的标准程度，通过信息关联与语义强化发现信息资源的知识价值属性，通过对资源内容精细化重组的可视化以提升资源利用的有用性，从而实现资源情境服务功能的延伸。

3.服务情境激励性延伸优化路径

知识服务平台能及时捕获特定情境用户需求并推送合理的资源内容，支持智慧图书馆实现多元化、层次化、个性化和精准化的服务目标，在实现目标的过程中存在着人机交互服务情境的适配性和激励性设计。智慧图书馆知识服务情境的适配性和激励性表现为：①服务流程标准化适配和激励，体现为稳定性、标准性、可移植性、可整合性等；②服务内容个性化适配和激励，体现为适时适量性、友好性、便捷性、有效性、安全性、适应性等。因此，从服务流程标准化和服务内容个性化角度优化智慧图书馆的延伸路径。

从整体上服务流程标准化和服务内容个性化操作层面提升智慧图书馆适应不同情境

交互服务的适配性和激励性功能。具体路径如下：①服务流程标准化适配、激励的延伸路径。智慧图书馆服务情境的流程标准化适配是基于服务平台系统的技术和服务流程因素提出的，关注的是服务流程是否标准和规范、服务平台是否稳定、安全与友好，服务是否支持模块化移植以及平台是否支持数据资源的整合等等。在服务过程中，智慧图书馆服务平台的可拓展性和可优化性融入了人性化和以人为本的设计理念，减少用户的时间精力，系统平台在服务内容、水平和层次上满足用户自由调度和使用资源内容并及时更新采购等；在系统设计中，智慧图书馆还应具备容错性。因为即使是在规范流程的指导下，用户出错也是不可避免的。容错性的设计可以防止系统因用户操作出错而不反馈、死机和崩溃等现象，在错误产生时，可以减少错误带来的损失并允许用户返回到最近的正确步骤继续操作，使系统保持稳定；在资源整合中，智慧图书馆数据资源的急速增量性，需要组织资源，实施数据挖掘、聚类融合从而发现知识，提高服务系统的可整合能力。②个性化适配的延伸路径。个性化适配是指智慧图书馆向用户提供的服务内容与用户个体需求相适配，表现为界面的友好性、交互的可操作性、服务内容的适时适量与多样性。在满足个性化需求并激励用户持续使用服务方面，个性化适配起到了正向激励作用，其纪律性增强了用户黏性。智慧图书馆知识服务延伸应实现服务的适时适量性能、协调共创性能、适用性能、有效性能等。适时适量性能是指智慧图书馆具备及时合理地满足用户个性化需求的能力，推荐符合用户偏好的知识服务；协调共创性能是指智慧图书馆允许用户共享与利用信息，在交互区域进行知识交流和协作，促进知识发现等；适用性能是指智慧图书馆为了迎合用户不断变化的需求，服务系统应具备升级自身的应用能力和扩展能力，适应用户和环境的变化；有效性能是智慧图书馆为了减小用户期望和实际感知的差距采取了智慧推荐服务，通过追踪捕获用户的行为偏好和习惯喜好的数据，依据数据分析结果，智慧地推送预测信息，提高用户信息获取的有效性。

二、智慧图书馆资源情境建构

（一）智慧图书馆资源情境的内涵与要素

情境感知是智慧图书馆知识服务延伸的显著特点，突出体现在智能服务上，即依据用户的情境信息提供灵活的、个性化的知识给用户，依靠情境感知技术实现信息推荐的智慧服务。资源情境是整个图书馆知识服务的根基，主要包括资源建设情境和资源再造情境的相关内容。在资源情境中，大数据环境使用户的知识创新、技术创新、管理创新都有了新的发展形态，随着科研第四范式的出现，信息来源更多地依赖知识网络、开放创新与协同创造，这些因素都成为创新 2.0 模式下知识创新的发展方向，也是智慧图书馆知识服务延伸的情境因素。与创新 2.0 相比，图书馆中的知识服务模式发展进入 4.0

时代，与此同时，用户的知识创造呈现协同式创新模式，智慧图书馆知识服务延伸的任务是为智慧服务和协同创造提供资源保障与平台支撑。

智慧图书馆知识服务资源情境包括资源建设情境与资源再造情境。关于资源建设情境建构每个馆都有本馆的资源采购方式与途径，采访的原则和标准，但面向智慧图书馆的知识服务延伸，在功能拓展的基础，所需要的资源类型是与以前的标准、类型、占比都会有所变化。数据资源类型扩展到网络资源、移动视觉搜索（Mobile Visual Search，MVS）数据、HPC 资源等。这样资源建设情境的组织机制也会随着资源形态和占比的变化发生相应的调整，这样组织机制中特别是资源存储的硬件设施、存储设备、网络设备和资源组织中平台的融合性能与云计算框架等，都有了质的飞跃。资源再造情境建构这是智慧图书馆知识服务延伸的关键。资源再造情境建构主要通过建立机构库、智库、学科库、知识库、三次文献库等专题库来形成每所智慧图书馆独有的资源特色以提高智慧图书馆知识服务推荐信息的特色、准确程度、全面性和有用性。资源再造情境策略机制是通过语义关联和情境建构利用各种资源库、语义标签库以及用户行为模型库等定制各种个性化推荐策略，最终形成专业水准的新的知识产品库。

（二）智慧图书馆资源情境的构成

1.资源建设情境

资源建设情境建构主要指的是基础资源情境的建设与优化配置问题。基础资源指的是实体型的文献资源和虚拟的电子资源，包括现有馆藏，也包括自建、购买和租赁的可获取的文献资源和数据资源。资源建设情境包含了数据资源和资源的组织机制两方面的内容。智慧图书馆知识服务资源建设情境中的数据资源不同于传统服务下的数据资源，这里具体包括但不限于以下资源：虚拟资源、深度学习框架、HPC 资源和集成工具箱等。利用虚拟化技术对资源进行加工处理而形成的虚拟资源更加有利于实现无缝链接，满足用户公开浏览与个性化获取，实现了资源管理的灵活性。随着科研第四范式的兴起，GPU 等高性能计算硬件的开发，大规模训练数据已经出现在实验室和图书馆。Hadoop 分布式框架可以协同式地组织虚拟资源，为智慧图书馆知识服务提供了一种经济、高效的计算平台。这个平台通过负载均衡对多台云服务器进行流量分发，使云计算具备高并发的能力，为智慧图书馆新型信息资源的获取、组织和存储提供了实现的基础。另外深度学习框架也能够为智慧图书馆知识服务过程中图像描述、提取和处理提供有效的支持。

2.资源再造情境

资源再造情境主要是对智慧图书馆现有的数据信息资源的进行关联、重组、定制加工、制定规范策略和加工处理机制，是对已有数据资源的价值提升过程。资源再造以元数据化、语义化、情境化和知识化为衡量标准，围绕这些标准因素从语义化信息描述、聚类、整合、关联、归拢和可视化技术的应用方面进行功能延伸。图书馆存储的文字、图像、视频等各种数字资源，都可能成为图书馆资源再造的对象，通过特征化标注、情境设计、关联算法可以对这些信息资源进行重新定义；用户的个性化情境包括其 ID、性别、年龄、学历等信息在图书馆知识服务过程中建构智慧图书馆用户的行为模式，有助于进行个性化推荐服务。

资源再造情境对用户进行知识服务，开发利用资源内容进行个性化推送服务有着重要作用。资源再造所形成的内容碎片化重组，进行元数据化归拢、语义化关联，建立情境化资源库形成信息的知识化和可视化，这是资源价值增值的过程。通过可视化归拢、聚类算法进行资源情境的整合加工保证资源情境精准化、个性化重组的标准程度，通过信息关联与语义强化实现信息资源的知识价值增值，通过资源情境的可视化提升资源利用的有用性，从而实现资源情境服务功能的延伸。

（三）智慧图书馆资源情境建构的背景

数据、文献和电子资源是知识服务的物质基础，是服务的重要信息来源形式。为用户提供个性化、深层次服务是智慧图书馆知识服务的基本要求，在服务中要求资源内容与用户情境相匹配，同时还应具有相应学科的系统性，以便挖掘出更深更权威的知识内容。在知识服务中，智慧图书馆不仅要通过现代化技术手段进行检索、传递电子资源，更重要的是，为用户提供个性化情境相匹配的新型资源类型。随着信息资源获取的开放性和共享程度的提高，对虚实类型信息资源的特色要求更高。

另外图书馆表现在资源情境上有如下趋势：①从以图书馆为中心的资源拥有，向以用户需求为导向的资源获取上转变；②在资源形态上，表现在从以纸质资源为主向纸电（纸质和电子）资源合理搭配、空间再造（空间资源再造）和人员再造上转变；③相比传统资源形态的特点是更加突出学习共享空间、科研创新空间的建设；④学习空间已成为图书馆的一种新型资源，图书馆员的专业知识和服务能力将成为图书馆最重要的服务资源。

（四）智慧图书馆资源情境建构目标

1.重视需求在资源配置中的决定性作用

图书馆全面进入数字化转型时期，当前发展形势表现出以下趋势：图书借阅量、入馆人次逐年下降，而电子资源利用率持续走高，电子教参、多媒体资源利用创新高。用户行为和需求的变化促使图书馆的资源和服务方式随之改变，以满足用户对于资源的需求。资源情境的新颖性和全面性对用户的使用意愿和兴趣有重要影响，因此要真正发挥用户需求导向的资源配置作用，需要加强资源情境的新颖性和全面性建设以提高用户的兴趣和意愿，释放知识服务活力，完善用户导向的资源情境建设与情境化评价制度，最终优化基础性资源的供给结构。重视需求在基础资源配置中的决定性作用表现在资源情境建设上，从以图书馆为中心的资源拥有，向以用户需求为导向的资源获取上转变。从资源情境、资源类型、建设标准和评价等方面以用户的需求为导向进行结构性调整，提高资源的质量和效用，优化资源的供给结构。

2.完善形式多样的资源情境建设制度

受新兴信息技术的影响，用户的信息获取、资源利用方式和知识创造的形式也都有了新的变化。现在用户趋向于对知识内容而非文献的需求，从纸质资源为主转向以数字资源为主，实现资源形态从文献信息向数据知识的转型，因此在纸质和电子资源经费的投入上可以采取一抑一扬的调整计划。在采购方式上，实现多元化获取，从资源的“拥有”向资源的“获取”上转变，既可以购买，又可以租用，购买会持续但是租用比重可以加大。就学习资源来看，从过去以教科书、工具书为主转变为开放数据、网络课程、虚拟实验、教学模拟、教学演示、微型世界、认知工具等在内的各种新形态的学习资源。就资源的保存与评价看，开放式获取与信息共享成为不可逆转的趋势，从更广的互助角度来建设，不局限于个体馆的保存与利用，以实现资源的共建共享。总之，让资源情境化评价成为资源情境建设决策的重要依据。在资源情境、类型、采购方式、经费投入、共享模式等方面要采取形式多样的方式进行结构性调整，提高资源的利用效用，优化资源的来源结构。

3.实现资源的优化配置与情境再生

资源的重组与整合是指对信息资源从知识服务情境化的角度对图书馆信息资源进行知识域的情境建构，对各学科分类与专题领域的知识集（碎片化信息、数据、文献等）进行专题情境下的主题聚类与细分，以便进行个性化情境服务。

实现资源建构的优化配置要从数据采集源头保证知识碎片化的语义关联与整合，应用数据挖掘技术对各类业务资源、静态聚合资源、动态走向等数据信息资源按照精细、全面、个性化、情境化的原则进行资源的细粒度挖掘与加工，从资源建设的源头保证资源情境建构的有用性能。在前期基础上，进一步提升资源在内容和结构上进行情境化重组的标准和知识化程度，便于用户进行知识发现与意义建构，提升用户对智慧图书馆知识服务资源情境的有用性能体验。智慧图书馆知识服务资源情境化关联旨在更好地促进用户知识发现、知识创造。数据资源的细粒度挖掘、主题化语义关联和专题化聚类为智慧图书馆知识服务情境的多维揭示与应用奠定了基础。最后确保资源情境建构的可视化与可识别性，借助表格、图形及知识图谱的直观呈现形式，可以为用户提供资源利用的可视化效果，帮助其发现知识、创造知识与辅助决策，提升资源情境再造重组的有用性能。

（五）智慧图书馆资源情境建构策略

1.建立全面揭示资源内容的情境本体架构

使用本体对实体进行情境建模从而实现情境感知推荐是一种有效的方法。基于本体的情境感知模型在许多领域已经有比较成熟的应用，如基于OWL编码的情境本体模型已经应用在普适计算中。本体的应用不仅可以在情境感知领域获取知识，还可以辅助应用系统做出自适应决策。图书馆资源情境感知推荐计算需要通过定义情境实体类来描述实体，一般情境实体可以用三元组变量（entity，property，value）进行形式化描述，同时扩展被大众接受的情境类，如用户类、环境空间类、资源类、互联终端类、服务类、技术类等。用户类情境是有关用户特征的描述，比如用户ID、性别、年龄、能力、学历、社会关系等；环境空间类如位置、场所、时间等；互联终端类如：品牌、内存、操作系统等，资源类包括专业、专题、关键词、语种等。图书馆情境感知中间件通过一系列属性去刻画描述实体情境，中间件情境类定义了大多数普通情境实体及其属性，这些属性值可以转化为基于以数据类型值表示。通过获取情境变量的属性值，从而实现情境解释、推理，乃至辅助决策。因此建立全面揭示资源内容的情境本体架构有利于发现情境信息、资源内容和服务系统间的匹配从而有助于理解实体内容与关系，从而助推知识服务的延伸。

2.实现“用户—情境—资源”的价值增值模式

把位置、时间、设备、网络、天气等情境信息加入“用户—情境—资源”模型中，资源属性增添了情境信息的描述，这是信息资源新的组织形态，无形之中增加了信息资源的知识信息含量，这是资源再造情境的呈现形式，是资源价值增值的表现，也是资源利用效率提高的重要手段。该模型为处于不同情境、不同兴趣的用户推荐满足其需求的信息资源，使用户对信息资源的兴趣度与其当前特定情境相对应，这是智慧图书馆知识服务延伸的要求，是实现精准化推荐服务的具体举措。将情境因素引入资源再造系统中，构建“用户—情境—资源”的三元关系，针对当前资源再造系统较少考虑情境因素的问题，提出了基于情境感知的资源再造算法，结合情境信息和传统的内容过滤，为用户推送适合当前情境的信息，能有效提升信息资源利用的全面性、完整性和相关性，这是信息资源价值增值的过程，是在充分开发资源的情境信息，激活资源的沉没成本，挖掘资源价值，发挥资源的利用价值并使其增值的有效途径。

3.构建多维情境知识关联的新型资源网络

图书馆的资源十分丰富，有不同载体、不同语种、不同学科、不同来源的信息资源，这些资源分布于各门学科而且实体多样，为了实现信息资源的充分利用，需要进行资源多维情境建构以揭示其内容关联的广度与聚合的深度。有研究表明，信息资源之间语义关系越丰富，信息资源关联也就越多，相似度也就越大，聚合的效果也就越好。用多层次、多视角的综合方法进行数据资源的细粒度挖掘、专题聚类和主题的语义关联可以实现信息资源的有机联系和多维应用，达到增强信息资源知识价值的效果。实现资源情境多维揭示与关联聚合是智慧图书馆实现知识创造、知识挖掘和知识发现的资源情境建构的重要手段。从资源情境建构的有序化、优化和可视化出发，通过对资源蕴含知识的多维情境揭示，将情境信息作为资源附带的一个内涵丰富的本体进行建构。资源内容关联的多维情境建构要注重从用户角度对知识资源的主观价值认同着眼，实现信息结构化描述与内容属性的匹配，加强信息资源语义关联的资源聚类以及再生资源情境的整合创新，为用户的资源利用提供更加结构化的知识网络情境，具体包括信息内容的客观属性，即信息资源的特色、新颖、可靠和全面性等以及本体之包含、并列、属分等关系，被引、共被引、引文耦合等引证关系和那些隐性知识中尚未挖掘的关联关系，实现资源情境信息的多维揭示与关联聚合。

4.增强资源情境利用的可视化与可理解性

资源情境的建构需要注意信息的呈现方式，可视化工具和手段可以提高资源情境利用的可见性和可理解性。清晰直观的信息呈现不仅可以增加用户的记忆力、直观性和减少学习成本，还可以有效提高用户对信息的利用和理解的效率。实现信息资源语义关联的揭示和资源重组、再造，这是提高资源情境可视性的主要目的，通过可视化工具可以揭示信息资源内在的知识关联，把文本信息转换成可视化的形式信息，使信息粒度从粗粒到细粒，实现知识从整体到细节的层层解析，完成信息在语义层上关联化和可视化转换，实现信息资源情境聚合，使用户可以获得不同角度的视觉呈现从而使用户能够在视觉层面了解和掌握资源情境。从这个意义上说，提高资源情境的可见性实质上是对资源信息的分解与增值，可以增强资源内容的可理解性和可识别性，从而有利于提高了智慧图书馆信息资源的使用效率。

第三节　基于智慧图书馆技术的大学图书馆阅读推广模式构建

一、阅读推广资源知识化模式构建

（一）阅读推广资源知识挖掘模式构建

在公共图书馆的阅读推广活动中，最重要的两类资源一个是用于阅读推广的书籍、文献、期刊等资源，另一个是读者信息资源（读者所产生的阅读行为、阅读规律等信息以及其心理偏好等）。在持续的阅读推广工作中，对这两类资源的深入挖掘和有效利用对于公共图书馆持续、全面的开展阅读推广具有重要意义。如何对书籍、文献、期刊等资源进行整合升级以满足读者日益增长的个性化、差异化的阅读需求，以及如何利用对读者阅读行为的分析从而更好地预测阅读推广的发展趋势以及发展内容是研究阅读推广模式的重要内容。

近年来，国家政府以及省级、地市级、县级等各级政府机构对于教育和阅读推广越来越重视，我国的公共图书馆的馆藏资源数量也正在不断增加，同时可用于阅读推广的资源数量急剧增加，但是，在公共图书馆的阅读推广开展过程中，读者实际阅读和接触到的资源少之又少，造成了公共图书馆在阅读推广中资源的极大“浪费”。同时，在阅读推广活动中，公共图书馆缺少对于读者阅读行为规律的分析，没有抓住时代发展下读者的阅读特点，没有满足读者的个性化、差异化的阅读需求。这也进一步反映出构建阅读推广资源是知识库的必要性和重要性。

结合以上分析内容，本节以智慧图书馆的智慧技术为基础，构建了阅读推广资源知识库。阅读推广资源知识库的构建以公共图书馆馆藏资源、读者信息资源为基础，利用WEB挖掘技术、知识挖掘技术以及数据库相关技术等深入挖掘两类资源，构建阅读推广书籍、文献等资源知识库以及读者信息资源知识库并在此基础上形成“读者画像”。

（二）基础信息库的构建

1.阅读推广资源信息库的建立

阅读推广资源信息库的建立是整个阅读推广服务模式的基础，同时也是一项艰巨的任务。信息库的建立是整个服务模式运作的基础，是一项基础而艰巨的任务。完备、系统阅读推广资源信息库的建立是公共图书馆进行长期、持续发展的阅读推广机制体制的重要前提。

用于建立阅读推广资源信息库的基础数据包括三大类，第一类为公共图书馆的数字图书馆资源，第二类为网络资源，第三类为其他共享资源（例如图书情报机构的共享资源）。其中，数字图书馆资源包括图书、文献、音频视频、图片等各类实体资源，以及各类电子资源（例如电子书、各类数据库等）。将资源数据进行采集、收集和导入，并将资源数据进行清洗和预处理，过滤掉无用的信息，尽可能避免重复、冗余以及噪声。

2.阅读推广读者信息库的构建

在阅读推广中阅读推广的读者信息也是重要的资源。读者的完整信息库能保证在充分挖掘的基础上，了解读者的普遍需求与差异化、个性化需求，从而制定具有针对性的阅读推广方案以及活动。

通过对读者的信息数据进行分析，将其中用于建立读者信息库的基础数据分为三类。第一类，读者的持久固定信息，例如读者的身份信息，包括读者的姓名、性别、民族、年龄、单位、教育程度、地址等信息；第二类，读者的阅读行为信息，即利用跟踪日志以及web日志记录下的读者阅读行为信息，其中包括静态信息（例如到访次数、web停留时间、下载次数、图书点击率等），动态信息包括对推送书籍的响应频率、读者的年龄分布、性别比例等。第三类，读者的个人主观信息，例如读者感兴趣的专业领域、方向，想获得的信息、喜欢的图书类型、反馈信息以及提出的改进意见等。

将读者的三类基础数据进行采集、收集和导入，并将基础数据在建库前进行预处理，减少数据的冗余和无关信息的干扰，为知识挖掘提供更加规范和有用的数据。将预处理之后的数据经过分析和挖掘，提取输入信息的概念和主题，解析出用户信息库的字段，将数据添加到阅读推广对象信息库中。阅读推广对象信息库需要依据web日志以及跟踪日志的变化进行更新。通过建立阅读推广对象信息库，可以从中挖掘出更多有价值的信息和模式，从而提高阅读推广模式对于读者需求和发展趋势的匹配度。

（三）知识挖掘与阅读推广资源知识化

1.阅读推广资源知识挖掘与知识库的建立

通过知识挖掘技术将阅读推广资源信息库中的海量数据资源进行横纵结合、深入知识内在关系的数据分析和知识挖掘，将知识进行聚类分析。通过一定的知识挖掘算法和工具，分析各类知识之间的语义关联、主题关联以及馆藏之间的借阅信息关联，将阅读推广资源之间进行有效的知识关联，丰富读者的阅读选择。通过阅读推广资源的深入挖掘，可以有效地将馆藏资源之间建立联系，为读者提供更多的所需类型的阅读资源，同时将资源以及关联形成知识库。

2.读者信息资源的知识挖掘与读者画像的建立

首先是对读者阅读需求的知识挖掘。读者的阅读需求大致可分为三类，分别为读者当下的阅读需求，读者模糊意识中的阅读需求以及读者自身也尚未意识到的潜在的阅读需求，即未来的阅读趋势。通过对已有阅读行为和阅读需求的读者的需求信息和访问行为进行挖掘推断出读者没有表达出来的以及未意识到的潜在的需求，进而预测读者的需求变化趋势。

其次是对读者阅读行为的知识挖掘。以阅读推广对象信息库中的基本信息为基础，对数据进行筛选、分析、整合以及关联分析和聚类分析，挖掘读者的心智模式、心理特点以及阅读行为规律，并对挖掘出的读者的心理偏好和阅读行为方式等结果进行分析和评价。利用知识挖掘技术形成更加精准和人性化的“读者画像”。根据每个读者独特的“读者画像”，为其提供更加具有针对性、人性化、个性化的阅读推广模式体验，例如不同的阅读推荐内容的展示形式、不同的人机交互方式等，充分考虑读者的个性化体验需求，使用户的满意度和满足度达到最高，激发读者的阅读兴趣同时有助于读者培养终生阅读的习惯。

（四）关键技术

1.数据库相关技术

总的来说，在互联网时代以及大数据时代发展下，数据库相关技术成为一项必备的且十分关键的技术，数据库技术的相关内容包括数据库的框架设计以及存储计算等方面所形成的计算机技术。利用数据库相关技术我们可以将大量的数据进行存储、组织与研究，同时也可以实现对数据的集中采集与技术性分析等工作。计算机数据库技术一直在不断地发展和更迭，但是数据库技术有着诸多特征：①数据库的独立特征。计算机数据库技术同时拥有逻辑独立性和物理独立性。逻辑独立性体现在当数据库中的数据含义、数据项甚至是数据的种类出现变化时，不需从数据库的源代码进行调整，数据库的逻辑框架会根据数据的变化而发生转变。物理独立性是指在使用数据库进行分析时，当数据库的架构发生变化时不会影响应用程序或应用软件。②数据库的共享性。构建数据库的一个重要的目的就是将数据进行跨地区、跨组织等共享。③数据库的组织特性。数据库中的各项数据以及各个数据表都存在紧密的联系，构成了相关的组织结构形式。目前最新的数据库技术为 NoSQL 数据库技术，它打破了传统的关系型数据库的关系模型，按照一种自由的方式存储数据，并且提供了新的访问接口，克服了传统数据库的很多缺点。

2.数据挖掘技术

数据挖掘技术是一项高效利用数据信息、分析数据并发现其价值的核心技术，同时也发展成为知识挖掘及知识发现（KDD，Knowledge Discovery in Database）重要步骤。数据挖掘是从数据库中的数据集合中自动利用算法抽取出隐藏的有用信息的过程，这些抽取出来的有用信息可表现为规则、概念，或者是模式等。那么利用数据挖掘将有用的信息抽取出来后就可以应用与接下来的决策以及预测未来发展趋势等研究中。数据挖掘算法的输入是已经构建好的数据库，算法的输出为通过数据挖掘所发现的知识或者是模式，算法的实际处理过程涉及搜索方法的设计。开展数据挖掘时，需要预先确定挖掘的对象、挖掘的任务以及挖掘的方法。在数据挖掘技术中，被广泛应用的是统计方法中的关联分析法，机器学习中的人工神经网络、决策树技术以及遗传算法等。

3.知识挖掘技术

知识挖掘实质上是通过数据挖掘完成的，核心内容为在一定目标下已有数据、已有知识形成新的知识。在搜集到读者的阅读需求后，通过一定的数据处理与分析，再加上原来已有的知识进行分析处理，帮助读者得到新的、潜在的需求，这种新的潜在的需求是读者之前并不知道的。已有数据是大量的、有噪声的且不具备一定规律的，而通过知识挖掘分析和提取后的信息是有用的、具备一定知识性的信息。通过知识挖掘可以更加充分的利用数据库中的数据信息，得到更多新的知识及新的模式。主流的知识挖掘算法有序列模式算法、聚类分类树算法、混合学习算法及灵活模式的知识挖掘算法。

二、阅读推广服务智慧化模式构建

（一）阅读推广服务智慧化模式框架构建

从宏观（全国公共图书馆整体）角度来看，作为我国阅读推广的主体，公共图书馆是阅读推广的主力军和领头羊，在阅读推广活动中具有举足轻重的位置，同时也发挥着重要的作用。公共图书馆要实现阅读推广智慧化服务模式，首先要实现公共图书馆的智慧化的广泛互联以及融合共享模式。在阅读推广服务智慧化方面，公共图书馆首先要实现广泛互联智慧服务模式，其中主要内容包括馆馆相连、网网相连、库库相连以及人物相连。实现阅读推广的管理和服务的互联性，广泛互联的公共图书馆将成为未来阅读推广的重要支撑，其次要实现融合共享智慧模式服务模式，其主要内容包括三网融合、跨界融合、新旧融合以及多样融合。

从微观（单个公共图书馆个体）角度来看，构建公共图书馆阅读推广服务智慧化模式，需针对不同的阅读推广主体来构建相应的智慧化服务模式。公共图书馆可针对移动图书馆、数字网络平台以及实体图书馆三个不同主体来构建相应的智慧化服务模式。

（二）以网络平台为主体的阅读推广智慧化服务构建

数字网络时代的到来，使得阅读的途径、阅读的方式、阅读的规模以及阅读呈现出来的特征等方面表现出了巨大的不同，相应的阅读推广的模式也发生相应的改变。一方面，通过图书馆的数字图书馆网络平台可以满足读者随时随地的阅读需求并与读者建立长期、紧密的联系，促进阅读推广的有效、持续进行；另一方面，通过社交网络，例如豆瓣、知乎、人人、微博、微信等可进行社会化的阅读推广活动。例如清华大学图书馆在人人网上利用图书馆俱乐部等图书馆交友会形式进行阅读推广活动。

数字网络平台使得阅读推广的形式和途径以及时间更加灵活。其中阅读推广时间可以采用周期性的持续阅读推广以及常规性的日常阅读推广相结合。以数字网络平台为基础，全媒体的网络平台利用不同的媒体形态和不同的内容形式可实现阅读推广在传播途径上的巨大提升。利用全媒体方式建立公共图书馆阅读推广和移动终端阅读推广客户端，开设阅读推广活动预告、读者交流及留言、培训讲座、真人图书以及新书推荐等栏目。

数字网络平台使得阅读推广的个性化得到提升。个性化的阅读推广可通过数字网络平台以及移动终端，利用豆瓣、微博等开展阅读推广书目、阅读活动信息推送服务，利用相关的工具和载体为读者建立属于自己的个性化阅读知识库，方便读者随时进行阅读和查询。在满足个人的个性化的同时也可以满足读者的阅读交流需求。数字网络平台使得原本是单向的读者活动，变成了多元化的讨论和交流活动，读者可以就阅读书籍等进行话题讨论和意见交流。

（三）以实体图书馆为主体的阅读推广智慧化服务构建

实体公共图书馆承载着阅读推广的各类活动，实体公共图书馆不可能“消失”，而是会随着互联网和信息技术的发展而进一步发展，展现出以读者为中心，更加现代化、更加人性化的一面，为阅读推广活动提供更加人性化的智慧服务和读者体验。在阅读推广活动中，实体公共图书馆每天都会有大量的书籍借阅需求，智能预约及借阅改变了传统的书籍预约服务模式，实现了书籍预约的全方位、自助服务，体现了自动化和智能化，方便读者的阅读。智能预约书架构建如图所示。读者将需要进行预约的书籍放置在预约书架，通过自动亮灯提示已预约成功。当读者成功进行书籍预约并在预约书架区域刷卡后，系统可读取读者的个人信息，将图书馆管理新系统中的预约书籍信息与读者的预约信息进行匹配分析，然后返回相关信息，在智能书架上将亮灯来提示预约书籍的位置，读者在拿到书籍后再次刷卡即可自动完成书籍的借阅操作。智能预约书架加快了读者寻找预约书籍的速度，提高了图书馆在阅读推广中的效率。

（四）关键技术

1.物联网技术

智慧图书馆的应用的一项核心的智慧技术就是物联网（Interenet of Things）。物联网指的是将物品通过射频等技术与各类信息传感设备与互联网相连接起来，实现智能化识别与管理的技术，其中所用到的信息传感设备包括 GPS、红外感应器、射频识别装置、激光扫描设备等。物联网的本质就是在相关信息技术的支持下实现的跨时间、跨空间的物网相连及物物相连。物联网技术可实现现实中的物品与计算机网络相联系的功能，计算机网络可实时、自动的实现对现实中的物体的识别、定位、监控、追踪等。物联网为信息和通信技术开辟了新的篇章，同时也为我国图书馆以及阅读推广提供了更多发展和创新的机会。

2.云计算技术

云计算（Cloud Computing）是继分布式计算（Distributed Computing）、并行计算（Parallel Computing）和网格计算（Grid Computing）之后一种以数据为中心，数据密集型的计算模式，其本质是在大数据环境下的一种泛在的、便捷的网络访问机制和个性化服务机制。云计算在计算机数据存储、数据的管理与分析、编程领域等都具有自身独特的技术。云计算经过一系列的应用发展，现在已形成一个以云基础硬件设施为核心、包括云基础软件与网络平台服务等多个不同层次的全球化 IT 服务化网络形态。

第八章　大学图书馆阅读推广案例分析

本章以华中师范大学“文华阅读季”为例，探讨大学图书馆阅读推广活动的开展。

第一节　活动开展前的准备工作

一、阅读推广团队：活动成功的保证

阅读推广活动，需要优秀的阅读推广馆员，需要一个优秀的阅读推广团队，单靠图书馆一个单位的几个人很难做好这项活动。为了做好这项活动，华中师范大学图书馆成立了由馆长直接领导，专业馆员负责，图书馆员、教师、学生各社团代表、各学院学研会代表等组成的活动小组，并与本校职能部门、本地区兄弟院校图书馆、社团以及社会组织，如省青年联合会等建立多元合作关系，共同策划组织实施活动。这其中图书馆人员主要负责活动的创意、指导和各项活动开展的协调工作，学生社团、各院系学研会代表及其他小组成员，主要负责活动的执行和宣传推广工作，同时也要参与共同策划各项活动。阅读推广活动因为与学生共同主办，既调动了学生的积极性，也让活动的设计更贴近学生的需求和爱好，有利于活动的宣传推广，加强了学生与图书馆的交流沟通，促进了学生与学生之间的分享，与社会团队的合作则能够开阔学生的视野。

因为学生社团和学生会成员处于流动的状态，所以必须有一个过硬的馆员团队作为支撑，担当学生团队工作的指导任务，并且建立健全相关的管理制度。这样从人力资源和管理制度两方面，保障阅读推广活动的顺利开展。在策划设计过程中，我们特别注意活动设计中的关联，注意创新性和常规性活动相结合，持续性的活动与轰动性的活动相结合，学术性与趣味性相结合，讲座与互动相结合，以便增强阅读推广活动的效果和影响。

二、经典：阅读推广活动的核心内容

华中师范大学图书馆根据本校文化特点和馆藏特色，将经典阅读作为推广活动的中心任务。以品读中华经典为主，旨在通过与先哲前贤进行跨越时空的对话，让中华文化在经典阅读中得到传承，让读者领会传统文化的精髓，提升读者的文化品位，愉悦人生；同时解析经典的成书特点、理论价值，以期激发读者的阅读兴趣，引导学生“爱经典，

学经典，知经典”，从经典解读过程中增长知识，涵养精神。正如梁启超所说，作为中国的学人，有必要读一些中国传统经典，有一个最低限度的必读书目；对那些“最有价值的文学作品”和“有益身心的格言”，还需要熟读成诵，能在我们的“下意识”扎根，不知不觉地发酵。

三、丰富多彩，吸引学生的源泉

在许多大学校园里，各种特色活动、专家讲座、社团活动总是精彩纷呈，学生可选择的余地非常大，如何将学生的眼球吸引到阅读推广活动中来，是策划者和组织者应该充分考虑到的问题。

（一）选题的系统性

华中师范大学图书馆每年一度开展“文华阅读季”活动，都预先确立一个主题，使阅读推广活动既有统一的规划，又有多种多样的安排，以避免毒釜一活动跨年度而中断。在各个选题之间，尽可能保持一定的关联性，使阅读推广活动具有较强的系统性。这样的风格定位让听众产生连续参与的欲望，形成一种约会意识，从而产生一批忠实的粉丝。

（二）形式的多样化

阅读推广活动保持形式多样化，可以吸引学生关注的目光，吸引他们的参与积极性，激发他们的求知欲。在活动设计时，我们动员和利用各种人力和物力资源，设计丰富多彩的活动。活动的形式有专家学者的讲座，也有和学长的谈心交流；有漫画展览，也有书法欣赏；有音乐会，也有演讲比赛；有严肃的对话，也有活泼的讨论；有碎片化的阅读，也有连贯性的阅读；有室内活动，也有室外活动。活动的合作者有校内学生社团、学生会和研究生会，也有校外相关单位；有兄弟院校图书馆的支持，也有一些企业组织的赞助。我们期望借助灵活多变的形式，开展丰富多彩的活动，去争取较大的收获。

（三）时间安排

华中师范大学图书馆“文华阅读季”活动的开展，通常安排在每年 3 月下旬至 6 月中旬，主要是避开忙碌的开学季和考试季。而讲座、沙龙等大部分安排在周三、周四下午或晚间，这两个时间段正是学生稍有空闲的时候。这样的安排给大学生提供了参与活动的时间，便于保持到场的人数。

第二节　阅读推广活动内容

一、讲座：中华经典导读系列活动

为了做好中华经典导读，我们特别注意它的准确定位，从选题范围的规划到每个选题的确定，从学生的阅读需求到主讲嘉宾的选聘，都要彰显这项阅读活动的基本特质。

（一）定位

开展阅读推广活动，举办一场读书讲座，首先要明确核心听众。高校图书馆举办讲座的主要对象是高校读者，这些读者的受教育层次、阅读水平、欣赏能力等都比较高。我们把读书会的核心听众确定为在校学生，即主要面向在校大学生和研究生，举办了一系列专题读书会。

（二）确定选题

有了核心听众之后，再来规划选题范围。选题范围的规划决定着讲座的成败，所以不能盲目和草率，应该精心设计、系统规划，采用有主题、成系列的选题形式，使每一次讲座既能独立成篇，又具有一定的关联性，在广大听众中培养一种约会意识。选题的确定，既要重视它的学术价值，又要关注它的现实意义。高校图书馆的读书讲座必须考虑在校学生的基本需求。从讲座的内容来看，听众如果一无所知，就很难产生参与热情，相反若是了然于心，也不会有太多关注。这就是文学评论界常说的“熟悉的陌生人”理论。从听众的角度来说，要讲究最佳的审美间隔，不能超出听众的审美期待，或者完全处于听众的预料之中。所以，华中师范大学图书馆举办“中华经典导读”系列讲座，从具有神秘色彩的《周易》开讲，接着讲先秦文化元典：《论语》《孙子》《老子》《庄子》等，而第二期主要讲四大文学名著：《三国演义》《西游记》《水浒传》《红楼梦》，接下来再讲李白诗歌的张力、《诗经》中的恋诗等。在文学经典导读的讲座中，则要求主讲嘉宾结合当前热播的一些影视作品和对经典名著的戏说，与原著相比较来讲解，以帮助现场听众明白原著与戏说的区别，在给讲座增添趣味的同时，也保证讲座的学术性和权威性。选题本身的确定既要有一定的学术性，也要避免过于学术化，应当始终围绕经典导读的主旨，讲解每一部经典的成书特点、思想理论及其现代价值。这一讲座不同于课堂授课，每一讲都有特定的主题，都有不同的风格；也不像电视讲坛那样，只有演讲而没有问答，缺乏必要的现场互动，而是演讲与问答汇于一堂，知识与学术熔于一体。这对主讲嘉宾是一个挑战，所以在具体策划过程中，与主讲嘉宾沟通以确定讲座的主题，就显得非常重要。

（三）嘉宾的选择

筹划和举办读书讲座，要考虑主讲嘉宾的选择。高校图书馆举办读书讲座，应该聘请那些学有所长的专家学者作为主讲嘉宾，以保证讲座的可持续性、权威性及针对性。华中师范大学图书馆在确定以“中华经典导读”为选题范围时，就充分考虑到主讲嘉宾的选择，主要包括三个：一是本校资源。华中师范大学是国家“211 工程”重点建设的大学，在人文学科领域拥有雄厚的师资力量，如中国史、汉语言文学、政治学、教育学等在国内高校学科排名均列前茅，这给读书会提供了有利的条件。“中华经典导读”系列讲座的主讲嘉宾，大部分来自华中师大历史文化学院、文学院、国学院等院系，组织者从中选聘深受学生喜爱且有号召力的主讲嘉宾。二是兄弟院校的资源。武汉地区拥有众多的高校，武汉大学、华中科技大学、中南民族大学、湖北大学等都有众多的专家学者，也可以成为读书会主讲嘉宾的来源。三是学术会议的资源。学校每年举办许多国际或国内高规格学术会议，图书馆抓住这些机会，与会议主办方联系，邀请一些与会专家学者担任读书会的主讲嘉宾，与大家分享读书心得。通过举办“中华经典导读”系列讲座，图书馆“风雅读书会”呈现出鲜明的个性，主要包括四个方面：与近期流行的电视讲坛相比，它更注重知识性与学术性的统一；与高校一般课堂相比，它的受众面更广；与校园其他讲座相比，它具有读书会的特点；与其他高校图书馆阅读推广活动相比，它的系统性更强。因此，这一阅读推广活动已成为华中师范大学图书馆的特色品牌，并产生了一定的知名度和影响。

二、感受传统文化：经典产生的土壤和生存的环境

我们开展阅读推广活动，目的在于倡导阅读，并且是读好书，尤其是读经典，所以经典导读很重要。然而，若是只读经典，就有可能落下“只见树木，不见森林”的毛病。中国传统文化是经典形成的沃土，反过来经典又影响着传统文化的形成与传播。所以在开展活动时，我们从具体的《论语》《史记》《红楼梦》等经典延伸至抽象的中国传统文化，举办了有关中国非物质文化遗产的讲座、现场才艺展示、展览、交流等，内容包括楹联、书法、古琴和剪纸艺术等。通过深入浅出的讲解、参观、演示等诸多形式的活动，激发参与者对中国传统文化的兴趣，让他们进而了解和认识中国传统文化，更深入解读中华经典的内涵。

（一）“蓦然回首，那人却在灯火阑珊处——尊重传统重温经典”系列活动

在书法艺术交流互动的活动中，中国书法家协会会员、博士生导师陈龙海教授以经典的“天下三大行书”——王羲之的《兰亭集序》、颜真卿的《祭侄文稿》和苏轼的《黄

州寒食帖》为例，讲解了鉴赏书法的方法。他认为这些作品之所以得其盛名，不仅仅是因为其精湛的书法技艺，更是其文章里包含的时代环境、个人身世等文化背景。他认为只有知道传统文化的源头，才能真正了解书法，艺术评价的标准，就如南朝书家王僧虔在《笔意赞》中所说的“书之妙道，神采为上，形质次之，兼之者方可绍于古人”。在交流和书写环节，陈教授和现场的老教授为参与者挥毫展示了他们的书法功力？在两位大师的带领下，现场的学生们也都纷纷试手，陈教授对学生的部分作品也一一进行了点评，还有部分作品由学生之间互相进行了评点。

武术，是中国文化的载体之一。世界武术锦标赛裁判、博士生导师郑勤教授结合太极动作给师生讲解了武术中所包含的儒家、兵家、道家、佛家思想，一边表演一边教大家如何欣赏武术的姿势美、节奏美、劲力美，以及它们和中国古典美学之间的关系，并介绍了武术的基本礼仪以及在养生、防御方面的重要作用。最后，郑教授还现场教给大家一套太极操——“十五字功”，使师生们对武术有了更深刻的认识和了解，受益匪浅。

民间艺术永远是一个民族文化中最活跃的文化要素，在系列传统文化活动中，我们邀请了获得联合国教科文组织与中国民间文艺家协会共同授予的“民间工艺美术家”称号的何红一教授，她做了题为《小剪刀里的大世界——中国民间剪纸的当代价值》的交流报告。这次活动包括两部分，第一，通过作品展示介绍剪纸在世界文化交流中的作用。何教授讲述了剪纸艺术在当代文化交流中的多重功用，并通过在各国作品交流展示活动中的亲身经历与思考，以及剪纸的图片展示示范，将民间剪纸在当代社会生活领域和对外文化交往中的价值一一做了展示。第二，师生互动学剪纸。何教授和大家一起互动做了一些简单的剪纸游戏，并分享了自己的剪纸作品。

（二）“古琴雅集”活动

古代的音乐与诗词之间有着密不可分的关系，让学生了解音乐与诗词之间的关系，有助于提升他们诵读诗词的兴致，增强他们对古典文学的审美情趣。在解读《诗经》和唐诗的活动中，我们增添了轻松愉快的古琴表演。为了这次表演，图书馆邀请了中国古代文学博士、越南古琴表演家阮延俊的古琴团队，他们在檀香袅袅中表演了《平沙落雁》《阳光三叠》《归去来辞》等十首古曲。在表演过程中，有学校广播台的主持人身着汉服，用纯美的声音对每首古曲的词、音韵、意境及古曲背后的故事等，做出唯美的介绍。表演团队中的四位大师，不仅有高超的表演技艺，而且有深厚的中国传统文化功底；不仅较好地诠释了古曲的含义，还灵活地回应了学生提出的各项要求。所以在演出过程中，有同学自愿上去合奏，与同学点奏曲子并配乐朗诵时，演奏家充分满足了各位学生的要求。这样一场集表演、互动于一体的活动，不仅有助于提高学生的艺术素养，还为“文华阅读季”凝聚了超高的人气。

（三）碎片化阅读：换一种与经典相遇的方式

以严肃性与完整性为主的经典阅读活动，总会让人望而生畏，倘若对经典的导读都是正统和权威的说教，经典与普通读者的距离就会越来越远，就会人为制造“浅阅读”与“深阅读”“碎片化阅读”与“完整阅读”、娱乐性与严肃性等的对立，实际上将读者逐渐推离经典。我们认为对一部分人来说经典不仅在于如何读，还在于读不读，“图书数字化的力量让我能够无视文本的次序、长度和可靠程度，随意从中摘取文字和信息”。经典可不可以这样读？对“浅阅读”“碎片化”与娱乐性的批评，其实是对这种阅读方式持否定的态度。事实上，阅读具有私人性，读什么和怎么读由读者决定，“正在读”比“怎么读”更重要。对经典而言，作品还在那里，阅读的本质没有变，只是换一种与经典相遇的方式。基于此，在“中华经典导读”活动的基础上，图书馆结合学校的专业课设置情况和校园文化特点，又进行了一些引人入胜的新探索，以期完成从“浅阅读”到“深阅读”，变“碎片化阅读”为“系统化阅读”的转化。如，“草木情缘——古典诗词中的桂子山植物”活动。

“草木情缘——古典诗词中的桂子山植物”活动的创意，主要来源于华中师大强调做好“讲华师的故事”。华师的故事已经讲了好多，我们一直想另辟蹊径，讲一个另类的华师故事。正好笔者读到商务印书馆推荐的好书《草木情缘——古典诗词中的植物》，在阅读中颇有感触，我们何不就此做一个专题？有了这个想法之后，搜索学校的课程，竟然发现其中有“桂子山的植物”这门课程，于是就决定在“文华阅读季”经典阅读系列活动中加入这项活动。

这项活动包含两个方面：一是图文展，二是图书展。

这项活动需要的元素很多，为了使展览看起来更有吸引力，我们找到学校专业的摄影组，拍出校园花草树木的图片，加入桂子山人文因素的植物照片。从生命科学院招募志愿者，在照片中标识出植物的名称，并与国学院、文学院古典文学专业的学生一起，从《诗经》《楚辞》“十三经”和汉赋、唐诗宋词、元曲等古代经典中找出与之相对应的古代诗词。内容包括古代名、现代名、植物的特性、古典文学中的植物名称、与古代礼仪相关的植物、植物背后的小故事、药用价值、植物引进史等。在每一幅照片下都有较详细的描述，每一句诗都表明诗句出处和作者。同时，在每一幅图片都留有空白，提供便利贴，鼓励学生将所知道的对应这种植物的诗句写下来。有些常见的植物，一时没找到吟诵的诗词，我们就留下空白，希望学生们能够补上，或者自己吟诵一首。这项活动需要多方配合，也需要一定的植物知识、药学知识和文学素养。在整个活动的准备中，学生既熟悉了相关知识，为学会了多方协调合作。这项活动实现了书画结合、图文结合、古今结合，并且兼顾文化素质教育、自然科学教育、艺术素质教育，拥有好书展览、摄影展览、唯美诗句与生动图片的看点，尤其是这些植物出自我们身边，更能吸引广大学生的参与。在举办图文展的同时，我们还将图书馆馆藏中有关植物、植物与诗词等相关联的部分图书做了同步的展示。因此，这项活动不但凝聚了人气，还宣传了图书馆的馆藏。

（四）视觉经典阅读：读图时代的阅读推广方式

推广不应仅仅是广而告之，更应让读者摸得到、触得着、放不下，要重视阅读场景的建设，唤醒和保护读者阅读经典的兴趣。在视觉艺术日趋发达的今天，阅读不能仅停留在纸质文本上，影视作品、书画作品、摄影展等作为一种文化传播的重要介质，在校园文化生活中也占据重要的地位。读图是当代社会的阅读特征，过多的文字阐述会失去一些读者。以读图为主，用图片的形式来阐释作品，能简化阅读程序，使读者一目了然。人们在视觉艺术里更能获得愉悦与自由，视觉形式的艺术作品更容易引发读者继续探讨经典阅读的兴趣，所以说读图是阅读推广的另一种方式。

在“文华阅读季”期间，我们不定期举办周末经典影院活动，并且成立“文华观影沙龙”，邀请教师与学生一起欣赏和讨论，共同解读经典影视作品，每周五晚在 QQ 群上组织交流讨论，同时举办现场观影沙龙，鼓励读者撰写书评。

博物馆和艺术馆，是最能感受文化艺术气息的地方。趁着素有“民间故宫”美誉的荣宝斋湖北分店开业之际，我们联合荣宝斋做了“荣宝斋艺术之旅”的参观活动，带领学生了解了荣宝斋的历史沿革，观看了荣宝斋独特的木版水印手工艺，品味古代大师的笔墨丹青，还观摩了当代书画大家现场泼墨的气势。在古今艺术作品的对比欣赏中，感受文化在传承中的超越和创造，体会现代的审美情趣，感受当今艺术的新创意，让每一位前来参观的人都觉得不虚此行。

第三节　阅读推广活动的延伸

读书沙龙活动为阅读推广和读者交流互动搭建了一个新平台，活动具有形式自由、互动充分等特点。沙龙有别于学术讲座，讲座是一群人听一个人讲，从中获得知识和信息，而沙龙则是大家互动，从中获得更丰富的信息或感悟。图书馆可依据不同的主题，设计不同的沙龙形式，不拘于某一特定的模式，充分互动是读书沙龙最大的特点和优势。

华中师范大学图书馆“风雅读书会”围绕经典阅读，以本校各院学术部成员和学生志愿者为主体，图书馆工作人员为辅助，开展了一系列读书沙龙活动。这种以书会友的群体阅读活动，得到广大学生的热情支持，参与者通过心得交流，拓宽了个人的心灵空间。除了读书交流之外，读者沙龙还开展了一些辩论会，如“古典书籍通俗化有利于/不利于文化发展”等。

一、经典朗诵

教育专家认为，“道德”“情操”“品性”“气质”等人文素养，很难教成，要依靠陶冶、熏习、耳濡目染、潜移默化来养成。中华经典诵读活动让学生熟诵于口，濡染于心，使“润物无声”的经典成为提升学生品性和修养的精神养料。同时一些诗歌、散文或优美的片段，只有在不断吟诵中方能体现其神韵。经典诵读活动的开展有助于对文化经典的理解，也有助于提高学生的审美情操。经典诵读活动要求参与者能够背诵出来，因为一个能背诵很多经典片段名句的学生，一定是一个有思想、有内涵的人。所以开展经典诵读比赛，有助于经典阅读活动的推广。

华中师范大学图书馆开展经典诵读活动，把参赛的范围确定为全校所有在校生，先院系预赛，再复赛，最后决赛，一共三轮，时间跨度两个月。为了美化诵读比赛现场，要求参赛者穿着适合的服装，有投影作为现场背景，表演形式不拘，配乐自由选择。因为是图书馆主办，在经典诵读决赛时，图书馆馆员也参加诵读活动，为这项活动增添了光彩。

二、原创诗歌朗诵大赛

这次原创诗歌朗诵大赛，包括校内外 30 余位选手，近 70 篇原创诗歌。经过初赛比拼，最终有 16 位选手入选决赛。参赛选手大都围绕“金秋”主题来构思诗歌，或者讴歌母校，或者追忆亲人，或者抒发独特的人生感受，现代自由体诗歌和古典格律诗各放异彩，博得了现场观众的阵阵掌声。

在比赛过程中，担任评委的老师和学生分别就律诗创作、语言及情感掌控、朗诵的韵律美做了详细点评。比赛实行 10 分制，诗歌内容、朗诵技巧各占 30%，语音表达和台风各占 20%。最终决出一等奖一名，二等奖两名，三等奖三名。这次大赛，激发了参与者对诗歌创作的热爱，引起了不少观众的共鸣。

三、从经典阅读延伸到学术写作指导

从阅读推广延伸至学术写作指导，是“文华阅读季”的一项重要内容。举办这一系列阅读活动，目的不啻是进行单方面的文化知识输入，还鼓励读者将学习的内容消化吸收，并尽可能地再输出出来。开展读者阅读感想交流是一种形式，学术写作指导也是一种重要形式，因此，华中师范大学图书馆针对不同读者对象的读书写作，推出“论文之道”系列讲座，旨在为在校学生就论文选题、写作规范、投稿技巧等问题答疑解惑；针对文学、史学等传统学科的读者举办“经典阅读与学术论文写作指导”；还在图书馆自己主办的报纸——《文华公书林》留出一个版面，专门刊登读者的读书感想、书籍评论等。

参考文献

[1]吴汉华，史佳，卫劭杰.阅读推广理论与实践的探索与共识——中国图书馆学会第二届阅读推广理论研讨会及阅读与心理健康研讨会综述[J].图书馆建设，2019（01）：147-154.

[2]吴芳.图书馆阅读推广服务中的众包模式应用研究[D].湘潭：湘潭大学，2018.

[3]陈远方.智慧图书馆知识服务延伸情境建构研究[D].长春：吉林大学，2018.

[4]张玉斌.我国公共图书馆智慧服务研究[D].太原：山西财经大学，2018.

[5]范并思.论图书馆阅读推广的理论体系[J].图书馆建设，2018（04）：53-56.

[6]姜健洋.基于物联网技术的智慧图书馆建设研究[D].哈尔滨：黑龙江大学，2018.

[7]洪伟达，马海群.图书馆阅读推广规范研究[J].图书情报知识，2018（01）：36-43.

[8]史艳丽.高校图书馆社交媒体阅读推广实证研究[J].图书馆论坛，2018，38（01）：86-91.

[9]魏秋慧.我国高校图书馆阅读推广所存在的问题与对策研究[J].现代交际，2016（21）：131-132.

[10]孙思.高校智慧校园信息标准的规划与设计[D].武汉：武汉轻工大学，2017.

[11]石百仟.基于 RFID 的智慧图书馆管理系统[D].长春：吉林大学，2017.

[12]李民.基于智慧推荐的高校智慧图书馆服务模式研究[D].天津：天津理工大学，2017.

[13]周萌.基于微信公众平台的高校图书馆阅读推广研究[D].天津：天津工业大学，2017.

[14]许天才，杨新涯，徐娟，等.高校图书馆阅读推广评价机制的研究[J].图书情报工作，2016，60（17）：47-52.

[15]侯壮，李泰峰，喻梦倩.高校图书馆阅读推广工作常态化建设探析——以电子科技大学图书馆为例[J].大学图书馆学报，2016，34（04）：36-42.

[16]董奇峰.面向智慧校园的基础通知服务的研究与实践[D].秦皇岛：燕山大学，2016.

[17]马婷.面向弱势群体的公共图书馆智慧信息服务模式研究[D].武汉：华中师范大学，2016.

[18]杨莉，陈幼华，谢蓉.高校图书馆开展专业阅读推广的实践探析[J].图书馆杂志，

2015，34（12）：29-37.

[19]万慕晨，欧亮.基于微信公众平台的高校图书馆阅读推广效果实证研究[J].图书情报工作，2015，59（22）：72-78.

[20]郑怿昕.智慧图书馆环境下馆员核心能力研究[D].南京：南京农业大学，2015.

[21]郭素君.高校智慧图书馆信息服务系统设计与实现[D].保定：河北农业大学，2015.

[22]黄凯悦.我国智慧图书馆的构建研究[D].武汉：华中师范大学，2015.

[23]成爱萍.新媒体时代高校图书馆数字阅读微媒体推广研究[J].图书与情报，2015（02）：57-60.

[24]唐莉.智慧档案馆初探[D].天津：天津师范大学，2015.

[25]黄瑞钰.智慧校园建设方案与实现[D].广州：华南理工大学，2014.

[26]苏蓉.基于大数据的数字图书馆信息服务研究[D].武汉：华中师范大学，2014.

[27]李新祥.数字时代我国国民阅读行为嬗变及对策研究[D].武汉：武汉大学，2013.

[28]王猛.基于知识服务的图书馆信息生态系统研究[D].长春：吉林大学，2011.

[29]吕学财.图书馆的阅读推广活动研究[D].长春：吉林大学，2011.

[30]李鹏.基于知识管理的图书馆知识服务研究[D].太原：山西大学，2010.